KB060312

게임, 게이머, 플레이

- 인문학으로 읽는 게임

하이브리드 총서 10

게임, 게이머, 플레이
인문학으로 읽는 게임

© 이상우, 2012

1판 1쇄 발행일. 2012년 9월 10일
1판 3쇄 발행일. 2014년 8월 11일
2판 1쇄 발행일. 2021년 2월 10일

지은이. 이상우
펴낸이. 정은영

펴낸곳. (주)자음과모음
출판등록. 2001년 11월 28일 제2001-000259호
주소. 04047 서울시 마포구 양화로6길 49
전화. 편집부 02. 324. 2347 / 경영지원부 02. 325. 6047
팩스. 편집부 02. 324. 2348 / 경영지원부 02. 2648. 1311
이메일. munhak@jamobook.com

ISBN 978-89-544-4579-5 (04300)

하이브리드 총서 10

게임, 게이머, 플레이
– 인문학으로 읽는 게임

이상우

자음과모음

게임, 게이머, 플레이 - 인문학으로 읽는 게임

1 게임, 이미지와 텍스트의 술래잡기 놀이

— 게임을 읽는 두 가지 키워드

게임 역사의 패턴

언어학자 소쉬르는 이 세상에 무수히 많은 언어가 존재하기 때문에 개별적인 분석에는 한계가 있다고 생각했다. 그러한 사유는 이른바 구조언어학을 탄생시켰고, 훗날 구조주의의 모태가 되었다. 이런 생각을 이어받은 롤랑 바르트 역시 이 세상에는 무수히 많은 이야기가 존재하기 때문에 개별적인 분석은 불가능하다고 선언하고, 그 대안으로서 구조서사학을 제시했다. 마찬가지로 과거부터 현재까지 이 세상에는 수많은 컴퓨터게임이 존재한다. 당연히 모든 게임을 플레이하고 분석한다는 것은 불가능하다. 이것은 전 세계의 모든 언어를 분석하는 것만큼이나, 아니 그보다 훨씬 복잡하고 어려운 작업일 수 있다. 게임의 역사는 50년 남짓 되었지만 분석을 위해서는 더 오랜 역사를 자랑하는 영화보다도 까다로운 접근을 요구한다. 거기에는 몇 가지 이유가 있다.

첫째는 게임의 플레이 시간이다. 2~3시간 정도면 감상이 끝나는 영화와는 달리, 게임은 기본적으로 수십 시간의 플레이 타임을 요구한다. 어떤 게임은 수차례의 반복 플레이를 요구하기도 하며, 심지어 끝이 존재하지 않는 게임도 있다. 10년 동안 매일 〈스타크래프트Star Craft〉를 플레이해도 늘 새로운 느낌을 받는다. 〈리니지Lineage〉나 〈월드 오브 워크래프트World of Warcraft, WOW〉 같은 MMORPG의 세계는 아마도 우리의 삶이 끝나는 순간까지 지속될 것이다. 이것은 매체를 소비하는 차원에서도 여러 가지 문제점(제일 흔한 것은 아마도 '중독'의 문제일 것이다)을 유발하지만, 특정 시간대를 다시 돌아볼 때도 문제가 된다. 대부분의 플레이 경험은 유저의 기억 속에서 휘발되어 다시 복원되지 않기 때문이다.

이것과 연결되는 두 번째 문제는 게임이 매우 주관적이고 개인적인 체험이라는 것이다. 그 경험은 사람에 따라 매번 다른 모습으로 나타난다. 따라서 우리는 게임이라는 개별 경험을 하나의 일반적인 개념으로 쉽게 환원시킬 수 없다. 세 번째로 과거의 게임을 그 당시와 동일한 느낌으로 플레이하는 것 자체가 어려운 일이다. 게임은 그동안 다양한 플랫폼[1]과 저장 매체로 출시되었다. 당시의 프로그램을 추출한 롬ROM[2] 파일이 있긴 하지만 그 느낌을 100퍼센트 완벽하게 재현하긴 어렵다. 영화의 경우에도 과거의 흑백 무성영화를 DVD로 볼 때 온전한 감흥을 느끼기 어렵다. 하지만 게임은 더욱 그 괴리감이 크다. 그래픽과 시스템의 차이는 물론, 아케이드[3] 게임기의 경우엔 전용 입력 도구가 없으면 그 재미를 온전히 느끼기 어렵다. 좋은 예가 유진 자비스의 〈디펜더Defender〉[4]와 〈로보트론 2084Robotron 2084〉[5]일 것이다. 두 게임은 상승과 하강을 위해 특별한 레버를 사용하는 등 독특한 조작 체계를 가지고 있기 때문에 현재의 PC 에뮬레이터로는 원작의 재미나 맛을 느끼기 어렵다.

　이런 이유 때문에 게임은 개별적인 분석에 앞서 역사적인 흐름 속에서 그 변화의 패턴을 거시적으로 살펴보는 것이 유효할 것이다. 게임은 아케이드 게임기, 가정용 콘솔 게임기, PC 등 다양한 매체를 통해 진화했다. 각 매체는 서로 다른 입력 방식과 표현 방식을 제공했으며, 당연히 해당 매체로 발매된 게임 또한 다른 모습을 지닐 수밖에 없었다. 이런 차이는 기술에 의해서 그 형식이 좌우되는 게임의 기술 의존적 성격을 보여준다. 물론 게임의 진화에는 기술 이외에도 다양한 변수가 존재한다. 개발자의 상상력, 유저들의 요구, 산업적인 맥락 등이 그런 변수들이다. 특히 매우 이른 시기부터 시작된 컴퓨터게임의 산업화, 자본화는 게임의 눈부신 성장을 주도하면서, 동시에 다양한 창작의 가능성을 봉쇄하기도 했다. 약 50년의 시간 동안 게임은 수많은 변화를 겪었고, 지금도 새로운 모습으로 진화하고 있다. 이러한 초기 게임의 복잡한 진화 양상을 요약할 수 있는 키워드는 아마도 '이미지'와 '텍스트'일 것이다. 게임의 역사는 이 두 가지의 융합 과정이다. 아케이드 게임이 이미지에서 출발했다면 PC 게임의 출발점은 텍스트였다. 출발점은 서로 달랐지만 어쨌든 기술이라는 긴 터널을 지나면서 둘은 어느새 같은 방향을 바라보게 되었다.

이미지에서 텍스트로

1) 현실과 가상의 사이에서

이진법은 단순 명료하다. 그래서 다른 어떤 언어보다도 빠르고 정확하다 (물론 신호를 처리하는 컴퓨터의 입장에서 그렇다). 그것은 있음과 없음의 세계다. 작지만 이 명료한 차이의 반복이 새로운 놀이 방식을 열었다. 기호 의 이면에 숨겨진 놀이의 가능성이 세상에 모습을 드러낸 것이다. 컴퓨터 게임은 이 세상에 없던 낯선 존재였다. 자신의 존재를 보다 효과적으로 알

---

1   기차역의 플랫폼처럼 다양한 소프트웨어로 갈아탈 수 있는 공통의 시스템을 의미한다.
     게임 비즈니스에서는 주로 게임을 구동할 수 있는 하드웨어를 의미한다.
2   'Read Only Memory'의 약자이며 쓸 수는 없는 메모리를 말한다. 예전의 게임기
     소프트웨어는 롬에 기록되어 카트리지 형태로 판매되었다. 롬 파일은 롬에서 추출한
     코드를 담은 파일을 의미한다. 이런 파일들 덕분에 현재 PC에서 과거의 게임을 구동할
     수 있다.
3   아케이드는 사람들이 많이 다니는 도심의 상점가를 의미한다. 최초의 상업용
     게임기들은 주로 이러한 아케이드에 설치되었기 때문에 주로 오락실 게임을 아케이드
     게임이라고 부른다.
4   〈디펜더〉는 횡스크롤 슈팅 게임이다. 화면이 스크롤 되는 초기 게임으로 자주 언급되곤
     한다. 〈스타크래프트〉처럼 미니맵이 존재하고 플레이어는 현재 화면에서 보이는
     공간보다 더 넓은 공간을 이동할 수 있다. '디펜더'라는 제목은 플레이어는 적을
     공격하면서 동시에 인간이 납치되어 돌연변이로 변하는 것을 막아야만 하기 때문에
     붙여진 것. 조작 방식과 게임 규칙 모두 난이도가 높았던 게임이다.
5   이 게임은 로봇이 인간 세계를 정복했다는 절망적인 시나리오로 시작된다. 로봇들은
     지구의 마지막 인류인 주인공 가족을 잡아 동물원에 가두려고 한다. 플레이어는
     수많은 로봇이 공격해오는 공간에서 가족을 구해야 한다. 이 게임은 두 개의 조이스틱
     레버를 사용하는데 하나는 이동, 하나는 총을 쏘는 공격에 사용된다. 이동하는 동작과
     공격하는 동작이 물리적으로 동일하기 때문에 플레이어는 혼란을 느끼게 되고, 그로
     인해 난이도가 대폭 높아졌다. 유진 자비스 본인이 말하는 것처럼 인구 중 80퍼센트는
     이마를 두드리면서 동시에 가슴을 문지를 수 없기 때문이다.

리기 위해 게임은 사람들이 이미 알고 있는 것을 적극적으로 활용했다. 최초의 선택은 '테니스'였다. 1958년 미국 브룩헤븐 국립연구소의 물리학자 윌리 히긴보섬 박사는 자신의 연구소를 찾는 방문객들을 위해 〈두 사람을 위한 테니스Tennis for Two〉라는 간단한 테니스 게임을 만들었다. 이 게임은 오실로스코프[6]와 전자회로 그리고 몇 개의 버튼을 조합한 형태였다. 전자신호를 작은 화면에 표시한 것에 불과했지만 그것은 분명 현실의 테니스를 재현representation하고 있었다. 화면에는 2차원으로 그려진 테니스 코트가 보인다. 수평선은 코트의 바닥이고, 수직선은 네트다. 플레이를 시작하려면 공을 가진 사람이 코트 끝에서 각도를 조절한 다음 버튼을 눌러 공을 때리면 된다. 라켓은 표현되지 않지만, 바람의 저항과 함께 공이 바운드될 때마다 공의 힘이 줄어드는 현상을 재현하고 있다.[7] 그렇게 현실의 놀이는 전자장치를 통해 가상의 놀이가 되었고, 시간이 지날수록 현실의 놀이보다 더욱 강력하게 사람들을 매료시켰다.

게임의 두 번째 선택은 현실의 놀이가 아닌 가상의 '전쟁'이었다. 피로 얼룩진 인류의 역사를 생각해볼 때, 그리고 그것을 모방한 아이들의 놀이를 생각해볼 때, 어쩌면 전쟁의 묘사는 당연한 수순이었다. 그러나 컴퓨터가 재현한 것은 현실의 전쟁이 아니었다. 그것은 우주를 배경으로 한 일종의 '스페이스 판타지'였다. 즉 게임이 허구를 재현하기 시작한 것이다. 재현의 기폭제가 된 것은 이미지를 표현할 수 있는 장치, '모니터'였다. 1962년 MIT의 학생이었던 스티브 러셀은 PDP-1이라는 컴퓨터로 〈스페이스 워Space War〉라는 우주전쟁 게임을 만들었다. PDP-1은 천공 카드[8]나 종이테이프를 통해 입출력을 하는 다른 컴퓨터와 달리 모니터를 갖추고 있었다. 러셀은 검은 모니터 화면을 우주 공간으로, 작은 도트 덩어리를 우주선으로 설정했다. 〈스페이스 워〉는 두 대의 우주선이 서로 상대방을 요격하는 게임이다. 플레이어가 스위치를 조작해 로켓의 방향을 정하면 이 로켓은 무중력 공간의 움직임을 표현한다. 일부러 설명하지 않아도 물리법칙이 적용된 공간은 마치 우주를 유영하는 느낌을 전달했다. 단지 '스페이스 워'라는 이름만으로 그것은 자연스럽게 우주전쟁이 되었다. 아무도 그 공간을 모니터라 부르지 않았고, 누구도 그 도트가 우주선임을 의심하지 않았다. 허구의 재현은 비록 완벽하진 않았지만, 적어도 그 시대의 유저들에게는 완벽에 가까웠다. 이 매력적인 전쟁에 많은 사람이 참전했다. 미사일 탄도 계산을 위해 만들어진 컴퓨터에서 전혀 새로운 가상의 전쟁이 시작된 것이다.

게임의 세 번째 선택은 또다시 스포츠(?)였다. 제목은 〈퐁PONG〉.[9] '핑퐁'을 연상시키는 이름이지만 탁구와는 달랐다. 그렇다고 테니스도 아니었다. 그것은 이 세상에 존재하지 않는 구기 종목이었다. 다이얼을 사용해 두 사람이 서로 공을 받아내는 놀이. 이 단순한 놀이 덕분에 게임은 거대한 산업이 되었다. 〈스페이스 워〉가 탄생하고 나서 불과 10년 만에 벌어진 일이다. 아타리[10]의 놀런 부시넬은 〈퐁〉으로 아케이드 산업을 개척했고 많은 돈을 벌었다. 〈퐁〉의 대중적 성공은 많은 것을 돌아보게 만든다. 이 게임은 작은 다이얼을 통해 모니터 너머의 대상을 즉각적으로 컨트롤할 수 있었다. 이미지는 초라했다. 네모난 경기장과 막대기, 작은 공이 전부였다. 중요한 것은 그 이미지를 플레이어가 '간단하게' 통제할 수 있었다는 점이다. 또한 〈퐁〉은 현실과 허구와의 관계를 재규정했다. 현실을 반영했던 〈두 사

---

6   특정 시간 간격의 전압 변화를 볼 수 있는 장치다. 초기에 음극선관을 사용했지만, 최신
     제품은 TFT-LCD를 주로 사용한다.
7   러셀 드 마리아·조니 L.월슨, 『게임의 역사』, 제우미디어, 2002, 19쪽.
8   천공 카드는 말 그대로 구멍이 뚫린 카드를 의미한다. 이것은 키보드가 없던 시절,
     데이터를 입력하는 도구로 사용되었다.
9   원래 〈퐁〉은 당시 신입 직원이었던 알 알콘의 프로그램 연습을 위해 수행된 일회성
     프로젝트였다. 아타리의 설립자 놀런 부시넬은 마치 이 게임이 정식으로 계약이 돼서
     제작하는 것처럼 알 알콘에게 거짓말을 했다고 한다. 때문에 알 알콘은 〈퐁〉 제작에
     최선을 다했고 불과 일주일 만에 이것을 완성시켰다. 독특한 전자음은 당시 용량
     부족으로 별도의 소리를 넣을 수 없기 때문에 어쩔 수 없이 선택한 것이었다. 〈퐁〉에
     대한 자세한 내용은 웹사이트 pong-story.com에서 확인할 수 있다.
10   놀런 부시넬이 설립한 아타리Atari는 미국에 게임 산업을 일으킨 회사다. '아타리'라는
     이름은 바둑 용어 '단수'의 일본식 발음을 영어로 옮긴 것이다.

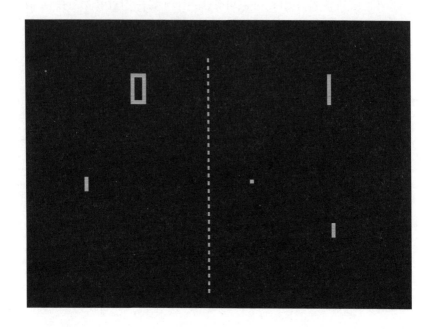

그림 1 〈퐁〉

람을 위한 테니스〉와 허구를 반영했던 〈스페이스 워〉, 그 사이의 어딘가에 〈퐁〉이 놓여졌다. 그래서 〈퐁〉에는 현실의 문법과 허구의 문법이 동시에 들어 있다. 수많은 사람이 〈퐁〉에 열광했다. 게임이라는 새로운 문법이 드디어 대중의 지지를 얻어낸 것이다. 물론 이후로도 게임은 현실과 허구의 사이에서 방황해야만 했다. 게임이 태초에 '있음'과 '없음'의 세계에서 출발했듯이 게임의 이미지는 '가능'과 '불가능'의 사이에 놓여 있었다.

2) 정교해진 전쟁의 규칙 - 〈스페이스 인베이더〉

〈퐁〉 이후로 모든 아케이드 게임은 조작 가능한 이미지를 어떻게 '재미'로 바꿀 것인가를 고민했다. 그 과정에서 수많은 비디오게임이 1970년대 아케이드 센터를 가득 채웠다. 단순했던 그래픽 이미지는 점차 정교하게 바뀌어갔다. 어떤 게임은 현실을 표현했고 어떤 게임은 허구를 표현했다. 분명한 것은 양자 모두 새로운 법칙과 규칙으로 자신의 세계를 정의했다는 점이다. 박근서의 『게임하기』에 따르면, 법칙은 게이머가 절대 바꿀 수 없는 것이며, 지켜질 수밖에 없는 것이다. 이 법칙으로서의 세계관은 우선 물리적으로 가능한 행위의 범위를 결정한다. 즉 게임에서는 아무리 노력해도 할 수 없는 것들이 존재한다. 반면 규칙은 '지켜야 하는 것'이다. 지켜야 한다는 것은 지키지 않을 수도 있다는 말이다. 따라서 게이머에게는 지키거나 어길 수 있는 선택의 여지가 주어진다.[11] 일본의 타이토에서 개발한 〈스페이스 인베이더Space Invader〉 역시 우주를 배경으로 한 수많은 전쟁 게임 중 하나에 불과했다. 하지만 이 게임의 법칙과 규칙은 남달랐다. 어둑한 모노크롬의 별이 빛나는 우주. 제식훈련이 잘된 외계인들이 행과 열을 맞춘 채 화면을 가득 채우고 있다. 마치 하나의 덩어리인 양 그들은 질서정연하게 좌우로 이동하면서 한 칸씩 화면 아래쪽으로 전진한다. 화면 아래에는 지구의 마지막 방어선이 있다. 지구를 지킬 수 있는 도구는 작은 대포 하

---

11   박근서, 『게임하기』, 커뮤니케이션북스, 2009, 96~103쪽.

나와 네 개의 바리케이드가 전부. 대포는 단지 좌우로만 움직일 수 있다. 우주는 넓고 광대하지만 대포는 결코 화면 프레임 밖을 벗어날 수 없다. 게다가 이 대포는 단발이라서 한 번에 하나의 미사일만 발사할 수 있다. 그 밖에도 〈스페이스 인베이더〉의 세계를 규정하는 수많은 법칙이 있다.

플레이어에게는 화면의 모든 침략자를 없애야 한다는 규칙이 있다. 물론 게이머에게는 선택권이 있다. 언제 탄을 발사할지, 어디서 탄을 발사할지, 어떻게 탄을 피해야 할지 말이다. 물론 탄을 발사하지 않거나 움직이지 않을 선택권도 있다. 단지 게임 오버라는 결과가 게이머를 기다릴 뿐이다. 하지만 어느 누구도 이런 극단적인 선택은 하지 않는다. 이 세계를 온전히 구성하기 위해서는 현실의 동전이 필요하기 때문이다. 게이머는 지구의 평화와 자신의 호주머니에 있는 동전을 함께 생각할 수밖에 없다. 동전이 아깝다고 생각하는 순간 규칙은 어느새 법칙이 된다. 단지 오래 살아남기 위해 모든 동선과 타이밍을 결정한다. 현실의 삶이 그렇듯이 선택은 사라진다. 그리고 당신의 패배로 이 전쟁이 종결된다는 법칙이 쓸쓸하게 게이머를 기다리고 있다.

이전에도 전쟁을 묘사한 게임은 많았다. 하지만 전쟁을 이 정도로 긴장감 넘치게 묘사한 게임은 〈스페이스 인베이더〉 이전에 없었다. 일본에서는 100엔 동전 부족 현상이 발생할 정도로 폭발적인 인기를 얻었다. 앞서 소개한 〈두 사람을 위한 테니스〉, 〈스페이스 워〉, 〈퐁〉은 사람과 사람 간의 대결이었다. 비록 능력의 차이는 있었지만 그것은 '1:1'의 공정한 게임이었다. 게임 중에 옆 사람과 대화를 나누는 것도 가능했다. 하지만 〈스페이스 인베이더〉는 컴퓨터를 상대로 한 '1 : 다수'의 고독한 놀이였다. 공평하지 않았지만 그래서 도전하게 만들었다. 어쩌면 그것이 전쟁의 본질이 아니었을까? 어쨌든 게임은 〈스페이스 인베이더〉를 통해 전형적인 전쟁의 이미지와 규칙을 얻었다. 그리고 이후 수많은 게임이 앞다퉈 전쟁을 재현하기 시작했다.

3) 캐릭터와 무대의 등장 - 〈팩맨〉과 〈프로거〉

무의미한 전쟁을 멈춘 건 한 판의 피자였다. 좀 더 정확하게 말하면 피자에서 한 조각을 떼어낸 괴상한 생물이었다. 사실 생물이라고 규정할 만한 단서는 거의 없었다. 다만 커다란 입 하나로 '팩맨'은 생명을 얻었다. 어쨌든 녀석은 무언가를 먹었기 때문이다(먹는다는 것은 유기체의 중요한 활동 중 하나다). 그리고 플레이어가 조작하기도 전에 멋대로 앞을 향해 튀어나가 버렸기 때문이다(스스로 능동적인 운동이 가능하다는 점도 유기체의 증거가 된다). 팩맨은 미로 속에서 입을 뻐끔거리며 닥치는 대로 점들을 먹어치웠다. 팩맨이 자신의 동물적 욕구를 충족시키고 있을 때, 미로 한가운데로부터 네 마리의 고스트가 다가오고 있었다. 그 욕구에 제동을 걸기 위해…….

〈팩맨Pac-Man〉이 출시되면서 게임의 이미지는 한 단계 더 진화했다. 사실 이미지 자체로는 큰 변화가 없었다. 중요한 것은 이미지에 담긴 의미였다. 팩맨은 사람들에게 캐릭터로 각인되었다. 이미지는 캐릭터가 되면서 새로운 생명과 이름을 부여받았다. 이제 팩맨은 더 이상 미로 속에 갇혀 있을 필요가 없었다. 그는 화면 밖으로 뛰쳐나와 대중에게 소비되는 상품이 되었다. 팩맨을 쫓아다녔던 네 마리의 고스트 역시 마찬가지였다. 〈팩맨〉은 전투기나 미사일 없이도 게임이 충분히 재미있다는 것을 증명했다. 이러한 비폭력성은 당시 여성들을 아케이드 센터로 불러 모았다.

팩맨은 구체적인 형체가 없는 추상의 아메바 같은 존재였다. 이 단세포 생물은 진화를 거듭해 양서류인 개구리가 되었다. 세가의 〈프로거Frogger〉는 한 마리의 개구리가 반복해서 길을 건너는 게임이다. 혼잡한 고속도로를 가로지른 뒤 통나무와 조금 불안해 보이는 거북이 사이를 점프해가며 강을 건너고, 마침내 비어 있는 슬롯으로 개구리를 인도하는 것이 〈프로거〉의 목적이다. 공격 수단 없이 일방적으로 다가오는 위협을 피해야 한다는 것은 팩맨과 다를 바 없었다. 하지만 〈프로거〉의 공간은 더 이상 추상적인 미로가 아니었다. 팩맨이 개구리로 진화했듯이 추상적인 공간 역시 구체적인 장소로 진화했다. 자동차가 질주하는 고속도로, 강 위를 떠다니는 뗏목과 거북이는 어느 정도 현실의 공간을 반영한 것이었다. 팩맨은 고스트에게 잡혔을 때 단지 화면에서 사라질 뿐이다. 하지만 〈프로거〉에서 플레이어는 싫든 좋든 자동차에게 깔리는 개구리를 상상하게 된다(최근 게임에서는 상상할 필요조차 없을 정도로 리얼한 죽음의 풍경을 보여준다). 이렇게 해서 게임은 구체적인 캐릭터와 현실적인 무대를 갖췄다. 이제 게임에는 무엇이 남았을까?

4) 관계가 만들어내는 이야기 - 〈동키콩〉과 〈슈퍼 마리오〉

게임 캐릭터 진화론의 정점에는 인간이 있었다. 빨간 모자를 눌러쓴 이탈리아 배관공 아저씨 말이다. 닌텐도의 〈동키콩Donkey Kong〉은 마리오가 최초로 등장한 게임이다. 그때는 마리오에게 변변한 이름조차 없었다.[12] 〈동키콩〉에서 그는 단지 '점프맨'이라는 이름으로 불렸다. 고릴라에게 잡혀간 여자친구를 구하는 것이 점프맨의 임무였다. 게임의 디자이너인 미야모토 시게루는 본래 미술 전공자였다. 그는 고릴라와 점프맨의 모습에 만화적인 요소를 더하여 더욱 친근감 있는 캐릭터를 창조했다. 캐릭터의 움직임 역시 예사롭지 않았다. 독특한 사운드 효과와 함께 철골구조를 뛰어다니는 점프맨의 동작에는 현실의 물리법칙과 만화적인 과장이 공존했다.

또한 〈동키콩〉은 다른 게임에서 볼 수 없는 독특한 장면이 존재했다. 바로 오프닝 화면이다. 게임이 시작되면 거대한 고릴라가 점프맨의 여자친구를 안고 철골구조의 공사 현장 꼭대기로 올라간다. 고릴라가 몇 번 난동을 부리자 게임의 무대가 되는 공사 현장의 철골구조가 지그재그로 기울어지기 시작한다. 이 연출을 통해 플레이어는 자신의 적이 누구인지, 자신이 무엇을 해야 하는지를 알게 된다. 간단히 말해 〈동키콩〉은 영웅의 이야기였다. 인류가 오래전부터 알고 있던 영웅담, 바로 그것이다. 영웅의 곁에는 늘 공주가 있다. 그리고 공주를 잡아간 악당이 존재한다. 캐릭터가 많아질수록 캐릭터 사이의 관계도 다양해진다. 그 관계는 갈등이 되고, 갈등은 이야기를 구성하는 힘으로 작용한다.

〈동키콩〉 이후 '공주 구하기' 테마는 유행처럼 번졌다. 그러나 이런

테마를 가장 성공적으로 완성시킨 것은 그 출발점을 알린 미야모토 시게
루 자신이었다. 〈슈퍼 마리오Super Mario Bros〉[13]는 당시 공주를 구출하는 게
임 중에서도 단연 으뜸이었다. 물론 공주를 구하는 것은 게임을 즐기기 위
한 핑계에 불과하다. 아름다운 배경과 신나는 리듬 속에서 장애물을 뛰어
넘는 행위 자체가 신나고 즐거운 일이었다. 역경을 극복하는 영웅의 비장
한 모습은 적어도 마리오에게는 없었다. 목적지에 공주가 아닌 그 누가 기
다리고 있든지 그곳까지 도착하는 일은 어쨌거나 매우 어려운 일이다. 그
것은 플레이어에게 시련이자 역경이었으며, 그제야 비로소 공주는 '보상'
이라는 의미를 갖게 된다. '퐁'이라는 막대기는 지구를 지키는 대포에서 팩
맨이라는 하나의 생명체로, 그리고 개구리를 거쳐 마리오가 되었다. 게임
의 이미지는 시간이 지날수록 구체적으로 변모했고, 단순한 법칙과 규칙의
세계에 이야기를 더하면서 게임을 진화시켜 나갔다.

12   마리오에게 이름이 생긴 것은 〈동키콩〉의 후속작 〈동키콩 주니어〉 이후의 일이다.
      〈동키콩 주니어〉는 전작과는 반대로 마리오가 잡아간 고릴라를 구하기 위한 아기
      고릴라의 이야기다. 흔히 복수複數의 시리즈를 통해서 복수復讐의 테마를 구현하는
      경우가 있다. RPG의 고전 〈위저드리〉 시리즈 역시 4편에서는 전작의 마지막 보스였던
      마법사 워드나가 주인공으로 등장해 플레이어들을 복수한다는 내용이다. PSP로
      발매된 〈용사 주제에 건방지다〉 같은 게임 역시 악당과 용사의 역할이 뒤바뀐 게임이다.
      이처럼 게임은 자유롭게 선과 악의 경계를 넘나들고 모호하게 만든다.
13   마리오는 왜 하필 중년의 아저씨일까? 그 이유는 최초 〈동키콩〉을 디자인할 때 캐릭터
      얼굴에 콧수염을 그려 넣었기 때문이다. 당시 기술로는 얼굴 묘사를 구체적으로 할 수
      없기 때문에 캐릭터의 특징을 드러내기 위해서 미야모토 시게루는 마리오의 얼굴에
      콧수염을 그리고 모자를 착용시켰다. 본인의 의지와 상관없이 마리오는 아저씨로 이
      세상에 오게 되었다. 하지만 그 때문에 마리오는 누구에게나 친근한 캐릭터로 오랜
      시간 사랑받을 수 있었다. 마리오가 지나치게 잘생긴 꽃미남이라면? 아마도 그는 여러
      아이돌 가수처럼 일찍 사람들에게 잊혀졌을지도 모를 일이다.

텍스트에서 이미지로

1) 컴퓨터 바깥에서 시작된 롤플레잉 게임

이제 다시 시계를 거꾸로 돌려보자. 게임의 또 다른 근원을 살펴보기 전에
우리는 잠시 PC를 끄고 종이와 연필을 꺼내야만 한다. 1974년 〈던전&드
래곤Dungeons&Dragons, D&D〉이라는 게임이 출시되었다. 판타지 세계를 무대로
보드게임인 〈D&D〉의 패키지에는 두 권의 책과 다양한 종류의 주사위가
들어 있다.[14] 한 권의 책은 플레이어를 위한 것이고, 또 한 권의 책은 게임
의 마스터를 위한 것이다. 책 속에는 게임의 규칙들이 빼곡하게 적혀 있다.
마스터는 시나리오와 맵을 만들고 자신이 만든 무대 위에서 플레이어들이
게임을 경험할 수 있도록 진행하는 역할을 맡는다. 이를테면 마스터는 게
임에서 신과 같은 존재다. 상황에 대한 묘사나 설명도 모두 마스터의 몫이
다. 따라서 그의 진행 능력이 게임의 재미를 결정한다. 한편 플레이어들은
주사위를 굴려서 자신의 캐릭터를 만들어야 한다. 캐릭터의 능력은 모두
숫자로 표시되며, 이 수치를 종이에 적어가면서 플레이하게 된다. 게임이
시작되면 각 플레이어는 자신의 캐릭터를 연기하면서 마스터가 준비한 세
계 속으로 모험을 떠나게 된다. 만약 도적 캐릭터를 만들었다면 도적의 말
투로, 도적의 입장에서 생각하면서 게임을 진행하게 된다. 던전을 탐험하
고, 몬스터를 만나 전투를 하고, 보물을 얻으면서 각 캐릭터는 '성장'하게
된다. 〈D&D〉의 가장 중요한 요소는 캐릭터를 연기하는 것과 성장시키는
것이다. 특히 캐릭터의 '역할role'을 '연기playing'하는 것이 중요했다. 그 어떤
도구도 없이 유저가 생각하는 대로 이루어지는 환상적인 놀이 공간. 이것
이 흔히 말하는 롤플레잉 게임Role Playing Game, RPG의 시작이었다. 이것이 컴
퓨터에서 재현되는 데는 그리 오랜 시간이 걸리지 않았다.

2) 상상하는 텍스트의 힘 - 〈어드벤처〉

아타리의 〈퐁〉이 아케이드 센터를 휩쓸 때, 전혀 다른 게임 하나가 세상에
등장할 준비를 하고 있었다. 〈D&D〉의 팬이었던 윌리엄 크라우더는 자신

이 즐기던 보드게임을 컴퓨터게임으로 만들고자 했다. 그것은 다양한 공간으로 구성된 던전을 모험하는 게임이었다. 〈어드벤처Adventure〉라고 불리는 이 게임은 세계를 묘사하는 방식이 남달랐다. 〈퐁〉이 막대기와 공을 이미지로 재현하고 그것을 움직이는 데 모든 기술을 집중시켰다면, 〈어드벤처〉는 오직 텍스트를 사용해 상황을 묘사할 뿐이었다. 이미지가 없으니 조작해야 할 대상도 없었다. 그저 텍스트로 제시되는 상황을 머릿속에 그리고 그에 대한 적절한 행동을 다시 '글자'로 입력해주어야 했다. 아무것도 재현하지 않았지만 그렇기 때문에 무엇이든 묘사할 수 있었다. 당연히 아케이드 게임이 당시 기술로 표현할 수 없는 것들을 게임에 담아낼 수 있었다.

어드벤처 세계에 오신 것을 환영합니다.

길의 끝.
당신은 작은 벽돌 건물 앞 길 끝에 서 있다. 당신 주변에는 숲이 있다. 작은 시냇물이 빌딩에서 나와 도랑으로 흘러내린다.

〉들어가라.

건물 안.
당신은 건물 안에 있는데, 그 안에는 큰 온천이 있다.
여기 바닥에 열쇠가 몇 개 있다.

---

14 〈D&D〉는 국내에서 1990년대 초반에 정식으로 발매된 적이 있다. 당시 필자는
중학교에 다니고 있었는데 규칙이 너무 복잡하고 어려워서 결국 함께 플레이할 친구를
구하지 못했다. 그래서 구입했던 〈D&D〉를 마치 판타지 소설을 읽듯이 읽기만 했던
경험이 있다. 하지만 아무리 읽어도 〈D&D〉의 재미를 알 방법이 없었다. 역시 게임은
'보는' 것이 아니라 '하는' 것이다. 〈D&D〉와 비슷한 보드게임으로 〈겁스GURPS〉라는
게임이 있으며, 이것은 최근에도 번역본이 출간되고 있다. 〈겁스〉의 룰이 적용된
컴퓨터게임으로는 〈폴아웃〉이 유명하다.

여기 맛있는 음식이 있다.

근처에 반짝반짝 빛나는 청동 램프가 있다.

여기에 빈 병이 있다.[15]

이상은 〈어드벤처〉의 도입부다. 이렇게 지면紙面에 게임을 '그대로' 옮겨놓을 수 있다는 점이야말로 이 게임의 독특한 점이다. 그리고 이런 독특함은 인터페이스의 차이로 이어진다. 언어를 입력해야 하는 〈어드벤처〉는 오직 키보드로만 플레이할 수 있다. 아니, 오히려 키보드가 있었기 때문에 이런 게임이 탄생할 수 있었다고 할까? 최근 비디오게임기의 인터페이스는 닌텐도 위Wii의 동작 인식 리모컨까지 발전했다. 내가 리모컨을 휘두르면 화면의 대상도 라켓을 휘두른다. 현실의 움직임이 그대로 이미지에 전해지면 십자버튼이나 A버튼의 매개는 점점 사라진다. 이런 시대를 살아가는 우리에게 〈어드벤처〉의 텍스트 입력은 불편함을 넘어 아예 플레이를 할 수 없도록 만든다. 하지만 아직도 우리는 많은 영역에서 이러한 인터페이스를 사용하고 있다. 그리고 즐거움을 느낀다. 예컨대 페이스북이나 트위터에서 말이다. 다만 〈어드벤처〉는 대화 상대가 컴퓨터였기에 다양한 언어를 구사할 수는 없었다. 하지만 언어를 통해 전달하는 인터페이스는 다이얼이나 십자버튼보다 훨씬 많은 것을 게이머에게 전달할 수 있었다. 우리가 아직 리모컨을 휘둘러 자신의 생각을 충분히 전달할 수 없는 것처럼 말이다.

또한 〈어드벤처〉는 '당신은 ~하고 있다'라는 2인칭의 시점이 가능했다. 이런 언어적 선언은 그래픽을 대신하여 플레이어에게 정보를 제공한다. 그러나 그 정보는 일방적이다. 따라서 플레이어는 결코 전지적 시점일수 없다. 늘 컴퓨터가 제시하는 상황에 수동적으로 부딪힐 뿐이다. 그 이외의 것들은 보이지 않는다. 언어가 규정하는 세계에서 아직 언어로 표현되지 않는 것은 존재하지 않는 것과 마찬가지기 때문이다. 1인칭 게임처럼 '나'의 입장에서 자연스럽게 행동할 수도 없다. '나' 또한 모니터에 묘사된 인물에게 '명령'을 내려야 한다. 즉 1인칭과 3인칭 사이에서 플레이어는 또 다른 허구적 인물을 만들어낸다. 그리고 그를 컴퓨터와 자신의 사이에 두게 된다. 이 수수께끼의 2인칭 인물은 텍스트 어드벤처가 이미지를 얻게 되면서 어느 순간 자취를 감추었다.

3) 텍스트, 이미지를 취하다

〈어드벤처〉로 시작된 텍스트 어드벤처의 인기는 인포콤의 〈조크Zork〉로 이어졌다. 〈조크〉에는 '질Zork Interpretive Language, ZIL'이라는 언어 해석 엔진이 탑재되어 있었다. 예를 들어 플레이어가 여러 개의 문이 있는 장소에서 "문을 열어"라고 명령한다면, '질'은 "어떤 문을 열까요?" 같은 대답을 만들어낸다. 이 강력한 대화 엔진 덕분에 〈조크〉는 마치 진짜 사람과 내화를 나누는 듯한 느낌을 전해줄 수 있었다. 이후 기술은 결국 게임에게 그래픽이라는 옷을 권했다. 그러나 갑자기 아무렇게나 골라 입은 옷이 제대로 몸에 맞을 리가 없었다. 때문에 초기의 그래픽 어드벤처 게임은 텍스트와 그래픽이 철저하게 분리되어 있었다. 시작은 1980년에 출시된 시에라의 〈미스터리 하우스Mystery House〉였다. 이 게임에서 그래픽이란 텍스트로 진행되는 게임을 보완하는 일종의 '삽화'였다. 〈미스터리 하우스〉의 그래픽은 당시 아케이드 게임이 보여주던 이미지와는 다른 형태를 취했다. 그것은 현실의 매우 구체적인 모습을 재현하고자 했다. 그리고 이후부터 이미지는 텍스트를 모니터 밖으로 밀어내기 시작했다. 텍스트로 묘사되는 세계 대신 이미지로 재현되는 세계가 나타나고 캐릭터가 그 안을 활보하기 시작했다. 같은 회사의 〈킹스 퀘스트King's Quest〉[16]가 아마 그 대표적인 사례일 것이다. 문자를 얻으면서 기억을 잃어버린 인류처럼 이미지를 얻으면서 어드벤처

---

15   류현주, 『컴퓨터게임과 내러티브』, 현암사, 2003, 57~58쪽.

16   〈킹스 퀘스트〉는 동화 속 세계를 여행하는 방대한 이야기를 담고 있다. 개발자인 로베르타는 "게임의 배경이 주어지면 그 안을 뛰어다니는 캐릭터가 있고 플레이어는 그 캐릭터를 조종하는 것"을 해보고 싶었다고 얘기한다. 이를테면 그것은 3인칭 시점의 어드벤처 게임으로 그 이전의 1인칭(혹은 2인칭) 시점으로 진행되던 텍스트 어드벤처 게임과 명확하게 구분되었다.

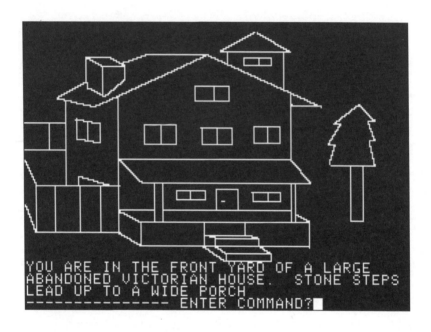

그림 2 〈미스터리 하우스〉

장르는 상상의 가능성을 조금씩 잃어버렸다. 하지만 그것은 시작에 불과했다. RPG라는 장르가 이미지를 손에 넣으면서 본격적으로 컴퓨터에 상륙했기 때문이다.

〈D&D〉와 텍스트 어드벤처와의 연관성은 앞서 설명한 바 있다. 던전을 탐험한다는 모티프 자체가 이미 〈D&D〉에 기반한 것이다. 화면을 가득 채운 텍스트는 마스터가 읊어야 할 내레이션을 컴퓨터에게 위임한 것이었다. 컴퓨터를 마주 보고 앉은 플레이어는 이제 대사를 말하고 연기할 필요가 없어졌다. 테이블 토크 롤플레잉 게임TRPG의 중요한 요소였던 '역할'이 컴퓨터 롤플레잉 게임CRPG의 등장과 함께 사라진 것이다. 또한 텍스트 어드벤처에는 모험만 있을 뿐 캐릭터의 '성장'은 빠져 있었다. 이런 아쉬움은 결국 또 다른 컴퓨터게임의 탄생을 가져왔다. 〈D&D〉의 세계를 컴퓨터로 옮기는 작업은 그래픽 기술이 PC 게임에 도입되던 시기와 거의 일치한다. 리처드 게리엇은 1980년 〈아칼라베스Akalabeth〉라는 최초의 CRPG를 개발했는데, 이 게임은 그가 학생 시절에 만든 28개의 〈D&D〉 게임 중 28번째 작품을 개작한 것이었다.[17] 텍스트가 아닌 그래픽으로 표현된 던전을 탐험하면서 캐릭터를 성장시키는 게임으로 〈미스터리 하우스〉와의 시차는 대략 두 달 정도였다. 텍스트로 출발했던 PC 게임은 서로 약속이라도 한 듯 일시에 이미지로 옮겨갔다. 리처드 게리엇은 〈아칼라베스〉를 더욱 다듬어서 이후 〈울티마Ultima〉[18]라는 작품을 만들게 되는데, 이것은 수많은 시리즈로 이어지면서 RPG의 영원한 고전이 되었다.

17 러셀 드 마리아 · 조니 L.윌슨, 앞의 책, 126쪽.

18 〈울티마〉는 모든 RPG 게임의 원형이라고 불릴 정도로 RPG 장르를 대표하는 작품이다. 특히 플레이어에게 철학적 질문을 던지는 4편 〈아바타의 질문〉은 아직도 많은 플레이어에게 명작으로 칭송받고 있다. 개발자인 리처드 게리엇 역시 "나에게 〈울티마 4〉는 매우 특별합니다. 이전까지의 세 시리즈를 통해 프로그램을 어떻게 할지 배웠다면, 〈울티마 4〉에서는 어떻게 이야기를 진행할지를 배웠기 때문입니다"라고 회고한다. 〈울티마〉는 일본으로 건너가서 보다 단순하게 변형되었으며, 그것은 〈드래곤 퀘스트Dragon Quest〉라는 일본식 RPG 작품으로 나타났다.

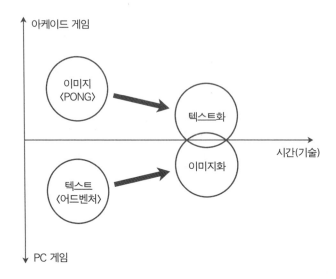

그림 3 시간에 따른 이미지와 텍스트의 결합 과정

초기 RPG의 역사에서는 〈위저드리Wizardry〉 또한 빼놓을 수 없다. 이 게임 역시 〈D&D〉의 시스템을 기반으로 만들어졌으며, CRPG 최초로 파티 시스템을 지원했다. 파티를 결성해 마을과 던전을 오가면서 조금씩 캐릭터를 성장시키고, 최후에는 던전 가장 깊숙한 곳에 있는 마법사를 물리치는 내용이다. 〈위저드리〉는 요즘 게임처럼 시간이 지나면서 성장을 하고, 성장을 하면 무조건 적보다 강해지는 게임이 아니었다. 운이 없으면 레벨이 올라도 능력치가 오히려 떨어질 수 있었다. 또한 아무리 레벨이 높아도 죽음의 가능성은 언제든지 열려 있었다. 캐릭터가 죽으면 다시 동료를 모아서 시체를 찾아와야 부활이 가능한데, 시체를 찾으러 가기 위해서는 다시 새로운 캐릭터를 성장시켜야 했고, 무사히 시체를 가져와노 부활 사체가 랜덤이었다. 부활에 실패한 캐릭터는 게임에서 사라지게 된다. 글자 그대로 죽는 것이다. 현실의 죽음과 동일한 것은 아니지만 현실의 시간이 투입된 소중한 캐릭터가 사라진다는 것은 게이머에게 안타까운 일이다. 이미지와 규칙에 의해 발생하는 이 유감의 감정은 텍스트로 상황을 설명하는 것보다 훨씬 강력한 장치였다.

술래잡기 놀이는 계속된다

〈팩맨〉, 〈미스터리 하우스〉, 〈아칼라베스〉로 이어지는 1980년의 다양한 징후들은 게임이 궁극적으로 어느 곳을 지향하는지 보여주었다. 그것은 구체적인 캐릭터와 이미지로 구축된 이야기의 세계였으며, 플레이어의 경험에 의해 이미지가 감정으로 치환되는 세계였다. 게임이 오늘날 모든 놀이를 대표하게 된 것은 단순한 놀이의 규칙을 넘어서 상상력을 보여주고 게이머에게 새로운 감정을 환기시켰기 때문이다. 그 과정에서 우리는 두 갈래의 서로 다른 길을 확인할 수 있었다. 아케이드 센터의 〈퐁〉이 이미지의 움직임을 대표한다면, 컴퓨터의 〈어드벤처〉는 텍스트의 상상력을 대표했다. 그리고 시간이 흐를수록 이미지는 텍스트를, 텍스트는 이미지를 빨아들였다(그림 3). 아무도 눈치채지 못하는 사이에 그것들은 하나의 덩어리로 봉합되었다. 오늘날의 게임들은 그 접합선조차 구분하지 못할 정도로 완벽한 결합을 보여준다. 한 가지 분명한 것은 이미지로만 구성된 게임은 어떻게든 살아남았지만 텍스트로만 구성된 게임은 영영 사라졌다는 점이다. 이것은 게임이 근본적으로 이미지를 지향하고 있다는 것을 보여준다. 하지만 단순히 이미지만으로 게임은 성립할 수 없다. 이미지를 지탱하는 규칙과 텍스트, 그 밖의 많은 요소가 결합되어야 한다. 수십 년 동안 이어져온 이미지와 텍스트의 술래잡기 놀이는 아직도 게임의 역사 속에서 반복되고 있다.

2 쏘는 놈, 맞는 놈, 피하는 놈
— 슈팅 게임의 문제 설정

'슈팅'이라는 놈

앱스토어에서 〈앵그리 허니Angry Honey〉라는 게임을 다운받아 플레이한 적이 있다. 성난 부인이 던지는 접시, 냄비 등을 주인공 남편이 박자에 맞춰 뭉셔내는 일종의 리듬 게임이다. 게임에서 묘사된 것처럼, 동서고금을 막론하고 부부싸움의 본질은 집 안에 있는 물건을 '던지는 것'인가 보다. 이 물건 던지기의 기원을 거슬러 올라가면 아마 우리는 사냥감에 돌도끼를 던지는 구석기인을 만날 수 있을 것이다. 인류 최초로 사냥감에 짱돌을 던진 원시인의 투구 폼을 잠시 생각해본다. 만약 맞추지 못하면 사냥감은 멀리 도망치거나 혹은 미친 듯이 던진 사람을 향해 달려들 것이다. 끼니를 굶거나 물어뜯기거나 그 어느 쪽도 미래는 없다. 그러니 어찌 떨리지 않았겠는가? 생존을 위해 힘껏 목표물을 조준해야 했던 그의 숙연한 마음이 느껴진다. 올림픽의 창던지기나 양궁 등의 종목에는 그러한 구석기인의 고뇌가 아주 조금은 남아 있는 것 같다. 팽팽한 활시위를 놓기 직전의 미묘한 침묵 같은 형태로 말이다.

'슈팅 게임'이라는 장르도 결국 기원을 거슬러 올라가면 '던져서 맞추는' 인류의 오랜 생존 스킬이 전자적 형태로 계승된 것이리라. 총탄이 화면을 가득 채우는 오늘날 슈팅 게임에서 앞서 말한 구석기인의 고뇌를 느끼기는 어렵다. 이른바 탄환을 바구니에 가득 담아서 화면에 쏟아붓는다는 '케이브'표 슈팅 게임들을 보면 특히 그렇다. 대개 이런 게임들은 적들 못지않게 아군도 총탄을 화면 가득 남발한다. 열심히 맞추려고 노력하지 않아도 적들이 알아서 맞아주는 수준이다. 맞추는 행위보다 피하는 행위에 더 초점이 맞춰진 것 같아서 '슈팅'이라는 수식어가 무색해질 정도다. 알다시피 최초의 컴퓨터게임은 슈팅 장르에서 시작되었다. 그보다 오래된 핀

볼 게임 역시 스프링을 사용해 쇠구슬을 쏘아서 점수판을 맞추는 놀이였고, 또 그 이전의 다트 게임도 방법만 다를 뿐 기본적으로 '무언가를 맞추는' 놀이였다. 그렇게 생각하면 '슈팅'은 컴퓨터게임의 하위 장르라기보다는 인류의 놀이 문화 전체를 대표하는 장르로 보아야 할 것이다. 오히려 컴퓨터 기술과 결합되면서 슈팅 게임은 한동안 맞추는 것보다 피하는 것에 더 치중하는 모습을 보여주었다. 하지만 슈팅 게임이 처음 등장했던 시절에는 조준 사격의 숭고함, 즉 공포와 긴장감으로 눈앞의 표적에 삶의 모든 것을 거는 원시의 아우라가 담겨 있었다.

쏘는 놈 - 주체, 분리되다

1) 슈팅 게임의 원형

〈스페이스 워〉에는 니들과 웨지라는 두 대의 우주선이 등장해 상대방을 먼저 격추해야만 하는 비극적 상황을 연출한다. 이 게임은 사람과 사람 사이의 대결을 다룬다. 때문에 모든 조건을 공정하게 설정해야 했고, 덕분에 두 대의 우주선은 완벽한 대칭관계를 이루었다. 니들과 웨지는 겉모습이 다를 뿐 기능적으로 완벽하게 동일한 존재다(물론 플레이어의 능력 차이는 존재한다). 편의상 게임에서 플레이어가 조작하는 이미지를 '주체', 주체를 제외한 조작할 수 없는 이미지를 '객체'라고 가정해보자. 흔히 슈팅 게임에는 하나의 주체에 수많은 객체가 등장한다. 하지만 〈스페이스 워〉에서는 주체와 객체가 질적으로, 그리고 양적으로 동일한 존재였다. 플레이어는 바둑의 흑돌과 백돌처럼 늘 자신과 동일한 대상을 마주하고 있다.[2] 그것은 없애야 할 적이지만 한편으로 자기 자신의 모습이기도 하다. 따라서 플레이어는 상대방의 행위를 통해서 끊임없이 자신의 행위를 재구축하게 된다. 어린아이는 거울에 비친 자신의 모습을 다른 사람으로 생각하지만 시간이 지날수록 그것이 자신의 모습이라는 것을 인식한다. 비슷한 방식으로 〈스페이스 워〉의 플레이어는 어느 순간 스스로 주체이면서 객체가 된다. 주체와 객체의 공격하는 행위와 회피하는 행위는 하나의 공간에서 끝없이 중첩된다. 이 뫼비우스의 띠가 결국 슈팅 게임의 원형이며, 이후 모든 슈팅 게임은 이 매듭 위에서 하나둘 이륙하게 된다. 비록 서로를 격추시켜야만 했으나 〈스페이스 워〉는 동등한 두 개체가 하나의 우주에서 조화를 이뤄가는 세계였다. 그곳은 주체와 객체가 아직 완벽하게 분리되지 않은, 근대 이전의 공간이었다.

2) 객체들의 물량 공세

주체와 객체의 균형이 무너지고, 급기야 분리되기 시작한 것은 〈스페이스 인베이더〉 같은 게임이 등장하면서부터다. 대결의 상대가 사람이 아닌 컴퓨터로 바뀌면서 1:1의 정당한 대결은 문제점을 드러냈다. 컴퓨터의 인공지능이 아무리 좋아진다고 해도 동일한 조건에서 인간의 사고 능력과 컨트롤 능력을 당해낼 수는 없을 것이다. 따라서 컴퓨터(혹은 디자이너)는 자신의 실력 차이를 소위 '물량'으로 극복하려고 했다. 〈스페이스 인베이더〉에서는 수많은 침략자가 플레이어를 공격한다. 이런 물량 공세를 위해 마련된 '외계인의 지구 침공'이라는 이야기 구조는 얼마나 절묘한 설정인가! 영문도 모른 채 플레이어들은 외계인의 물량 공세를 즐겁게 막아내야만 했다. 이제 주체와 객체는 더 이상 동일한 존재가 아니다. 수많은 객체가 홀로 외롭게 지구를 지키는 플레이어를 하이에나처럼 무리지어 공격해온다.

---

1   일본의 대표적인 슈팅 게임 제작사. 고집스럽게 한 우물만 파서 케이브 고유의
     슈팅 게임 스타일을 구축했다. 화면 가득 뿌려지는 탄막을 아슬아슬하게 피해 가는
     재미가 있지만, 게임 난이도가 매우 높아서 마니아들만 즐기는 게임이 되어버렸다.
     〈돈파치Donpachi〉, 〈에스프레이드Esprade〉 시리즈가 유명하다.
2   동일한 존재가 서로를 마주 보는 경험은 이미지를 복제해서 사용할 수 있는
     컴퓨터게임의 특징 때문에 가능하다. 그리고 이런 경험은 요즘도 낯설지 않은 풍경이다.
     프로게이머들의 〈스타크래프트〉 경기를 보면 같은 종족 간에 전투가 빈번하게
     벌어지는데, 특히 '저그 vs 저그' 전에서 대칭 구도가 잘 나타난다. 저그는 '오버로드'라는
     정찰 유닛으로 인해 경기 초반부터 서로의 상황을 모두 알고 시작한다. 그래서 약간의
     차이는 있지만 대체로 두 선수는 같은 빌드오더와 유닛을 선택하게 된다.

그들은 플레이어와 다른 체계를 살아가는 '타자'들이다. 실제로 1970년대 냉전체제의 미국과 소련처럼 지구인과 외계인은 하나의 세계에서 공존할 수 없는 불구대천의 원수였다. 이야기를 뒷받침하는 사회적 분위기까지 완벽했던 시절, 인베이더란 그저 없애버려야 할 적이었다. 동일자가 서로 조화와 균형 그리고 질서를 이루던 코스모스는 사라졌다. 그리고 '나' 이외의 적은 모두 없애버려야 하는 규칙이 혜성처럼 게임의 우주를 떠돌기 시작했다.

3) 조준 사격의 긴장

주체와 객체가 처음으로 분리될 무렵, 플레이어는 그 옛날의 구석기인처럼 최선을 다해 목표물을 조준해야 했다. 아군의 탄환은 임진왜란 때 왜군이 사용하던 조총처럼 장전까지 꽤 오랜 시간이 걸렸고, 대체로 탄이 적에게 맞거나 화면에서 사라질 때까지 다음 탄을 쏠 수 없었다. 정도의 차이는 있었으나 시간이 흐를수록 한 번에 쏠 수 있는 탄은 점점 늘어났다. 〈스페이스 인베이더〉에서 한 발씩 허용되던 '슈팅'은 〈갤러그Galaga〉에 이르러서 두 발씩 허용되었다. '전자오락'이라는 단어에서 무의식중에 '뿅뿅'이라는 의성어를 떠올리는 이유는 아마도 〈갤러그〉의 영향 때문일 거다. 〈갤러그〉는 1980년대를 대표하는 황지우 시인의 작품에도 등장할 정도로 당시 대중적인 오락이었으니 말이다(황지우 시인은 갤러그의 전자음을 '쑝쑝'이라고 묘사했다).[3] 아군의 미사일이 두 발씩 나가는 소리가 은연중 우리의 청각에 각인된 것은 아닐까? 심지어 〈갤러그〉는 게임이 종료되면 '명중률'을 성적표처럼 보여주는 친절함까지 갖췄다. 이 성적표는 당시 슈팅 게임이 얼마나 '정확하게 맞추는 것'을 중시했는지 보여주는 증거다. 허나 기술은 사람들의 예측보다 훨씬 빠른 속도로 다음 목표물을 향해 날아가고 있었다. 얼마 지나지 않아 조준 사격은 자취를 감추고 수많은 탄환이 화면을 가득 채웠다. 그 변화의 출발점에 〈엑스리온Exerion〉이라는 게임이 있었다. 적어도 내 기억에서는 그렇다.

4) 학살이 시작되다

〈엑스리온〉의 기본 구성은 〈스페이스 인베이더〉나 〈갤러그〉와 크게 다르지 않다. 어쨌든 정체불명의 외계 생명체들이 적으로 등장하고, 하여튼 플레이어는 전투기를 타고 그들을 물리쳐야 하는데, 좌우간 이 게임은 그 전의 슈팅 게임과는 몇 가지 다른 점이 있었다. 일단은 배경 화면. 여전히 우주 공간이었지만 화면 하단에 혹성의 표면과 혹성 위를 떠다니는 구름이 묘사되었다. 이것들이 스크롤 되면서 마치 미지의 혹성 위를 비행하는 듯한 분위기를 연출했다. 아군의 움직임도 남달랐다. 〈엑스리온〉의 전투기는 좌우로 수평운동만 하던 기존의 비행체들과는 달리 화면 전체를 자유롭게 움직일 수 있었다. 게다가 현실의 물리법칙을 적용하여 방향 전환 시 비행기의 움직임이 무거워지는 등 기존 게임과는 다른 느낌을 전달했다.[4] 하지만 가장 중요한 변화는 '기관총'이라는 새로운 무기가 등장했다는 것이다. 1883년 발명가 맥심이 개발한 최초의 현대적 기관총은 총탄의 반동을 이용하여 완전자동 사격을 가능케 하였고, 분당 500발 정도를 발사할 수 있었다고 한다. 기관총은 보다 빠르고 효율적인 살인 방법을 고민했던 도구적 이성의 정점을 보여준다. 게임은 기술의 발전과 함께 그런 현실의 무기들을 하나씩 모방했던 것이다. 난이도를 고려해 탄수에 제한을 두기는 했지만 자극적인 소리와 함께 일렬종대로 발사되는 〈엑스리온〉의 기관총은 '학살'의 느낌을 재현하는 데 부족함이 없었다. 이제 주체는 다수의 객체를 압도할 수 있는 비이성적 도구를 손에 넣었다.[5] 바야흐로 슈팅 게임의 근

3 황지우 시인의 「徐伐, 셔발, 셔발, 서울, SEOUL」이라는 작품에는 다음과 같이 〈갤러그〉 게임을 묘사하는 장면이 등장한다. '슝슝슝슝슝슝슝슝슝슝슝슝슝슝슝슝/ 띠리릭 띠리릭 띠리리리리리리릭/피웅피웅 피웅피웅 피웅피웅피웅피웅/꽝!ㄲㅗㅏㅇ!/ PLEASE DEPOSIT COIN/AND TRY THIS GAME!/또르르르륵/그리고 또 다른 동전들과 바뀌어지는/슝슝과 피우피웅과 꽝! …(중략)… 짜 자 잔/GAME OVER/ 한다면,'

4 비주얼을 언어로 모두 형용하기에는 한계가 있다. 본문에서 언급된 게임들은 유튜브 같은 사이트에서 관련 영상을 볼 수 있으니 부족한 부분은 그쪽을 참고해주기 바란다.

대가 도래한 것이다.

5) 주체와 객체의 새로운 정립

오랜 시간 동안 슈팅 게임은 정형화된 틀을 고수했다. 물론 슈팅 게임의 근대를 탈주하고자 했던 게임이 없었던 것은 아니다. 그런 게임 중에서 디자인을 통해 주체와 객체와의 관계를 다시 돌아보게 만든 게임이 트레저의 〈이카루가ᴵkaruga〉다. 이 게임의 모든 개체는 흑색과 백색으로 구분된다. 아군도 적군도……. 플레이어는 버튼으로 자신의 기체 색깔을 흑색 혹은 백색으로 자유롭게 바꿀 수 있다. 사실 변신 자체에는 아무런 의미가 없다. 탄의 방향이 달라지거나 파워가 올라가는 것도 아니다. 변신의 의미는 오직 적과의 관계 속에서 상대적으로 발생한다. 흑색의 상태에서는 흑색의 탄을 흡수할 수 있고 백색 적을 상대로 월등한 파워를 보인다. 반대의 경우도 같은 룰이 적용된다. 그래서 플레이어는 상황에 따라 자신의 색깔을 바꿔가면서 대처해야 한다. 도저히 피할 수 없을 것 같은 상황도 이런 상성관계를 활용하면 쉽게 빠져나갈 수 있다. 쏟아지는 탄은 많지만 주체의 상태에 따라 객체들을 흡수해 상쇄시킬 수 있는 것이다. 즉, 이 게임은 무조건 상대를 쓰러뜨려야 하는 근대적 규칙에서 벗어나 있다. 대신 주변 환경에 적응하면서 주체와 객체의 관계를 상황에 맞게 끊임없이 재정립해야만 한다. 조금 전까지 나를 도와주던 존재는 색깔이 바뀌는 순간, 흉기로 돌변할 수 있다. 주체는 주변의 상황에 따라 끊임없이 변화하고, 거기서 새로운 의미를 생성한다. 그런 측면에서 〈이카루가〉는 탈근대적 슈팅 게임이라고 할 수 있다. 여전히 주체와 객체는 이분법으로 대립되어 있다. 하지만 그 대립을 이만큼이나 세련되게 다듬고 재해석한 게임도 흔치 않다. 〈스페이스 워〉에서 시작된 주체와 객체 대립은 〈스페이스 인베이더〉에서 완전히 분리되었고, 총탄 경쟁의 근대적 슈팅 게임을 거쳐 〈이카루가〉에서 새로운 대립 구도를 만들어냈다. 완벽한 적이라는 개념은 몇 발의 총성과 함께 해체되었다. 우리는 이제 무엇을 쏘고 무엇을 피해야 하는가?

맞는 놈 - 객체와의 거리

1) 슈팅의 흔적

슈팅 게임의 몰락은 격투 게임의 붐, 조금 더 구체적으로 말하면 캡콤의 〈스트리트 파이터 2Street Fighter 2〉가 게임 센터에 등장한 1991년을 전후하여 시작되었다. 〈스트라이커 1945Strikers 1945〉 시리즈로 유명한 사이쿄와 〈돈파치〉를 제작한 케이브 정도가 근근이 명맥을 이어나갔다. 단순히 '격투 게임이 더 재미있기 때문'이라고 설명하기에는 너무나 빠른 세대교체였다. 시기적으로 봤을 때 슈팅 게임의 몰락은 1990년대 대중문화의 흐름과 그 맥을 같이한다고 생각한다. 앞서 살펴봤던 근대적 슈팅 게임, 하나의 수제가 수많은 객체를 제거하는 패턴은 어느새 사람들의 흥미를 끌지 못하고 있었다. 슈팅 게임만의 책임은 아니다. 어느새 유저들이 본능적으로 거부하고 있었다. 〈스트리트 파이터 2〉를 통해 '실제 사람과의 격투'에서 오는 카타르시스를 경험한 뒤에 말이다. 그것은 1992년 서태지의 〈난 알아요〉를 듣고 나서 다른 대중가요들이 답답하게 느껴졌던 경험과 흡사했다. 화면의 그래픽을 제거하면 게임 센터에서 실제 사람과 1:1로 싸우는 모습은 〈스페이스 워〉의 그것이다. 니들과 웨지의 모습은 류와 켄의 형상으로 서서히 중첩되었다. 당시 일명 '장풍 싸움'이라고 하여 다른 버튼이나 기술은 일체 사용하지 않고, 오로지 파동권만 사용해서 승부를 내는 결투도 있었다(이건 당시 만화잡지에 연재되던 『드래곤 볼』의 영향이 크게 작용했다). 파동권은 한 번에 한 발만 쏠 수 있다는 점에서 초기 슈팅 게임의 미사일을 연상시킨다. '슈팅'이라는 행위는 이렇게 다른 장르의 게임에서도 스치듯 나타난다. 그리고 이러한 슈팅의 흔적을 통해 우리는 슈팅의 본질에 한 발짝

---

5   물론 짧은 시간에 많은 수익을 올려야 하는 아케이드 게임은 주체의 손에 쥐어준
         도구보다 훨씬 더 많은 적을 내보내기 시작한다. 이러한 주체와 객체의 무한 경쟁이
         오늘날 슈팅 게임의 몰락을 초래했는지도 모를 일이다. 이는 비단 게임 속 상황만은
         아닐 것이다.

더 다가갈 수 있을 것이다.

2) 켄 vs 블랑카

열대림이 우거진 브라질의 원주민 마을, 사람들이 지켜보는 가운데 두 무술가의 결투가 벌어지고 있다. 마을 주민 블랑카 씨는 밀림에서 자란 탓에 야생의 외모와 습성을 그대로 간직하고 있는 '모글리' 같은 청년(?)이다. 오늘의 대결 상대는 미국에서 온 격투가 켄. 일본에서 가라데를 배웠다는 켄은 특유의 거만한 표정으로 싸움을 걸어온다. 라운드 1. 파이트! 블랑카 씨는 동물적인 감각으로 싸움을 한다. 그의 주특기는 빠른 점프와 강력한 펀치다. 직접 몸을 던지는 롤링어택 역시 강력하다. 어쨌든 그는 모든 짐승들이 그렇듯 자신의 신체를 사용해 직접 싸워야만 한다. 블랑카 씨의 움직임이 부담되는지 켄은 멀리서 파동권을 날린다. 마치 엽총으로 짐승을 사냥했던 유럽인의 모습이다. 그는 블랑카보다 느리고 파워도 약하다. 대신 파동권이라는 장거리 무기를 가지고 있다. 덕분에 그는 굳이 다가가서 주먹을 날릴 필요가 없다. 파동권을 사용하고 상대가 점프해 오는 것을 노린 다음, 승룡권을 날린다. 이것이야말로 켄이 늘 머릿속에 그리는 필승 전략이다. 이에 대한 블랑카 씨의 선택은 두 가지로 요약된다. 막거나 뛰어넘거나…….

이상은 〈스트리트 파이터 2〉의 한 장면을 재구성한 것이다. 게임은 예측할 수 없는 우연성 때문에 그 미적 가치를 획득한다. 파동권을 날리는 켄이 퍼펙트로 승리할 수도 있고, 몸이 재빠른 블랑카가 일방적으로 승리할 수도 있다. 여기서 얘기하고 싶은 것은 승패를 떠나 싸움의 방식에 관한 것이다. 위에서 묘사한 켄과 블랑카의 싸움은 도구를 사용하는 인간과 그렇지 않은 짐승 간의 싸움을 은유적으로 재현하고 있다. 장거리 무기가 없는 블랑카는 어떻게든 접근해야만 공격이 가능하다. 그래서 블랑카는 호시탐탐 켄의 장풍 너머로 점프할 타이밍을 노린다. 어느 정도 예측해서 뛰어넘지 않으면 곧바로 날아오는 승룡권의 먹이가 된다. 켄은 굳이 자신보다 신체적으로 강한 상대와 정면대결을 할 필요가 없다. 그는 항상 적당한 거리를 유지하면서 파동권을 날리고 블랑카가 점프해 올 타이밍을 계산한다. 물론 '승룡권'을 제대로 한 방 먹이기 위해서다. 사자는 자신의 네 발로 달려가 날카로운 이빨로 사냥감의 목을 물어뜯는다. 독수리는 지상으로 돌진해 뾰족한 발톱으로 먹이를 낚아챈다. 그러나 인간은 직접 달려가지 않는다. 그는 도구를 사용해 상대방을 공격한다.[6] 도구는 인간과 사냥감을 매개한다. 때문에 인간은 자신의 손에 피를 묻힐 필요가 없다. 맥루한의 견해를 빌리자면, 미디어는 신체와 감각의 확장이다. 따라서 슈팅을 하는 주체는 자신의 신체를 확장해 상대방을 공격하는 셈이다. 최종적으로 남는 문제는 대상과의 거리다. 도구의 사정거리는 주체의 이동을 강제하고, 주체와 객체 간의 거리가 줄어들수록 리스크는 증가한다. 이기기 위해서 어떻게든 상대방에게 접근해야만 하는 블랑카처럼 거리의 문제는 필연적으로 이동의 문제를 수반한다. 결국 이런 거리의 문제를 어떻게 디자인적으로 재현하느냐에 따라 어떤 것은 슈팅이 되고 어떤 것은 액션이 된다.

3) 과녁을 향해 쏘아라 - 〈제비우스〉

이러한 거리의 문제를 제기했던 슈팅 게임은 남코의 〈제비우스Xevious〉가 아니었나 싶다. 〈제비우스〉에서는 어두운 우주를 벗어나 지상과 바다가 묘사되기 시작했다. 배경이 서서히 스크롤 되는 장면은 머나먼 대륙을 향해 조종간을 당기는 파일럿의 느낌을 주기에 충분했다. 놀라운 점은 이 게임이 단순히 육지를 보여준 것에서 그치지 않고 플레이어가 육지를 느낄

---

6   도구를 사용한다는 것은 내 신체에 전혀 피해를 입지 않으면서 상대방에게 타격을 가하는 것이다. 이 도구적 합리성의 극단에 있는 것이 '총'이라는 무기다. 총은 방아쇠를 당기는 간단한 행위로 손쉽게 멀리 있는 생명을 빼앗을 수 있다. 흔히 조폭영화에서 주먹이 아닌 '칼'을 쓰면 비겁한 '양아치'인 것으로 묘사되는데 총에 비하면 그나마 칼은 도구와 신체의 거리가 매우 가까운 편에 속한다.

수 있도록 디자인했다는 것이다. 아군 전투기는 두 가지 무기를 사용한다. 하나는 공중의 적을 공격하기 위한 것이요, 또 하나는 지상의 적을 위한 것이다. 아군의 전방에는 늘 십자 모양의 가상 표적이 따라다닌다. 이것은 지상 공격용 폭탄의 낙하지점을 알려준다. 적이 다가오는 속도와 표적의 위치, 그리고 폭탄이 발사되는 시간을 고려해 플레이어는 정확한 타이밍에 폭탄 버튼을 눌러야 한다. 그러면 잠시 후 현란한 폭발음과 함께 지상의 목표물이 잔해를 남기면서 파괴된다. 폭탄이 터질 때까지의 경직 시간은 유저에게 지상까지의 '높이'로 인식된다.[7] 즉, 〈제비우스〉에서 게이머는 그전에는 느끼지 못했던 화면 속의 높이를 느낄 수 있게 되었다. 하지만 그 '높이'의 이면에는 '거리'가 감춰져 있다. 사거리에 제한이 없는 공중공격과 사거리에 제한을 둔 지상공격에 따라 플레이어의 이동 패턴에는 차이가 발생한다. 지상공격을 위해서 플레이어는 폭탄의 사거리만큼, 적어도 십자 표시에 닿을 때까지는 적에게 다가가야 한다.[8] 따라서 플레이어가 인지해야 할 공간은 단지 비행기의 작은 동체에 국한되지 않는다. 다가오는 적의 탄을 피하면서도 끊임없이 지상의 적과 거리를 좁히기 위해 십자 모양의 표적을 신경 쓰지 않을 수 없다. 슈팅 게임의 플레이어는 자신이 발사하는 매개물과 결코 분리되어 있지 않다. 탄이 적에게 닿는 범위까지가 플레이어의 인식 영역이자 확장된 감각의 영역이다. 슈팅 게임의 고수들은 아마도 자신의 확장된 감각을 정확하게 인식하고 그 한계점을 자유롭게 통제할 수 있는 사람들이다.

4) 보안관의 낡은 장화

캡콤의 〈건 스모크Gun Smoke〉는 서부영화의 보안관이 등장하는 슈팅 게임이다. 전투기가 아닌 사람이 등장한다는 점, 게다가 〈건버드Gunbird〉처럼 날아다니지 않고 지상을 열심히 뛰어다닌다는 점에서 보기 드문 스타일의 슈팅 게임이었다.[9] 보안관의 무기는 오직 쌍권총. 폭탄이나 다른 회피 수단이란 처음부터 생략되어 있다. 다만 플레이어는 게임 중 등장하는 아이템을 통해 몇 가지 능력을 강화할 수 있다. 장화(이동속도 증가), 탄환(탄의

속도 증가), 장총(유효 사거리 증가)이 그것이며, 이 세 가지 아이템은 서로
유기적으로 연결되어 있다. 이 게임은 A, B, C 세 개의 버튼이 탄이 발사되
는 방향(좌측, 중앙, 우측)과 대응하는데[10] 플레이어는 역시나 사거리의 제
약을 받는다. 따라서 목표물을 화면 뒤쪽에서 편안하게 맞추는 것은 불가
능하다. 적어도 사거리에 닿는 곳까지 움직이지 않으면 적을 맞추는 것은
불가능하다. 〈제비우스〉처럼 과녁이 보이지는 않지만 플레이어는 자신의
유효 사거리를 금세 인지할 수 있으며, 그 반경 내에서 전략을 구사할 것
이다. 그리고 게임의 모든 아이템은 주체와 객체 사이의 거리를 직·간접적
으로 조절하는 역할을 한다. 사거리를 늘려주는 장총은 좀 더 멀리서 안전
하게 적을 공격하도록 도와준다. 한편 장화와 총탄은 각각 보안관의 이동
속도와 그가 쏘는 탄의 속도를 높여준다. 이 두 가지 아이템은 거리로 인
해 발생하는 이동의 문제를 어느 정도 보완하는 셈이다(어차피 적에게 다
가가야만 한다면 조금이라도 빨리 다가가는 것이 유리하다). 탄의 방향을
버튼으로 선택하고, 탄의 사거리에 제한을 둔 〈건 스모크〉는 결과적으로
일반적인 슈팅 게임과는 다른 경험과 재미를 유저에게 선사한다. 서부영화
에서 앞만 보고 총을 쏘는 사람은 없다. 허리와 고개를 옆으로 돌리고 그

7   폭탄 발사 이후 지연 시간은 이후의 슈팅 게임에도 지속적으로 등장해 플레이어를
       괴롭힌다. 플레이어는 위기를 벗어나기 위해 B버튼으로 폭탄을 발사한다(절묘하게도
       'BBomb' 버튼이다). 하지만 〈타이거 헬리Tiger Heli〉나 〈라이덴Raiden〉처럼 '높이 때문에
       폭탄은 조금 뒤에 터진다'라는 원칙을 고수하는 게임이 많았다. 이것 때문에 수많은
       플레이어들이 적의 총탄을 피하지 못하고 격추되어야만 했다.
8   당시에는 아군의 공격 범위가 넓지 않았기 때문에 사거리에 제한이 없는 공중공격도
       명중률을 높이기 위해 어느 정도 이동을 해야 했다. 어떤 플레이어들은 방어력이 강한
       적을 빨리 없애기 위해 리스크를 감수하고 접근하기도 한다.
9   그렇게 보면 영화 〈람보〉를 모티프로 한 SNK의 〈이카리Ikari〉 같은 게임도 슈팅 게임의
       범주에 넣을 수 있을 것 같다. 다만 〈건 스모크〉는 강제 스크롤이 된다는 점에서 보다
       전통적인 슈팅 게임에 가깝다.
10 시기적으로 앞서는 〈로보트론2084〉는 오른쪽 스틱으로 총을 쏘는 방향이 결정되는데
       스틱이 버튼으로 변했다는 점을 제외하면 〈건 스모크〉 역시 그런 슈팅 인터페이스의
       연장선상에 있다.

방향으로 두 팔을 쭉 뻗어 방아쇠를 당기는 것이 정석이다. 〈건 스모크〉는 총탄의 방향을 버튼으로 구현함으로써 이러한 시각적 디테일을 살렸다. 또한 제한된 사거리로 인해 플레이어는 멀리서 저격하는 스나이퍼가 아니라 적들이 포진해 있는 영역으로 돌진해서 현란한 컨트롤로 다수의 적들을 섬멸하고 다시 안전한 위치에 돌아오기를 반복한다. 플레이어는 자신도 모르는 사이에 서부영화의 연출 방식을 그대로 재현하게 되는 것이다. 이것이 작은 규칙의 변화로 새로운 재현세계를 만들어내는 게임의 힘이 아닐까?

피하는 놈 - 생존의 문제

1) '비사이로막가' 씨의 총알 피하기

슈팅 게임에서 '슈팅'의 영역은 대부분 1인칭 슈팅First-Person Shooter, FPS이나 리듬 게임으로 넘어갔다. 리듬 게임은 모든 일련의 피하는 동작이 배제된(조종간이 없다!) 그야말로 맞추기만 하는 슈팅 게임이다. 따라서 전통적인 개념의 슈팅 게임은 이미 피하기 게임이 되었다 해도 과언이 아니다. 1980년대 〈유머1번지〉가 유행하던 시절의 유머 모음집에는 이런 퀴즈가 곧잘 실렸다. "문 : 세상에서 가장 마른 사람은?" "답 : 비사이로막가" 우리가 '비사이로막가' 씨처럼 하늘에서 내리는 비를 피할 수 없는 이유는 우선 우리의 몸집이 비 사이의 간격보다 크기 때문이고, 비가 내리는 속도보다 우리의 움직임이 느리기 때문이다. 이 두 가지를 극복할 수 있다면 누구나 '비 사이로 막갈' 수 있으리라. 이 회피의 법칙은 슈팅 게임에도 고스란히 적용된다. 슈팅 게임에서 난이도를 높이는 방법은 탄을 피하기 어렵게 만드는 것이다. 탄을 피하기 어려운 이유는 대체로 둘 중 하나다. 탄이 너무 많거나 탄이 너무 빠르거나. 거기에 아군의 덩치가 크고 속도까지 느리다면 더욱 절망적이다. 따라서 유저가 어려운 난이도로 인해 흥미를 잃지 않도록 대부분의 게임은 적절한 타협점을 찾기 마련이다. 탄이 많은 게임은

아군의 몸집이 작은 편이다. 혹 덩치가 크더라도 실제 격추되는 피탄 지점
은 매우 작다. 케이브의 슈팅 게임들이 대체로 이런 패턴을 고수한다. 탄이
빠른 경우에는 아군에게도 그에 못지않게 꽤나 빠른 움직임을 제공한다.
사이쿄의 슈팅 게임은 탄의 양보다 탄의 속도와 조준의 정확도에 초점을
맞춘다. 당연히 두 게임의 생존법은 다를 수밖에 없으며, 그에 따라 게임의
재미 역시 달라진다. 가끔은 피할 수 없을 만큼 많은 탄이 피할 수 없는 속
도로 날아오는 경우도 있다.[11] 이때 플레이어는 절망에 빠지며 공포를 느
낀다. 슈팅 게임 마니아들은 대체로 이 공포를 극복한 뒤에 오는 희열을
알고 있다.

2) 피할 수 없다면 즐기라고?

피하기와 관련해서 가장 기억에 남는 게임은 〈타이거 헬리〉다. 이 게임은
도무지 타협점이라고는 찾아볼 수가 없다. 헬리콥터를 운전하는 느낌을
충실하게 전하려고 노력한 점은 인정한다. 다만 그 묘사력이 너무 지나쳐
서 '헬리콥터는 느리기 때문에 적의 탄을 잘 피할 수 없다'는 것까지 표현
하려고 했다. 지금이야 그 재현의 꼼꼼함에 박수를 보내지만 동전 한 푼
이 아쉬운 당시 어린이들에게 〈타이거 헬리〉는 정말 큰맘 먹고 해야 할 게
임이었다. 아니면 적의 탄을 예상해서 피할 정도로 실력이 뛰어나든지 말
이다. 야구공처럼 동그란 적탄은 박찬호 선수의 메이저리그 전성기 시절
의 직구 속도를 뺨칠 정도다. 그런데 플레이어의 헬리콥터는 이대호 선수
의 발만큼이나 느리다. 게다가 적들의 공격은 일정한 패턴이 있는 것이 아
니라 모두 정확히 아군을 향해 조준 사격을 한다. 탱크의 포대가 모두 아
군을 향해 일제히 움직이는 모습이 압권이다. 따라서 어느 정도 미리 예측

---

11 〈도돈파치 다이오죠〉의 마지막 보스 히바치의 공격이 그렇다. 게다가 폭탄을 쓰면
   방어막을 치기 때문에 동전을 아무리 많이 넣어도 실력이 없으면 절대 이길 수 없는
   녀석이다.

하고 피하지 않으면 순식간에 격추되어버린다. 여기서 끝이 아니다. 화면 끝까지 날아가는 적탄과는 달리 아군의 탄은 고작 화면의 반도 날아가지 않는다. 그렇다. 이 게임도 〈건 스모크〉처럼 거리의 제약이 있는 게임이다. 〈건 스모크〉는 장화 아이템으로 아군의 속도를 높일 수 있었지만 이 게임은 '스피드 업' 아이템이 아예 존재하지 않는다. 가뜩이나 피하기도 어려운 몸을 이끌고 최대한 적 가까이 다가가야 한다. 맙소사. 위험할 때는 폭탄을 쓰면 되지 않냐고 누군가 얘기할지도 모르겠다. 아쉽게도 이 폭탄은 곧바로 터지지 않기 때문에 생존이 100퍼센트 보장되지는 않는다. 다른 아이템도 도움이 안 되기는 마찬가지다. 아이템 색깔에 따라 좌우에 지원해주는 미니헬리콥터를 붙일 수 있는데 흰색은 전방으로 탄을 발사하고, 붉은색은 측면으로 탄을 발사한다. 탄의 범위는 다소 넓어지지만 문제는 그만큼 아군의 덩치가 비약적으로 커진다는 것. 안 그래도 동작이 굼뜬데 좌우로 식구가 늘어나면서 더욱 피하기가 어려워진다. 심지어 지원 유닛을 살리려다가 플레이어가 격추되기도 한다. 그래서 이 지원 유닛은 어지간한 컨트롤이 아닌 이상 금세 사라져버리기 일쑤다. 피할 수 없다면 즐기라고 하지만, 기본적인 회피는 보장해야 맞추는 재미를 느낄 수 있는 것이 슈팅이라는 장르가 아닐까? 아무튼 곱씹을수록 플레이어의 동전을 강탈하겠다는 의지가 느껴지는 디자인이다. 비단 〈타이거 헬리〉만의 일은 아니다. 그 많은 적을 혼자 상대한다는 설정 자체가 이미 위험천만한 일이니까. 이 '피할 수 없는' 문제는 어쩌면 근대적 '슈팅 게임'이 낳은 원죄일지도 모르겠다.

놈들의 방아쇠 당기는 법

앞서 모든 게임에 슈팅의 요소가 녹아 있다고 얘기한 바 있다. 〈슈퍼 마리오〉도 예외는 아니다. 마리오가 꽃 아이템을 얻어서 '파이어 볼'을 던지게 되면 게임 진행이 더욱 쉬워진다. 원래 마리오는 모든 적을 직접 밟아서 무찔러야 한다. 자신이 없다면 그냥 피해 가도 그만이다. 하지만 꽃을 얻는 순간 마리오는 매개물을 사용하는 도구적 인간으로 돌변한다. 재미있는 것은 마리오의 변화에 따라 그것을 플레이하는 게이머의 성향도 함께 변한다는 것이다. 점프의 거리와 낙하지점을 계산해 매사에 조심조심 힘겹게 적을 물리치던 마리오는 이제 파이어 볼을 마구 남발하면서 그야말로 적들을 일방적으로 '학살'하게 된다. 비록 게임이지만 여기서도 도구적 이성의 폭력성은 여실하게 드러난다. 〈슈퍼 마리오〉에서는 그나마 파이어 볼을 얻기 전의 평범한 마리오로 돌아갈 여지가 남아 있다. 그러나 일반적인 슈팅 게임에서는 처음부터 무제한의 탄환을 지니고 시작하기 때문에 '학살'을 지극히 당연한 것으로 받아들이게 된다. 이렇게 정형화되는 게임 디자인은 게이머의 반성적 사유를 어렵게 만든다. 게임은 현실의 반영이며, 시간이 지날수록 게임이 다시 현실에 반영되고 있다. 게임을 흉내낸 모방범죄 같은 얘기가 아니라 우리의 사고방식과 일상이 게임적인 요소들을 점점 흡수하고 있다는 얘기다. 현실을 마치 온라인 게임처럼 생각하는 〈타블로 온라인〉이나 〈천안함 온라인〉 같은 현상들은 이제 낯선 풍경이 아니다. 그렇기 때문에 지금 수많은 형태의 슈팅 게임에 필요한 것은 '잘' 쏘는 것이 아니라 '왜' 쏘아야 하고 '어떻게' 쏘아야 하는 것에 대한 고민이다. 슈팅 게임에는 '쏘는 놈', '맞는 놈' 그리고 '피하는 놈'이 모두 필요하다. 하나라도 없으면 게임의 밸런스는 무너진다. 문득 나는 현실에서 어떤 '놈'이었는지 기억을 더듬어본다.

3   하나의 레버와 여섯 개의 버튼

— 액션 게임의 재현 방식에 관하여

스타트 버튼 - 가장 보통의 액션

한 세미나 자리에서 모 교수님이 이렇게 말씀하셨다. 게임이란 '보고, 듣고, 달리고, 때리는' 것이라고. 듣고 보니 과연 그렇다. 그래서 나도 TV CM송 '씹고 뜯고 맛보고 즐기고'의 리듬에 맞춰 이 네 가지 동작들을 또박또박 읊어본다. 물론 모든 게임이 보고, 듣고, 달리고, 때리지는 않는다. 심지어 새턴으로 발매된 〈리얼 사운드 - 바람의 리글렛Real Sound〉[1]처럼 보는 것 자체가 배제된 채 오로지 듣기만 하는 극단적인 형태의 게임도 있다. 그렇다. 저 중독적인 멜로디는 액션 게임을 찬양하는 장르 편향적 멜로디다. '액션'이란 말 그대로 행동 혹은 행위를 뜻한다. 그리고 '액션 게임'이란 캐릭터의 행위를 게이머가 직관적으로 조작할 수 있으며, 이것이 게임의 로직과 재미에 결정적인 영향을 미치는 게임들을 말한다(이런 긴 설명을 듣는 시간에 게임이나 하자. 아마 〈슈퍼 마리오〉 한 판이면 액션 게임을 이해하는 데 모자람이 없을 것이다). 그렇다면 이 액션 게임이라는 장르 구분은 얼마나 엉성하기 짝이 없는가? 이 세상 모든 현상 속에서 액션이 아닌 것이 무엇이랴. 그럼에도 우리는 액션 게임에 대한 뚜렷한 이미지와 규칙의 조합을 머릿속에 떠올린다. 달리고, 때리고, 점프하고, 구르고⋯⋯. 어쩌면 액션 게임이라는 용어는 액션 영화의 장르적 특성에 기대고 있는지도 모르겠다.

---

1   이노 겐지가 만든 이 게임은 화면에 비주얼이 전혀 나오지 않는다. 오직 귀로 들으면서 진행해야 한다. 또한 저장 기능이 없어서 게임의 상황을 다시 되돌릴 수 없다는 점도 매력적이었다. 제작자는 "삶 자체가 맘대로 선택할 수 없는 것이고, 그래서 우리는 끊임없이 후회를 한다. 게임에서도 그런 기분을 느낄 수 있도록 해주고 싶었다"라고 이야기한다.

잊기 전에 다시 한 번 CM송을 읊어보자. 일반적으로 '보고', '듣는' 것이 게임을 즐기는 플레이어의 몫이라면 '달리고', '때리는' 것은 게임 속 캐릭터의 몫이다. 하지만 플레이어 없이 캐릭터 혼자 달리고 때릴 수는 없는 노릇. 게다가 관찰자인 게이머는 모니터 너머의 캐릭터가 달리는 것을 보며 자신이 달린다고 굳게 믿는다. 따라서 달리고 때리는 것조차 엄밀히 말해 플레이어의 몫이며, 이 때문에 게임은 보고 듣기만 하는 TV나 영화와는 전혀 다른 경험을 만들어낸다. 액션 게임에서 플레이어의 경험은 액션의 다양성과 비례한다. 동작이 많을수록 더 많은 경우의 수와 선택 가능성이 생겨난다. 단순히 쏘고 피하는 슈팅 게임과 달리 액션 게임에는 보다 많은 행동 패턴들이 준비되어 있다. 달리고 때리는 것은 기본. 캐릭터는 점프하고, 구르고, 방어한다. 대전 격투 게임은 때리는 행위 하나가 수백 가지의 기술로 분화된다. 현실의 인간이 도저히 따라 할 수 없는 화려한 액션이 단지 몇 개의 버튼으로 구현된다. 게이머는 좀 더 멋지게 상대방을 쓰러뜨릴 방법을 고민한다. 그것은 타인의 액션이 아닌 본인의 액션이기 때문이다. 게임의 액션은 무한하다. 현실의 액션이 그런 것처럼. 하지만 동시에 그것은 제한적으로 작동한다. 우리가 일상에서 몇 가지 액션밖에 취하지 않는 것처럼. 따라서 우리가 액션 게임을 깊이 읽기 위해서는 개별 게임이 어떤 보편적인 액션을 보여주는가를 살펴봐야 할 것이다. 그리고 그 액션들이 각각 어떤 방식으로 갈라지면서 발전하는지도 함께 살펴보아야 한다. 모든 준비가 끝났다면 스타트 버튼을 눌러보자.

가드 버튼 - 피할 수 없는 당신을 위해

앞서 슈팅 게임의 거리 문제에 대해 잠시 이야기했었다. 탄의 사정거리가 짧아질수록 플레이어의 캐릭터(주체)는 적 캐릭터(객체)에게 다가가게 된다. 그리고 그 거리가 제로에 가까워질수록 슈팅 게임은 액션 게임에 근접한다. 좀 딱딱하게 얘기했지만 풀어보면 간단하다. 옛날에 돌 던져서 맞추던 녀석을 이제는 주먹과 발로 직접 때리게 되었다는 이야기다. 즉, 둘 사이를 매개하던 미사일은 사라지고 주체의 신체는 그 자체로 무기가 된다.[2] 그 과정에서 일단 슈팅 게임에서 흔히 사용되던 전투기라는 소재는 액션 게임에서 대부분 폐기 처분된다. 현실의 전투기가 가지고 있는 기본적인 속성이 액션의 다양성을 가로막기 때문이다. 전투기는 하늘을 날고 미사일을 날리는 것 외에 다른 패턴을 상상하기 어렵다. 그래서 보다 많은 액션을 수행할 수 있는 캐릭터(주로 인간)가 그 자리에 들어서게 된다. 이 점은 아케이드 게임 〈스트라이커 1945〉와 〈건버드〉를 비교해보면 보다 명확해진다. 사람이 캐릭터로 등장하는 〈건버드〉에는 탄을 발사하는 기본 공격 이외에 근접무기를 사용하는 특수공격이 있다. 사정거리가 매우 짧아서 리스크는 높지만 대신 적에게 줄 수 있는 데미지는 크다. 반면 비행기가 캐릭터로 등장하는 〈스트라이커 1945〉는 오직 탄으로만 적을 상대해야 한다. 이렇듯 인간은 행동의 패턴이 다양할 뿐만 아니라 두 손을 이용해 도구를 사용할 수 있는 호모 파베르이기도 하다. 서로 다른 무수한 액션과 도구들은 게임의 경험을 더욱 풍부하게 만들어준다. 장애물을 뛰어넘는 경험, 적의 뒤로 몰래 접근해 목을 졸라서 기절시키는 경험, 일본도를 휘둘러서 적을 베는 경험 등 그 종류는 디자이너의 상상력에 따라 얼마든지 확장될 수 있다.

아울러 거리가 극도로 가까워지면서 슈팅 게임에 있던 '회피'가 거의 불가능하게 되었다. 적이 나를 공격할 때 내가 선택할 수 있는 것은 이제 두 가지다. 막거나 혹은 맞거나. 맞을 확률이 비약적으로 상승한 액션 게임에서 단 한 방으로 죽어버리는 것은 이제 플레이어에게 너무 가혹한 일이 되어버렸다. 죽은 플레이어에게 게임은 이런 댓글을 남긴다. '님은 사망하셨으니 다시 처음으로 돌아가셈 ㅋㅋ.' 게임의 죽음은 현실의 죽음과 다

---

2   신체를 공격 수단으로 전환시킨 대표적인 캐릭터가 바로 마리오다. 그는 점프한 후 중력과 자신의 몸무게를 이용해 적을 공격한다. 중년 아저씨의 이 엽기적인 공격 방법에 대해서는 글의 후반부에서 더 구체적으로 언급할 것이다.

르다. 목숨이 남아 있다면 얼마든지 부활할 수 있다. 그마저 없다면 자본
(동전)의 힘으로 다시 살아날 수 있다. 플레이어가 진짜 두려워하는 것은
죽음이 아닌 되돌아가는 일이다. 가까스로 살아남은 공간에 다시 진입해
야 한다는 두려움. 아마 당신이 〈마계촌Ghosts'n Goblins〉을 플레이한다면 이
런 공포감을 제대로 맛볼 수 있을 것이다. 난이도를 고려해 한 번의 공격
을 막아주는 갑옷이 준비되어 있지만 이 녹슨 갑옷에 의지하기에는 몬스
터들의 공격이 너무나 강력하다. 그래도 알몸으로 태어나서 갑옷 한 벌을
건졌으니 수지맞는 장사일까? 어쨌든 이런 난이도의 문제를 해결하고자
게임 디자이너들은 게이머의 죽음을 잠시 유예시킨다. 소위 '라이프 게이
지'라는 것을 만들어 맞으면 체력이 닳는 시스템을 구축한 것이다. 이제 플
레이어는 안심하고 좀 더 과감한 플레이를 시도할 수 있다. 바로 죽지 않
을 뿐더러 아이템을 통해 줄어든 체력을 회복할 수도 있기 때문이다. 〈파
이널 파이트Final Fight〉의 다양한 음식 아이템들을 보는 것만으로도 게이머
는 포만감을 느낀다. 오늘날 모든 액션 게임이 즐겨 사용하는 '라이프 게이
지'는 아마도 액션 게임의 문법을 정립시키는 과정에서 자연스럽게 만들어
진 것이리라. 그리고 이런 라이프 게이지 시스템은 액션 게임의 여러 종착
역 중 하나인 대전 격투 게임에서도 그대로 활용되고 있다. 한편 일부 게임
은 적의 공격을 방어할 수 있도록 디자인되었다. 방어를 할 때는 방어 자
세를 취하거나 도구를 활용했는데, 방패는 방어를 위해 흔히 사용되는 소
품이었다. 타이토의 검술 액션 게임 〈글래디에이터Gladiator〉는 좌우 레버로
캐릭터를 움직이고, 상하 레버로 방패를 움직여 적의 공격을 방어할 수 있
다. 적의 공격은 상단, 중단, 하단으로 구분되며 플레이어는 공격 방향을
예측해 방패의 방향을 컨트롤 해야만 한다.[3] 이 게임은 레버의 50퍼센트를
방어 동작에 할애하여 검술을 겨룬다는 게임 테마를 보다 효과적으로 구
현하고 있다. 그래서 똑같이 갑옷을 입은 기사가 등장하는 게임이지만 〈글
래디에이터〉는 적의 공격을 점프나 앉기로 회피하는 〈마계촌〉과 전혀 다
른 게임 패턴을 보여준다. 방어가 끝났다면 이제 좀 차분하게 걸어보자.

방향 레버 - 모니터 위를 걷는 남자
___

인간이 아무런 도구 없이 할 수 있는 행동 중에서 가장 자연스러운 것은
무엇일까? 광활한 평원에 혼자 남겨진다면 나는 아마도 그곳을 한참 동안
서성이게 될 것이다. 그리고 어느 순간 지평선을 향해 걸어가리라. 걸으면
서 인간은 사색에 잠긴다. 그리고 걸음을 통해 비로소 상대방에게 다가갈
수 있다. 25년간 신발만 만들어온 모 제화 업체 이사는 발자국만 봐도 주
인의 키·연령대·취향 등을 정확하게 파악할 수 있다고 한다. 왼발과 오른
발을 번갈아 내딛는 일상적인 동작이지만 실은 모두 다른 걸음을 걷는다
는 얘기다. 그래서 걷는다는 행위는 물리적인 이동 이상의 의미가 있다. 액
션 게임에는 걸을 수 있는 자유, 즉 이동의 자유가 있다. 이것은 주로 레버
나 방향키로 작동하며, 거의 모든 게임에서 구현되는 기본 동작이다. 게임
산업은 비교적 이른 시기부터 사람이 등장하는 게임을 만들고자 했다. 하
지만 기술적 한계로 인해 처음에 모니터에 표현된 것은 간단한 아이콘의
형태였다. 1973년 아타리가 개발한 〈갓차GOTCHA〉는 미로에서 남녀가 술
래잡기를 하는 게임이었다. 훗날 〈팩맨〉의 원형인 셈인데, 이 게임을 플레
이하면서 사람들은 '■'와 '+'를 보고 게임의 전단지에 있던 남자와 여자를
떠올렸을 것이다. 그리고 기술이 발전함에 따라 추상적 기호는 구체적 이
미지로 대체된다.

　　게임의 역사에서 타이토의 〈건 파이트Gun Fight〉는 흔히 미국에 건너
간 일본 게임의 성공 사례, 혹은 최초로 마이크로프로세서를 사용한 아케
이드 게임으로 언급되곤 한다. 하지만 재현의 관점에서 〈건 파이트〉의 성
과는 인간의 형상을 비교적 뚜렷하게 표현하고 두 다리가 움직이는 애니
메이션을 통해 걸어가는 동작을 구현했다는 점이다. 〈건 파이트〉는 서부

___

3　　공격 방향과 방어 지점이 명확하게 구분되었다는 점에서 〈글래디에이터〉는 조던
　　　　매크너의 〈가라테카Karateka〉와 함께 대전 격투 게임의 조작 방식을 선구적으로 구축한
　　　　게임이다.

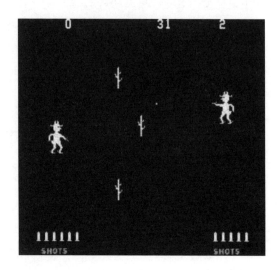

그림 1 〈건 파이트〉

를 배경으로 두 명의 사나이가 권총으로 승부를 가르는 내용이다. 많은 부분에서 〈퐁〉의 로직과 유사하지만 목표는 공을 받아치는 것이 아니라 상대방을 맞추는 것이다. 서부극은 그러한 로직의 개연성을 구체화하는 소재다. 비록 동작은 어색할지라도 캐릭터가 걷는다는 사실은 게임의 공간을 새롭게 규정했다. 물론 기술적 한계로 인해 전체 배경은 검은색으로만 표현되어 있다.[4] 하지만 캐릭터가 몸을 숨길 수 있도록 '선인장'을 배치한 것은 작지만 큰 변화였다. 선인장으로 인해 검은색 배경은 캐릭터가 '걸어다닐 수 있는' 미국 서부의 사막이 되며 허공을 걷는 느낌은 줄어든다. 게임은 이러한 작은 오브제를 통해 걸어다니는 캐릭터에게 일정한 공간성을 제공한 것이다.

대시 버튼 - 뛰어!

이런 게임 속의 걷는 액션은 어느 순간 뛰는 액션으로 바뀐다. 속도는 상대적이고 주관적인 것이다. 걷는 것을 보면서 뛴다고 생각할 수도 있고, 뛰는 것을 보면서 걷는다고 생각할 수도 있다. 앞서 언급한 〈건 파이트〉 역시 따져보면 걷는 것보다 뛰는 것에 가깝다. 사실 목숨을 건 결투인데 뛰어다니면서 싸운다는 게 오히려 설득력이 있을지도 모른다. 그러면 어떻게 게임은 걷는 것과 뛰는 것을 구분할까? 방법은 두 가지다. 첫째는 디테일한 캐릭터 묘사를 통해서다. 〈동키콩〉에 등장하는 마리오는 비록 물리적인 속도는 느리지만 게이머에게 열심히 뛰는 것으로 인식된다. 이유는 게임을 디자인한 미야모토 시게루의 세밀한 표현력 때문이다. 발만 움직이던 〈건 파이트〉와는 달리 〈동키콩〉의 마리오는 움직일 때마다 두 손이 함께 깜빡거리며 마치 앞뒤로 흔드는 것처럼 움직인다. 움직일 때마다 들리는

---

4   〈건 파이트〉는 1977년 〈BOOT HILL〉이라는 게임으로 리메이크되었는데 이 게임에서는 서부의 배경과 무덤 등이 배경으로 표현되어 있다.

코믹한 효과음도 속도감을 느끼게 한다. 또한 평지를 움직일 때는 빠르게 들리던 이 소리가 사다리를 타고 올라갈 때는 한 템포 느리게 들린다. 이 청각적인 템포 차이는 시각적인 속도 차이보다 더욱 효과적이며, 플레이어는 자연스럽게 평지에서의 이동을 뛰는 것으로 인식하게 된다. 두 번째 방법은 조작에 있어서 걷기와 뛰기에 차이를 두는 것으로 두 가지 조작을 게임 속에 모두 구현한 다음 플레이어가 구분해서 사용할 수 있도록 하는 것이다.[5]

　　게임 디자이너들은 플레이어가 걷기와 뛰기를 자유롭게 넘나들 수 있도록 가급적 간편한 방법을 강구했다. 그래서 달린다는 행위는 동일하지만 조작 방식은 게임마다 제각각이다. 세가의 〈골든 엑스Golden Axe〉는 레버를 두 번 연타하는 방식으로(→ →) 달릴 수 있다. 흔히 '대시DASH'라고 불리는 커맨드다. 직관적이면서도 추가적인 버튼 없이 방향키만으로 달리기와 걷기를 구분할 수 있기 때문에 흔히 사용되던 달리기의 인터페이스였다. 한편 〈슈퍼 마리오〉나 〈소닉Sonic the Hedgehog〉은 A버튼을 눌러서 보다 빨리 움직일 수 있다. 이 조작 방식은 버튼을 하나 더 사용하는 대신 '대시' 커맨드에 없는 장점을 가진다. 즉, 누르는 시간에 따라 가속의 정도가 달라지고 이것은 단순히 달리는 것에서 '천천히 달리기'와 '빨리 달리기'라는 행위로 또 한 번 의미의 분절이 발생한다. 게이머는 자유롭게 속도를 조절하면서 게임의 리듬과 템포를 조절할 수 있다. 그리고 이것은 뒤에 언급할 '점프' 액션과 자연스럽게 이어진다. 한편 인터페이스의 변화는 걷는 것과 달리는 것을 하나의 조작 체계로 통합시켰다. 닌텐도64 콘솔에서 처음으로 사용된 아날로그 스틱은 스틱을 기울이는 정도에 따라 걷기와 뛰기를 구분해 조작할 수 있었다. 혹자는 진정한 게임의 3D 공간이 〈슈퍼 마리오 64Super Mario 64〉에서 시작되었다고 할 만큼 아날로그 스틱의 조작감은 대단한 것이었다. 이후 아날로그 스틱은 다른 게임기에도 대중적으로 사용되기 시작했다. 덕분에 현재 모든 액션 게임들은 3차원 공간에서도 스틱 하나로 자유롭게 방향과 속도를 컨트롤할 수 있다. 현실의 조작은 보다 간편해지고 게임의 액션은 보다 화려해졌다.

여담이지만 달리는 액션만으로도 게임은 가능하다. 영화 〈살인의 추억〉을 봤다면 꼬마 아이들이 오락실에 모여 자를 튕겨가면서 즐기던 게임을 기억할 것이다. 바로 코나미의 〈하이퍼 올림픽Hyper Olympic〉 시리즈다. 이 게임은 방향키가 없다. 오직 A버튼을 연타하고 적당한 타이밍에 B버튼을 누르는 것으로 모든 스포츠 종목이 표현된다. 이 게임의 100미터 달리기는 그야말로 신체적 운동까지도 유발한다. 누르는 것으로 성이 차지 않는 아이들은 손톱 끝으로 버튼을 문질러서 연타력을 높인다. 조금이라도 기록을 단축하기 위해 영화에서 등장했던 특별한 '도구'까지 등장할 정도나. 이 게임에서 달리는 속도는 버튼을 누르는 횟수와 비례한다. 달리는 것자체가 경쟁의 요소였기 때문에 플레이어의 실력에 따라 달리는 것에 차이를 두어야만 했고, 버튼 연타는 그것을 위한 가장 간단한 방법이었다. 〈스타디움 히어로Stadium Hero〉 같은 야구 게임에서도 이런 달리기 방법은 그대로 사용되며, 스포츠 게임은 즐기는 그 자체로 물리적 운동을 동반하게 된다. 그리고 버튼 연타 게임은 〈비시바시 챔프Bishibashi Champ〉와 같은 게임으로 이어지고 있다.[6] 하지만 모든 게임이 달리는 인터페이스를 이렇게 만든다면 아마 플레이어의 손목은 남아나지 않을 것이다.

점프 버튼 - 세계를 극복하는 기술

액션 게임에서 가장 중요한 액션을 하나만 고르라면 나는 주저하지 않고 '점프' 버튼을 누를 것이다. 실제로 액션 게임 중에서 점프 없는 게임을 찾아보기가 힘들 정도다. 왜 점프는 게임에서 이토록 보편적이며 매력적이

---

5 게임은 이미 탄생할 때부터 뛰는 액션의 단초를 제공했다고 생각한다. 비록 우주 공간의 비행기를 다루고 있지만 〈스페이스 워〉의 가속 버튼은 훗날 〈슈퍼 마리오〉의 가속 버튼과 같은 역할을 수행했다.

6 DDR의 유행과 함께 등장했던 〈비시바시 스페셜 3 - 스텝 챔프〉는 버튼 대신 발판을 사용한다. 이 게임의 달리기 종목은 그야말로 발을 구르며 달려야 한다.

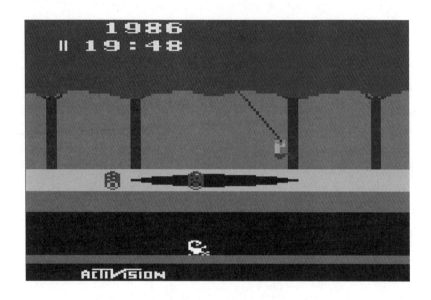

그림 2 〈핏폴〉

고 또 중요한 액션일까? 슈팅 게임에서 플레이어를 방해하는 것은 오직 적의 탄환뿐이었다. 배경에 사용된 그래픽은 게임 세계를 묘사하기 위한 밑그림일 뿐 플레이의 영역에는 별로 영향을 미치지 못했다. 간혹 〈슈퍼 코브라Super Cobra〉처럼 배경 그래픽에 부딪히면 죽는다는 설정이 있기도 했지만 말이다. 마찬가지로 액션 게임에서 걷거나 뛰기만 하는 캐릭터에게 배경 그래픽은 그저 움직일 수 있는 평면적 공간에 불과하다. 하지만 캐릭터가 점프를 할 수 있게 되는 순간, 그 공간은 플레이어를 괴롭히는 입체적 공간으로 돌변한다. 평탄했던 길에 함정이 생기고, 올라야 할 언덕이 생기며, 하늘에서 밧줄이 내려오기도 한다. 마치 구석기 시대에 종언을 고하듯, 인간의 배경으로 존재했던 공간은 이제 이용하고 극복해야 할 대상이 된다. 게임 업계에서는 이것을 '레벨 디자인'이라고 부른다. 점프할 수 있는 플레이어를 위해 디자이너는 온갖 함정을 파기 시작한다. 적당한 타이밍과 거리를 계산하지 않으면 깊은 심연은 플레이어를 순식간에 삼켜버린다. 공간은 물리적 실체는 없지만 때로 적 캐릭터보다 무시무시한 존재다. 적에게 부딪히면 게이지가 줄어들 뿐인데 절벽으로 떨어지면 곧바로 사망하는 일이 다반사. 이제 배경 자체가 또 하나의 회피해야 할 존재가 된다. 점프 때문에 주체는 객체 이외에도 배경, 즉 세계와 관계를 맺기 시작한다. 주체, 객체, 세계가 점프를 매개로 하나의 균질한 공간에 통합되는 것이다.

　　게임에 본격적으로 점프를 활용한 게임은 액티비전에서 제작한 〈핏폴Pitfall〉이었다. 이 게임은 정글을 모험하는 횡스크롤 액션 게임으로 미국에서 닌텐도가 유행하기 전에 인기를 모았던 아타리 2600이라는 플랫폼으로 발매되었다. 〈핏폴〉은 최초의 횡스크롤 스타일 배경에서 달리며 점프하는 주인공이 등장하는 게임이다. 게임을 개발한 데이비드 크레인은 다음과 같이 개발 당시를 회상한다.

　　"그때 내가 항상 만들고 싶어 하던 작은 남자가 달리는 것을 주제로 한 게임이 생각났습니다. 그래서 빈 종이를 가져다 그 위에 그 남자를 그리기 시작했지요. '이 남자가 어디 있는 것일까?' 그러고는 길을 그리고 정글을 그려 넣었습니다. '왜 이 남자는 뛰는 거지?' 보물과 장애물을 그려 넣었습니다. 그게 디자인이 된 것입니다."[7]

개발자의 인터뷰에서 알 수 있듯이 〈핏폴〉의 디자인 과정을 살펴보면 점프 액션이 어떻게 세계를 구성하는 데 기여했는지 살펴볼 수 있다. 위험 요소는 정글 곳곳에 도사리고 있다. 통나무는 쉴 새 없이 굴러오고, 호수에는 악어가 입을 벌린 채 군침을 흘린다. 플레이어는 타이밍에 맞춰 통나무를 뛰어넘고 밧줄을 붙잡은 채 타잔처럼 호수를 건넌다. 몇 번의 점프를 하면서 실수를 거듭하면 점프의 타이밍과 착지 거리를 계산할 수 있게 된다. 더 익숙해지면 일부러 생각하지 않아도 본능적으로 기막힌 타이밍에 점프 버튼을 누르게 된다. 손가락으로 버튼을 누르는 물리적 행위와 화면 속 캐릭터가 튀어오르는 동작은 절묘하게 중첩된다. 땅에 착지할 때쯤 버튼은 이미 제자리로 돌아와 있다. 플레이어의 손끝과 캐릭터의 발끝은 놀이터의 시소처럼 균형을 이룬다. 여기서 점프가 선사하는 보너스 점수가 발생한다. 바로 리듬이다.[8] 이 리듬은 장애물이 많아질수록 일정한 패턴을 형성한다. 플레이어가 실수하지 않고 나아갈수록 말초신경은 스타카토 리듬으로 흥분될 것이다. 그리고 점프의 리듬은 〈슈퍼 마리오〉에서 보다 완벽한 형태로 다듬어진다.

〈핏폴〉의 점프는 단조롭다. 높이와 폭과 간격이 똑같은 점프가 무한히 복제될 뿐이다. 리듬은 있되 변화가 없는 정박자 점프다. 하지만 〈슈퍼 마리오〉의 점프는 버튼을 누르는 시간에 따라 높이와 체공 시간이 변한다. 여기에 가속 버튼을 조합하면 불규칙한 엇박자의 변화무쌍한 리듬이 발생한다. 여기에 '따다딴다단~'으로 시작되는 경쾌한 배경음악은 리듬에 진한 양념을 더하는 격이다. 뿐만 아니라 마리오의 점프는 회피 기능은 물론 공격의 기능까지 동시에 수행한다. 공중에서 방향을 바꿀 수 없었던 〈핏폴〉의 점프와는 달리 〈슈퍼 마리오〉의 점프는 높이는 물론 공중에서 방향까지 조절해 굼바(버섯 모양의 적)의 머리 위에 정확히 뒤꿈치가 닿을 수 있도록 디자인되었다. 중년의 마리오 아저씨는 자신의 비만 체중에 중력가

속도를 곱하여 점프를 물리적 공격력으로 바꿔버린 것이다. 점프가 공격에
도 활용될 수 있다는 이 코페르니쿠스적 전환은 이후 다른 버튼과의 조합
을 통해 수많은 점프 공격 패턴을 만들어낸 계기가 되었다. 심지어 〈PC원
인Bonk's Adventure〉의 주인공은 점프 이후 커다란 자신의 머리를 지면에 박아
서 적을 공격하기도 한다. 도구를 전혀 사용하지 않는 원시인의 순수함이
라고 할까?

공격 버튼 - 왼손의 검, 오른손의 총

앞에서 언급한 점프 공격 이외에도 액션 게임에는 수많은 공격 방식이 준
비되어 있다. 우리는 모니터를 보면서 베고, 쏘고, 던지고, 때린다. 쏘고 던
지는 것이 슈팅 장르에서 넘겨받은 것이라면, 베고 때리는 것은 액션 장르
가 새롭게 발굴한 영역이다. 그 밖에도 수많은 액션이 플레이어의 눈을 즐
겁게 한다. 액션 게임의 디자이너들은 그런 다양한 공격 방식을 재현하기
위해 노력했다. 다양성을 실현하는 방법은 두 가지다. 첫째는 재현되는 방
식을 다르게 하는 것. 캡콤에서 제작한 〈캡틴 코만도Captain Commando〉가 좋
은 예가 될 것이다. 이 게임에는 미라, 캡틴, 닌자, 베이비 네 명의 개성 있
는 캐릭터가 등장하며, 캡콤의 액션 게임이 대개 그렇듯이 공격 버튼과 점
프 버튼의 조합을 통해 여러 가지 액션을 구사한다. 하지만 그 액션은 캐
릭터마다 다른 형태로 구현된다. 예를 들어 같은 점프 공격이라도 미라는
공중에서 두 개의 단검으로 찌르는 액션을 구사하고, 베이비 코만도는 드
롭킥을 날린다. 두 번째는 재현되는 공격 방식에 새로운 조작 방식을 대입
시키는 것이다. 조작 방식을 새롭게 배워야 한다는 단점은 있지만 플레이

---

7   러셀 드 마리아·조니 L.윌슨, 『게임의 역사』, 제우미디어, 2002, 74쪽.
8   한국에도 정식 발매된 닌텐도 DS용 〈리듬천국Rhythm Heaven〉은 점프에서 시작된
         버튼의 리듬감을 하나의 독립된 게임으로 디자인해 그 재미를 극대화시켰다.

어는 서로 다른 조작을 통해 보다 직관적으로 다양한 액션을 느낄 수 있다.[9] 주로 대전 격투 게임이 이런 조작을 세분화하면서 발전한 케이스인데, 이 중에는 오랜 역사를 통해 마치 불문율처럼 굳어진 조작도 있다. 〈스트리트 파이터〉의 파동권 커맨드는 '↓↘→' 이외에 생각할 수 없고, 역으로 '→↓↘'을 보면 승룡권이 떠오르기도 한다. 이런 보편적인 조작법은 다른 대전 격투 게임이나 액션 게임에서 적극적으로 차용되기도 한다. 즉, 게임에는 보편적인 조작의 체계가 존재하며, 개별 게임이 이를 어떻게 수용하느냐에 따라 다른 재현의 방식들이 나타난다.

한편 액션 게임을 보다 풍성하게 만들어주는 것은 게임에 등장하는 다양한 아이템들이다. 주인공이 어떤 도구를 선택하느냐에 따라 그 게임의 성격이 결정된다. 검을 들면 액션의 요소가 강해지고, 총을 들면 슈팅의 요소가 강해진다.[10] 처음부터 도구를 쥐어주는 게임이 있는 반면, 맨손으로 시작해 게임을 진행하면서 여러 도구를 활용하는 게임도 있다. 어떤 방식이든 큰 범주로 쪼개보면 결국 검과 총으로 귀결된다. 전자가 구식 무기의 극단에 있다면 후자는 최신 무기의 극단에 있다. 어떤 게임은(아니, 요즘엔 대부분의 게임이) 한 손에는 검, 한 손에는 총을 들기도 한다. 판타지를 배경으로 한다면 마법이 등장하기도 한다. 이때 플레이어는 근접 공격과 원거리 공격을 적의 특성에 따라 선택할 수 있다. 액션은 보다 화려해지고 유저의 선택 폭은 넓어진다. 〈캐슬바니아-오더 오브 에클레시아Castle Vania-Order of Ecclesia〉도 그런 게임이었다. 이 게임은 두 개의 공격 버튼에 각각 다른 마법(무기)을 장착할 수 있다. 그리고 방향키를 위로 하고 공격 버튼을 누르면 두 개의 마법이 조합된 합성마법이 발동한다. 이런 버튼의 구분은 왼손과 오른손을 연상시킨다. 예컨대 두 개의 버튼에 각각 짧은 칼을 장착하고 X와 Y 버튼을 번갈아 누르면 자연스럽게 연속 기술이 나간다. 이것은 오른손과 왼손, 오른발과 왼발이 각각 네 개의 버튼으로 구분된 〈철권Tekken〉과 유사한 방식으로 오직 하나의 버튼으로 공격하는 게임과는 전혀 다른 경험을 전달한다.

전원 버튼 - 액션에서 기억으로

서두에서 액션 게임을 설명할 때 〈슈퍼 마리오〉나 즐기라고 했던 말을 기억하는가? 〈슈퍼 마리오〉에는 지금까지 눌렀던 모든 버튼들, 즉 걷기, 뛰기, 앉기, 점프, 던지기가 모두 구현되어 있다. 그래서 우리는 이 게임을 명작으로 칭송하는 것인지도 모른다. 하지만 개별적인 액션보다 더 중요한 것은 버튼의 조합이라는 측면이다. 이전에는 각각의 입력 버튼은 고유의 기능이 있었고, 다른 버튼이 그 기능을 침범하는 일은 거의 없었다.[11] 〈슈퍼 마리오〉는 A버튼과 B버튼을 조합하면 뭔가 새로운 것이 가능해진다. 그냥 점프를 하는 것과 A버튼으로 가속을 한 다음 점프를 누르는 것은 점프의 거리나 시간 면에서 엄청난 차이를 보인다. 발구르기 이후에 도약을 하면 더 멀리 뛸 수 있다는 지극히 단순한 현실의 원리를 게임에서 구현해놓은 것이다. A+B를 함께 누르면 필살기가 나가는 패턴도 결국은 이런 초기의 버튼의 조합에서 시작되었다고 볼 수 있다. 물론 버튼의 조합을 극단적으로 복잡하게 끌고 간 장르는 누가 뭐래도 대전 격투 게임이지만 말이다. 또한 〈슈퍼 마리오〉에서는 하나의 버튼이 하나의 기능만 수행한다는 규칙도 깨진다. 꽃 아이템을 얻으면 달리기 버튼이 파이어 볼을 던지는 역할도 함께 수행한다. 이것은 패미콤 인터페이스의 한계 때문에 어쩔 수 없는 선택이었을지도 모른다. 하지만 버튼의 제약은 게임의 중요한 디자인 문법을 만들었다. 최소한의 입력으로 가능한 한 많은 행동을 표현한다는 경제

9 게임은 재현되는 재미 이외에도 물리적인 조작의 재미가 분명 존재한다. 터치 인터페이스의 유행은 이런 물리적인 조작의 즐거움을 보여준다. 머릿속 상상만으로 진행되는 미래의 게임 따위는 정말이지 하고 싶지 않다.

10 〈록맨Rock Man〉 같은 경우에는 캐릭터가 아톰과 같은 로봇이며 오른팔이 아예 커다란 총으로 디자인되어 있다. 이 게임은 버튼을 오래 누르면 더욱 강력한 공격이 가능하며, 원하는 타이밍에 버튼을 떼면 탄이 발사된다. 슈팅에서 이런 공격 방식을 채택한 게임으로는 〈알타입R-Type〉이 있는데 공교롭게도 〈록맨〉과 같은 연도에 제작되었다. 역시 어느 분야에나 시대정신이라는 것은 존재하는 모양이다.

11 패미콤 이전에 발매된 아타리 VCS의 경우 트리거 버튼이 하나뿐이었다. 그래서 패미콤 이전의 콘솔들은 기능적인 조합이 아예 불가능했다.

성의 원리가 그것이다. 액션 게임은 결국 다양한 행동 양식을 간편한 인터페이스를 통해 유저의 재미있는 경험으로 치환시키는 장르다. 게임은 현실에서 이룰 수 없는 세계를 경험하게 해준다. 하지만 그보다 더 중요한 것은 모든 것이 단지 몇 개의 버튼으로 이루어진다는 사실이 아닐까?

이제 슬슬 전원 스위치를 눌러야 할 때가 왔다. 게임 디자이너의 의도와는 무관하게 모든 플레이어는 최종적으로 이 버튼을 눌러야만 한다. 게임 세계를 빠져나오는 이 버튼은 어쩌면 가장 중요한 버튼일지도 모른다. 그것은 지금까지 실현된 모든 액션의 종착역이자 그것들이 내 기억을 향해 떠나는 출발점이기 때문이다. 그래서 모든 게임기의 전원 버튼은 누구나 볼 수 있게 큼직하고 선명하며 반짝거린다.

4 경쟁 권하는 게임

― 대전 격투 게임의 그림자

"즐기는 사람은 점수를 묻지 않는다. 사실 즐거운 놀이에는 기록할 점수도 없다."[1]

지금 그 게임, 정말 재밌습니까?

'자유의 날개'를 찾아 나는 롯데마트로 향했다. 오랜 베타테스트 기간이 끝나고 〈스타크래프트 2 ― 자유의 날개Star Craft 2-Wings of Liberty〉가 정식 발매되는 날. 그런데 롯데마트 독점판매라니……. 일단 구입 과정부터 전혀 자유롭지 않다. 나름대로 부지런을 떨었지만 이미 매장에는 빈 패키지 박스에 '품절'이라는 글자만 선명했다. 연휴 동안 먹을 음식만 주워 담고 정작 게임은 집에서 온라인으로 구매했다. 패키지를 소장하는 것보다 중요한 건 황금연휴에 '마음 편히' 게임을 즐기는 것이다. 그러나 형편없는 승률은 내 마음을 불편하게 만들었다. 어디에도 자유는 없었다. 〈스타크래프트 2〉의 내레이션처럼 게임을 즐길 자유에도 대가가 필요한 것인가?

〈스타크래프트〉 시절에도 1:1 개인전은 거의 하지 않았다. 할 줄 몰라서라기보다는 이겨야 한다는 중압감이 싫어서였다. 경쟁은 여유와 즐거움을 갉아먹으며 자라는 생물이다. 작은 승부욕이 완전체로 성장하면 그때부터 놀이는 즐기는 것이 아닌, 이겨야 하는 것이 된다. 경쟁의 단두대에 던져지는 순간 '질 수도 있다'는 생각은 잘려나간다. 그래도 팀플레이를 하면 함께한 사람 수만큼 책임감이 줄어든다. 줄어든 책임감은 그나마 재미로 환산되어 돌아온다. 져도 어쩐지 마음은 편하다. 어쨌거나 팀플은 공동 책임이니까. 가끔 채팅창에 나를 원망하는 글들이 거슬리긴 하지만 말이

---

1   알피 콘, 『경쟁에 반대한다』, 산눈, 2009, 120쪽.

다. 지금 이 시간에도 수많은 초보 게이머들이 온라인 공간에서 욕설과 맞서 싸우고 있을 것이다.

〈스타크래프트 2〉는 팀플도 예전만큼 편하지가 않다. 〈스타크래프트〉 유저들이 그대로 넘어오면서 실력 차이도 큰 편이다. 아무리 성격 좋은 사람도 계속 지기만 하는 게임을 웃으면서 즐기기란 어렵다. '연패'란 결국 똑같은 패턴의 '반복'이다. 이는 재미를 논하기 이전에 지루한 것이다. 요즘엔 난이도 '매우 어려움'으로 〈스타크래프트 2〉 캠페인 모드를 처음부터 다시 즐긴다. 디자이너가 제공하는 미션은 아무리 어려워도 해결할 수 있을 것 같은 희망을 준다. 과거의 게임 경험을 통해 학습된 사실이다. 하지만 사람과의 대전은 상대와의 실력 차이를 깨닫는 순간 그 세계를 떠나게 만든다.

〈스타크래프트〉뿐 아니라 수많은 컴퓨터게임이 경쟁 코드를 담고 있다. 현실의 놀이 활동 대부분이 상대방을 쓰러뜨려야 하는 구조니 가상공간이라고 다를 건 없다. 축구나 야구 같은 스포츠는 가장 대표적인 경쟁 놀이다. 이런 게임은 순수하게 즐기기가 어렵다. 오히려 경쟁하지 않으면 '신성한' 경기를 망치는 녀석이라고 비난을 받게 된다. 그들은 두려운 것이다. 누구도 경쟁하지 않는 어색한 상황이……. 이기기 위해 열심히 노력하지 않는 것은 경쟁놀이의 세계에서 죄악과도 같다. 그리고 놀이를 통해 학습된 경쟁의식은 현실 생활에 그대로 반영된다. 그저 놀이일 뿐이라고? 경기에서 이겨야 한다는 압박감과 사무실에서 이겨야 한다는 압박감은 정말 다른 것일까?

경쟁놀이에서는 즐기는 것보다 잘하는 것이 중요하다. 실제로 모 기업에서 파견 근무를 할 때 내가 수도 없이 들었던 말은 "열심히 하지 말고 잘하라"는 말이었다. 게임마다 다르긴 하지만 게임 실력은 시간과 비례하지 않는다.[2] 오래 즐긴다고 모두 잘하는 것은 아니다. 개인의 능력이나 성향에 따라 잘할 수 있는 것은 모두 다른 법이니까. 또한 모두가 잘한다고 해서 모두가 이기는 것도 아니다. 이미 이런 게임들은 대부분 제로섬 게임이다. 한 사람이 이기기 위해서는 한 사람이 패배해야만 한다. 함께 이길 수 없는 구조적인 문제에 개인의 승부욕이 결합되면서 경쟁놀이는 놀이의 순수한 즐거움을 왜곡시킨다.

놀이는 여러 사람이 함께하는 것이다. 컴퓨터게임은 타인의 역할을 컴퓨터가 대신 수행함으로써 혼자 즐길 수 있는 독특한 놀이 양식이 되었다. 〈슈퍼 마리오〉나 〈울티마〉는 컴퓨터 등장 이전에는 상상할 수 없는 놀이였다. 이렇게 솔로 플레이가 가능함에도 불구하고 사람과의 커뮤니케이션은 컴퓨터게임의 역사에서 사라지지 않았다. 그중에서도 사람과의 경쟁을 극단적으로 강조한 장르가 바로 '대전 격투 게임'이다. 대전 격투 게임은 액션 게임의 하위 장르로 주로 격투기를 소재로 두 플레이어가 서로 겨루는 형식을 취하고 있다. 이 장르는 1990년대 아케이드 센터의 문화를 바꾸었고, 나아가 사람들이 게임을 즐기는 형식 자체에 큰 영향을 끼쳤다.

대전 격투 게임의 근원을 찾아서

나는 대전 격투 게임에 서툴다. 상대방의 수를 읽는 능력이 부족하고 대응력도 떨어진다. 몇 가지 같은 공격 패턴만 반복하다가 금방 간파당해서 허무하게 KO패를 당하기 일쑤다. 대전 격투 게임과 결정적으로 멀어지게 된 계기는 남코의 〈철권〉 시리즈가 등장하면서부터다. 학창 시절에 내가 친구들과 했던 대전 격투 게임은 SNK의 〈킹 오브 파이터즈The King of Fighters〉 시리즈다. 이 시리즈는 3 : 3 팀 배틀 방식으로 세 명을 모두 쓰러뜨려야 승리한다. 대부분의 격투 게임이 3판2선승제였던 반면 이 게임은 5판3선승제라서 실력이 부족해도 그럭저럭 오래 플레이할 수 있었다. 반면 3D 기술로

---

2 실력과는 별개로 캐릭터의 능력은 시간에 비례할 수 있다. MMORPG에서는 먼저 진입해서 시작한 유저의 능력이 나중에 진입한 유저의 능력보다 높을 수밖에 없다. 이 경우 게임에 들인 시간이 부족한 사람은 현금을 동원해서라도 부족한 능력을 따라잡으려고 한다. 겉으로는 돈이 거래되었지만 실제로 거래된 것은 시간이다. 이것이 아이템 현금 거래의 본질이다.

그림 1 〈가라테카〉

무장한 〈철권〉은 가격도 비싸고 플레이 시간도 훨씬 짧았다. 내가 〈철권〉에서 처음 만난 적은 '킹'이라는 레슬링 캐릭터다. 상대방은 현란한 '10단 콤보'를 걸어왔다. 두 번 연속 KO패 당하는 데 걸린 시간은 대략 1~2분 정도. 이후 지금까지 나는 〈철권〉 기계 앞에 앉지 않는다.

내 취향과는 정반대로 〈철권〉은 게임 시장에서 큰 성공을 거두었다. 그간 여섯 개의 시리즈를 출시하면서 격투 게임이 표현할 수 있는 한계치에 근접했다. 모든 배경은 실사에 가까워졌고 캐릭터 얼굴의 주름 하나하나까지도 선명하게 드러난다. 요즘 〈철권〉을 보면 그들도 나이를 먹는구나 싶다. 이런 최신 작품부터 시작해 격투 게임의 기원으로 거슬러 올라가면 우리는 몇 개의 게임과 마주치게 된다. 가장 중요한 분기점은 누가 뭐라 해도 캡콤의 〈스트리트 파이터 2〉다. 펀치와 킥의 무게감이 느껴지는 타격감, 당시로서는 파격적인 여섯 개의 버튼 사용. 파동권·승룡권·용권선풍각 같은 개성 있는 특수 기술. '콤보combo'라고 불리는 연속 공격까지. 〈스트리트 파이터 2〉는 그야말로 대전 격투 게임의 기본 문법을 구축한 게임이다.

여기서 조금 더 시간을 거슬러 올라가면 우리는 〈스트리트 파이터 2〉의 재료가 된 몇몇 게임을 만날 수 있다. 그중 하나는 브로더번드의 〈가라테카〉다. 이 게임은 〈페르시아의 왕자Prince of Persia〉로 유명한 조던 매크너의 작품으로, 주인공이 쇼군에게 붙잡힌 연인을 구출하는 평범한 이야기를 담고 있다. 연인을 구출하는 과정에서 플레이어는 쇼군이 보낸 부하들과 싸워야 한다. 중간에 스토리를 알려주는 컷신cut-scene[3]을 사용하거나, 주인공과 적의 조우를 교차 편집을 통해 보여주는 등 절제된 표현과 연출력이 돋보인다.

마주 달려오던 두 캐릭터가 만나면 드디어 싸움이 시작된다. 절도 있

---

3   컷신은 게임 플레이 사이에 삽입되는 이미지나 동영상 같은 것으로, 주로 스토리를 전달하기 위해 사용된다.

는 가라데 기술이 후지 산을 배경으로 꽤 실감나게 펼쳐지는데, 한 가지 재미있는 사실은 이 게임 역시 훗날의 〈스트리트 파이터〉 시리즈처럼 여섯 개의 공격 버튼을 사용한다는 것. 물론 방식은 조금 다르다. 〈가라테카〉의 공격은 크게 펀치와 킥으로 구분되는데 키보드의 Q, A, Z, 그리고 W, S, X 키가 각각 상단, 중단, 하단 공격을 수행한다. 당시 대부분의 액션 게임이 두 개의 버튼을 사용한 것에 비하면 기술이 꽤 세분화된 셈이다.

슈팅 게임이나 액션 게임에서 중요한 것은 대상이다. '무엇을' 공격해 화면에서 우선적으로 제거하느냐가 전략의 포인트다. 하지만 대전 격투 게임에서 싸워야 할 상대는 대개 한 명뿐이다. 따라서 중요한 것은 그 대상을 '어떻게' 공격하느냐. 그래서 다양한 공격 방식이 존재하고 단순했던 버튼의 역할은 복잡해진다. 〈가라테카〉는 PC용 게임이라 키보드를 사용할 수 있었고, 많은 입력 버튼을 활용해 공격 방식을 분리할 수 있었다. 하지만 아케이드에서는 더욱 새로운 방식으로 공격의 다양성을 추구했다.

1980년대 중반에는 북미에서 많은 가라데 관련 게임이 출시되었다. 당시 인기를 모았던 영화 〈가라데 키드The Karate Kid〉 덕분이다. 데이터이스트의 〈가라데 챔프Karate Champ〉 역시 그런 시대적 배경에서 출시된 게임이다. 이 게임은 두 개의 레버를 사용하는 독특한 조작 체계를 갖추고 있다. 왼쪽 레버는 주로 이동과 점프에 사용되고 오른쪽 레버는 공격에 활용된다. 그리고 두 레버를 조합해 다양한 가라데 기술을 사용할 수 있다. 얼마 전 아이폰용 〈가라데 챔프〉를 다운받아 플레이해봤는데 터치스크린에 두 개의 레버를 그대로 재현한 점이 인상적이었다. 물론 터치의 한계 때문에 물리적으로 밀고 당기는 맛을 느낄 수는 없었지만 말이다. 예전에도 지금도 여전히 〈가라데 챔프〉는 어렵다. 두 개의 레버 조작이 직관적이지 않아서 익숙해지는 데 많은 시간이 필요하다.[4] 두 개의 레버로 시작된 '조합'은 훗날 버튼이 함께 활용되면서 보다 다양한 기술을 가능하게 만들었다. 무엇보다 〈가라데 챔프〉는 두 번째 작품부터 2인 대전 플레이를 지원했다. 그래서 혹자는 이 게임을 대전 격투 게임의 진정한 출발점으로 보기도 한다. 두 사람이 함께 플레이를 하면 '경쟁'을 하거나 '협력'을 하게 된다. 〈가라데 챔프〉가 '경쟁'의 메커니즘을 보여준다면 〈더블 드래곤Double Dragon〉은 '협력'의 메커니즘을 보여준다.[5]

테크노스재팬의 〈더블 드래곤〉은 액션 게임은 물론 대전 격투 게임의 역사에서도 주목할 만한 작품이다. 이 게임은 횡스크롤 격투 액션 게임의 교과서나 마찬가지다. 일단 두 명의 플레이어가 함께 진행하며, 이들에게는 일정한 체력 게이지가 있다. 공격과 점프 버튼을 조합해 적들과 싸우면서 진행 도중 다양한 무기를 사용할 수 있다는 점도 돋보인다. 〈더블 드래곤〉은 이후 코나미의 〈닌자 거북이Teenage Mutant Ninja Turtles〉나 캡콤의 〈파이널 파이트〉, 세가의 〈골든 엑스〉 같은 수많은 작품에 영향을 주었고, 이런 게임들은 1990년대를 전후해 아케이드 센터를 중심으로 큰 인기를 모았다. 2인 이상의 다인 플레이 게임이 본격적으로 등장한 것도 이 무렵이었다. 한편 〈더블 드래곤〉은 대전 격투 게임에도 직접적인 영향을 주었다. 무엇보다 이전의 액션 게임과는 달리 다양한 공격 방식을 시도했다. 적에게도 체력과 공격 패턴이 있어서 단순한 공격으로 쉽게 물리칠 수는 없다. 즉 '무엇을'보다 '어떻게'에 초점을 맞췄다는 점에서 이는 충분히 대전 격투 게임에 가깝다. 버튼의 조합도 본격적으로 시도되었다. 이 게임은 펀치, 킥, 점프 버튼을 사용하는데, 각 버튼을 어떻게 조합하느냐에 따라 다른 기술이 구현되었다. 이런 점에서 〈더블 드래곤〉은 액션 게임에서 대전 격투 게임으로 넘어가는 과도기에 위치한다.

〈가라테카〉, 〈가라데 챔프〉, 〈더블 드래곤〉, 이 게임들이 한데 어우러지면서 완성된 것이 결국 〈스트리트 파이터〉였던 셈이다. 우리가 흔히 격

---

4 레버 두 개를 사용한 게임은 이전에도 아케이드 센터에 존재했다. 〈로보트론 2080〉이 대표적인데 이 게임은 오른쪽 레버를 슈팅 버튼 대신 사용했다. 이 게임 역시 조작법을 익히기가 매우 어렵다.

5 이런 점에서 SNK의 〈아랑전설Fatal Fury〉은 독특한 작품이다. 이 게임은 도전을 신청하면 기존에 싸우던 적과 협력해서 함께 싸운다. 그다음 두 사람의 대결이 시작된다.

투 게임의 원조로 언급하는 〈스트리트 파이터 2〉는 두 번째 작품이다. 1편에 대한 언급이 별로 없는 이유는 간단하다. 흥행에 실패했으니까. 그래도 2편의 메인 캐릭터 류와 켄이 처음으로 등장했고, 이들의 세 가지 필살기도 1편에서 디자인되었으니 상업성 때문에 무시해버릴 작품은 아니다. 무엇보다 여섯 개의 버튼이 이 작품에서 처음 시도되었으니 말이다. 〈스트리트 파이터〉의 실패 이유는 두 가지로 압축된다. 우선 조작감이 나빠서 원하는 기술이 마음대로 구현되지 않았다. 그리고 게임의 템포와 밸런스가 좋지 않아 공격과 방어의 긴장을 느낄 틈도 없이 순식간에 승부가 나버린다. 〈스트리트 파이터〉는 원래 압축공기가 들어간 두 개의 버튼을 사용해 공격의 강약을 조절했다고 한다.[6] 지금이야 플레이스테이션 2의 컨트롤러 '듀얼쇼크 2'도 구식이 되어버린 세상이지만 당시에 버튼으로 압력을 조절한다는 것은 여간 까다로운 일이 아니었을 것이다.[7] 게다가 격투 게임의 특성상 버튼을 마구 두드리다 보면 망가지는 일이 다반사였다. 아이디어는 좋았지만 내구성이 문제가 된 것. 그래서 제작사 캡콤은 나중에 이 압력 감지 버튼을 여섯 개의 일반 버튼으로 분리시켰다. 이러한 인터페이스는 속편으로 그대로 이어진다. 어쨌든 이 과정에서 원래 의도했던 조작성이 훼손되었고 〈스트리트 파이터〉는 시장에서 사라졌다. 하지만 이 게임은 〈스트리트 파이터 2〉로 이어지면서 본격적인 대전 격투 게임의 시대를 열게 된다.

조작 체계가 캐릭터의 스타일을 만든다 - 〈스트리트 파이터 2〉

〈스트리트 파이터 2〉에서 여덟 명의 캐릭터는 모두 다른 기술과 조작 체계를 갖는다. 단순히 기술의 이미지나 데미지에만 차이를 둔 것이 아니라 조작 방식 자체가 다르다는 게 중요하다. 예를 들어 류의 파동권과 가일의 소닉붐은 일직선으로 날아가 상대방에게 데미지를 준다는 점에서 그 기능이 동일하다. 하지만 파동권 커맨드와는 달리 가일의 기술은 레버를 뒤로 당겨서 일정 시간 고정시키는 과정이 필요하다. 점프하는 상대를 반격하는 섬머솔트킥 역시 방향만 다를 뿐 같은 방식이다. 디자이너는 최대한 레버의 움직임과 화면 속 대상의 움직임을 일치시키려고 노력한 것 같다. 파동권은 두 손을 오른쪽으로 모아서 날리는 동작을 표현한다. 실제 현실에서 이 동작을 따라 하면 자연스럽게 곡선이 그려진다는 걸 알 수 있다. 반면 소닉붐은 두 팔을 펼친 뒤 'X' 형태로 교차시키는 동작이다. 이것은 두 팔이 직선을 그린다. 오브제의 형태 역시 측면을 기준으로, 파동권은 둥글고 소닉붐은 날카로운 일자 형태다. 절묘하게도 파동권의 커맨드는 레버를 곡선으로 돌리는 형태(↓↘→)가 되고, 소닉붐의 커맨드는 레버를 직선으로 이동시키는 형태(← 모은 뒤 →)가 된다. 가일의 커맨드는 블랑카나 혼다에게도 똑같이 적용된다. 그들은 뭔가를 쏘는 대신 자신의 신체를 상대방을 향해 날린다. 〈스트리트 파이터 2〉는 플레이어의 움직임과 화면 속 이미지의 움직임을 일치시킴으로써 플레이어가 기술을 직관적으로 습득할 수 있게 하는 동시에 플레이어와 캐릭터의 일체감을 확보했다.

커맨드의 차이에서 비롯된 장점은 여기서 그치지 않는다. 조작의 차이는 캐릭터가 움직이는 패턴 자체를 바꾸고 궁극적으로 캐릭터의 스타일에도 영향을 미친다. 앞서 언급했던 가일을 예로 들어보자. 게임이 진행되는 동안 가일을 조작하는 플레이어는 비슷한 행위를 반복하게 된다. 아마도 대부분 앉아서 방어하는 동작(╱)에 많은 시간을 할애할 것이다. 그 자세에서 가일의 가장 중요한 두 가지 기술, 즉 소닉붐과 섬머솔트킥이 파생되기 때문이다. 사실 기술의 기능만 놓고 보면 류와 가일은 유사한 캐릭터다. 하지만 커맨드의 차이로 인해 전혀 다른 이동 스타일과 행동 양식이 표현된다. 한 캐릭터의 스타일을 규정하는 것은 외모와 행동이다. 캐릭터의 외모는 디자이너의 몫이지만 행동은 직접 조작하는 플레이어의 몫이다.

6   Bill Loguidice · Matt Barton, *Vintage Games*, Focal Press, 2009, p. 247.
7   소니의 콘솔 플레이스테이션 2에서 사용된 듀얼쇼크 2는 듀얼쇼크 1과 비슷하게 생겼지만 각 버튼의 압력을 255단계로 조절할 수 있다.

그런데 플레이어들은 약속이라도 한 듯 일정한 패턴을 만들며 싸운다. 미리 규정된 조작 방식이 그 패턴을 일정 부분 강제하기 때문이다. 결국 반복되는 패턴은 캐릭터의 스타일로 굳어지고, 그로 인해 캐릭터의 개성은 더욱 강해진다.

　　여기에 최종적으로 내러티브가 마무리를 한다. 가일은 게임 설정상 군인의 신분이다. 결투를 벌이는 배경도 미공군 비행장이다. 규칙으로 직조된 행위들은 내러티브를 통해 보다 자연스러운 내적 완결성을 갖는다. 늘 준비 동작이 필요한 가일의 플레이 패턴은 움직임이 제한되어 답답하게 느껴질 수도 있다. 하지만 이야기 측면에서 보면 그는 군인이다. 그래서 절도 있는 자세로 앉아 있는 건 어쩌면 자연스러운 일이다. 이 과정에서 답답함은 당연함으로 치환되며, 플레이어는 가일의 행동을 납득하게 된다. 우리는 화면 속의 존재를 단순한 이미지의 덩어리로 보지 않는다. 그것은 이미지와 시스템 그리고 플레이어의 조작 행위가 더해진 유기체다. 무엇보다 자신만의 스타일과 이야기를 가진 존재다. 이야기를 가진 존재는 외롭지 않다. 그것을 나눌 누군가가 반드시 존재하기 때문이다. 비로소 모니터 너머의 너는 내가 된다.

　　대전 격투 게임에 양념을 더하다 - SNK의 게임들

게임 업계에는 '용호난무龍虎亂舞'라는 용어가 있다. 영화 제목이 아니다. 사자성어도 아니고, 춤 이름은 더더욱 아니다. 이것은 SNK의 대전 격투 게임 〈용호의 권Art of Fighting〉에 등장하는 필살기 이름이다. 이 기술은 체력이 없는 상태에서 기를 최대로 모아 상대방을 일순간 역전시키는 것으로, 이후 거의 모든 대전 격투 게임에 이런 역전 기술이 도입되었다. 게임은 균형의 미학이다. 끝나는 순간까지 승부를 장담할 수 없는 긴장감을 유지해야 좋은 게임으로 인정받는다. 초필살기는 격투 게임에서 드라마틱한 역전의 기회를 제공한다. 지고 있는 사람, 이기고 있는 사람 모두 포기하거나 안심할 수 없게 만드는 긴장, 이것을 처음으로 대중화시킨 제작사가 SNK다.

〈스트리트 파이터 2〉의 엄청난 인기는 격투 게임의 전성시대를 열었다. 이런 분위기 속에서 SNK는 '100메가 쇼크'라는 콘셉트로 대용량의 다양한 격투 게임을 출시해 인기를 얻었다. 캡콤이 〈스트리트 파이터〉 시리즈로 격투 게임의 메인 요리를 만들었다면 SNK는 거기에 다양한 양념을 더해 그 맛에 풍미를 더했다. SNK는 〈아랑전설〉, 〈용호의 권〉, 〈사무라이 스피리츠Samurai Spirits〉, 〈킹 오브 파이터즈〉 등 다양한 시리즈를 출시하면서 매번 새로운 실험을 시도했고, 이런 작업이 대중성을 확보하면서 점차 격투 게임의 일반 문법으로 통용되기 시작했다.

첫 난추는 〈아랑전설〉이었다. 사실 〈아랑전설〉 1편은 많은 면에서 〈스트리트 파이터 2〉보다 뒤떨어졌다. 대전에 사용할 수 있는 캐릭터노 세 명으로 제한되었고 타격감 역시 떨어지는 편. 하지만 캐릭터의 개성은 매우 뛰어났다. 단순히 외모만 차별화한 것이 아니라 캐릭터가 사용하는 기술에도 미세한 차이를 두었다. 세 명의 주인공 모두 〈스트리트 파이터 2〉의 파동권과 유사한 기술을 사용하는데 앤디는 일반적인 형태, 테리는 지면을 타고 움직이는 형태, 조이는 면적이 넓은 형태로 각각 구분된다. 물론 초기에는 단순한 비주얼 차이에 그쳤지만 시리즈가 거듭될수록 게임의 승패에도 영향을 미치기 시작했다. 예컨대 지면으로 움직이는 테리의 기술은 뛰어넘기가 쉬운 반면 면적이 넓은 조이의 기술은 점프하기가 까다로운 편이다. 또한 〈아랑전설〉에서는 대전 공간을 두 개의 라인으로 구분하고 이를 가로지를 수 있게 하여 공간을 보다 입체적으로 활용할 수 있도록 했다. 캐릭터도 보다 큼직하게 디자인되었는데 이런 특징은 확대, 축소 기능이 강화된 〈용호의 권〉에서 더욱 뚜렷하게 나타난다.

차기작 〈용호의 권〉은 두 캐릭터의 거리에 따라 카메라가 줌-인 또는 줌-아웃 된다. 거리가 멀어지면 캐릭터가 작아지고 가까워지면 커진다. 넓은 공간에 캐릭터가 비교적 작게 표현된 〈스트리트 파이터 2〉에서는 공간이 승패의 중요한 요소가 된다. 서로 거리를 두고 싸우는 일이 잦으며, 불리할 때는 뒤쪽 공간을 적극적으로 활용한다. 따라서 상대방을 공간 끝으로 몰아붙이면 꽤 유리한 위치를 점하게 된다. 하지만 〈용호의 권〉은 접근전을 할 때 줌-인으로 캐릭터가 강조되고 그만큼 화면에 표현되는 공간은 줄어든다.[8] 공간이 생략되다 보니 점프 공격 기회는 줄어들고 접근 상태에서 기본 기술 위주의 심리전과 공방전이 주를 이룬다.

레버를 연타해(→ →) 순식간에 상대방과 거리를 좁힐 수 있는 시스템 역시 이런 격투 스타일에 일조한다. 게다가 이 게임의 기력 게이지는 필살기의 사용 횟수에 제약을 둔다. 기력을 다시 모으려면 상대방과 거리를 두어야 하는데 이렇게 되면 애써 밀어붙인 게임 상황이 원상태로 돌아간다. 그래서 플레이어는 필살기 사용을 포기하고 기본기 위주의 접근전을 선호하게 된다. 물론 확대된 화면은 이런 접근전에 더욱 몰입할 수 있는 환경을 제공한다. 결국 〈용호의 권〉은 〈스트리트 파이터〉 시리즈와 전혀 다른 플레이 패턴을 만들어냈고, 게임 시장에서 큰 성공을 거두었다. 이 작품의 성공을 기반으로 SNK는 이후 〈사무라이 스피리츠〉, 〈킹 오브 파이터즈〉 등 다양한 시리즈를 출시했으며, 각 시리즈의 속편을 지속적으로 개발해 대전 격투 게임 붐을 일으켰다. 다른 개발사들도 서둘러 유사 장르를 만들어내기 시작했다. 자연스럽게 게임 센터의 기계들 대부분이 대전 격투 게임으로 바뀌었다. 수익률이 떨어지는 기존의 슈팅 게임이나 액션 게임은 자신의 자리를 내줘야만 했다. 친구와 함께 모험을 떠나는 것은 이제 옛이야기가 되었다. 게임 센터의 열기 속에서 오직 경쟁의 논리만이 끈적한 땀냄새를 풍기고 있었다.

자본은 어떻게 '경쟁'을 부추기는가?

플레이어의 참여라는 측면에서 비디오게임은 대개 1인용과 2인용의 반복이었다. 초기 게임 〈스페이스 워〉나 〈퐁〉은 모두 2인용 게임이다. 대전 격투 게임이 등장하기 이전부터 게임은 원래 사람 간의 경쟁이 그 출발점이었다. 게임은 즐길 수 있는 규칙과 비주얼 그리고 인터페이스만 제공할 뿐이었다. 1인용 게임이 본격적으로 성장한 것은 컴퓨터 연산기술이 발전하고 개발자의 노하우가 축적되면서부터다. 〈브레이크 아웃〉이나 〈스페이스 인베이더〉 같은 게임은 1인용 게임으로 큰 성공을 거두었다. 하지만 놀이는 본능적으로 사람 간의 커뮤니케이션을 원한다. 1인용 게임이 어느 정도 안정권에 접어들자 그 세계를 함께 즐길 수 있는 2인용 게임들이 등장했다. 이런 게임은 공동의 목표를 위해 서로 협력해야 하는데, 같은 미션을 수행하는 과정에서 두 사람은 서로에게 의지가 되기도 한다. 앞서 언급한 〈더블 드래곤〉이 바로 그런 게임이었다(물론 이 게임도 마지막에는 한 여자를 사이에 두고 서로 싸우게 된다). 두 사람이 함께 경쟁한다는 점에서 대전 격투 게임은 다시 〈퐁〉 시절로 돌아간 것처럼 보인다. 과연 그럴까?

〈퐁〉은 하나의 코인을 넣으면 두 사람이 게임을 즐길 수 있다. 한 명이 먼저 목표 점수를 달성하는 순간 게임은 종료된다. 승부가 결정되면 사람은 동시에 그 게임 세계를 떠나게 된다. 반면 〈스트리트 파이터 2〉는 하나의 코인을 넣으면 1인용 게임이 시작된다. 하나의 코인을 더 넣어야 이 사람에게 도전할 수 있다. 두 번을 먼저 이기는 사람이 승자가 된다. 승자는 두 사람이 겨루기 전에 진행되던 1인용 게임을 계속 이어나가고 패자는 게임 세계를 떠난다. 물론 돈이 있다면 다시 도전할 수 있다. 두 게임의 차이는 투입되는 금액, 그리고 종료 시점에서 나머지 한 사람이 게임 세계에 남는다는 점이다. 〈퐁〉은 하나의 코인으로 한 번의 놀이를 구성한다. 그것은 이전 게임 혹은 다음 게임과 독립적으로 존재한다. 하지만 〈스트리트 파이터 2〉는 그렇지 않다. 첫 경기를 제외하면 살아남는 한 사람은 언제나 이전 게임의 승자다. 승자를 매개로 매 게임은 맥락적으로 이어져 있다. 이를 가시적으로 증명하는 것이 화면 상단의 연승 기록이다. 이 숫자가 늘어날수록 그는 게임 세계에서 이른바 '고수'로 인정받는다.

무엇보다 〈스트리트 파이터 2〉에서 두 사람의 관계에는 자본이 개입된다. 이기는 사람은 추가 코인 없이 자신의 게임 플레이 시간을 연장하게 된다. 완전무결한 실력을 갖고 있고 도전자가 무한하다면 이론상 그는 평

8   물론 카메라를 줌-인시킨 것이기 때문에 실제 공간이 줄어드는 것은 아니다.

생 공짜로 게임을 즐길 수 있다. 싸움으로 얻는 일종의 파이트머니이자 보이지 않는 상금인 셈이다. 물론 이는 모두 패자의 주머니에서 나온다. 도전자는 자신의 돈으로 자신의 플레이 시간뿐만 아니라 상대방의 시간까지 제공해야만 한다. 이 불균형 관계가 플레이어의 감정을 자극하고 더 많은 코인을 쏟아붓게 만든다. 이기면 그동안 잃은 자신의 코인이 보상될 것 같지만 실상 그렇지도 않다. 자신이 계속 이길 확률도 없을뿐더러 무엇보다 상대방도 자신만큼 코인을 넣고 도전한다는 보장이 없다. 이런 경쟁 게임은 오직 승자만 즐거운 게임이다. 물론 그 승자의 즐거움이라는 것도 허구일 확률이 높다. 대전 격투 게임의 자본 순환에서 이익을 보는 쪽은 개발사와 게임 센터다. 도박의 궁극적인 승자는 언제나 하우스인 법이니까.

〈퐁〉은 두 사람이 동시에 진입하고 동시에 빠져나온다. 동시에 진입해야 하는 점 때문에 주로 아는 사람과 즐기는 놀이다. 마치 친구와 당구장에 가는 것과 비슷하다. 혼자 가서는 놀이가 성립하지 않는다.[9] 그러나 〈스트리트 파이터 2〉는 혼자 가도 얼마든지 대전 상대를 만날 수 있다. 누군가 앉아 있다면 도전하면 될 일이요, 내가 혼자 하고 있어도 누군가 내게 도전을 해온다. 내 실력이 부족해서 대결을 원치 않더라도 이는 피할 수 없는 일이다.[10] 이 메커니즘이 발생하는 궁극적인 포인트는 어디일까?

여러 사람이 오가는 게임 센터에서 끊임없이 승부가 벌어지는 비결은 바로 1인용 모드에 있다. 바로 이어지는 도전자가 없더라도 시나리오를 진행하는 동안 누군가 옆자리에 앉게 된다. 결국 〈스트리트 파이터 2〉의 1인용 시나리오 모드는 기초적인 기술을 연마하는 훈련소인 동시에 대전 상대를 기다리는 대기소 역할을 한다. 대기방에서 상대를 기다리는 온라인 게임의 메커니즘은 그 옛날 오락실에서 이미 시도되었던 셈이다.

지루한 경쟁에 초필살기를 날려라!

1인용 게임에도 사람과의 경쟁이 없었던 것은 아니다. 1인용 게임은 디자이너와의 싸움이다. 플레이어는 디자이너가 구축한 세계에서 끝까지 살아

남아 높은 점수를 올려야 한다. 이런 독립된 경쟁 원리가 다른 플레이어와의 경쟁으로 이어질 수 있었던 것은 하이스코어 시스템 덕분이다. 가장 높은 점수를 기록한 플레이어는 자신의 이니셜을 입력할 수 있고, 이는 그 게임을 하는 모든 사람에게 공개된다. 이런 하이스코어 기능이 탑재된 최초의 게임은 미드웨이의 〈시울프Sea Wolf〉이다. 공간은 같지만 플레이 시간대가 달랐던 사람들이 이제 하이스코어라는 점수판을 두고 서로 경쟁하게 되었다. 이전에 플레이했던 상대의 기록, 그리고 이후에 있을 경쟁자들의 기록과 싸우는 것이다. 자신의 경쟁자는 이름이라는 기호로 나타날 뿐 실제로 그가 누구인지는 알 수 없다(옆에서 구경하고 있었다면 얘기가 달라지겠지만……).

대전 격투 게임은 이렇게 최고 기록을 매개로 간접적으로 이뤄지던 경쟁을 더욱 직접적인 경쟁으로 바꿔놓았다. 이제 동일한 공간과 동일한 시간에 사람과 사람이 직접 만나서 경쟁하게 된다. 플레이어는 자신의 경쟁자가 누구인지 안다. 그는 순수하게 게임 안에만 머무를 수 없다. 현실의 자신과 옆 사람을 자꾸만 비교하게 된다. 게다가 게임 시간은 이전보다 극도로 짧다. 때문에 작은 자극으로도 경쟁은 과열되고, 심지어 실제 격투로까지 이어지기도 한다. 물론 이런 경쟁으로 유발되는 추가 수입은 모두 게임 센터와 제작사에게 돌아간다. 즉 경쟁은 그동안 게임이 산업적으로 성장하는 데 큰 공헌을 했다. 온라인 게임에서 아이템 현거래를 작동시키는 원리에도 물론 경쟁의 원리가 숨어 있다. 이 보이지 않는 손은 오늘도 거대한 게임 산업의 수레바퀴를 돌리고 있다. 우리가 지금 즐기는 게임은

9 물론 절대적인 것은 아니다. 모 대학교 앞 당구장에서는 주인 아주머니가 손님들의 당구 지수를 파악해 실력이 비슷한 사람끼리 이어준다고 한다. 그야말로 시대를 앞서가는 당구장이다!

10 플레이어가 서로 소통할 수 없도록 두 기계의 뒷면을 맞붙여놓은 것은 이런 점에서 매우 흥미로운 일이다. 처음에는 가상의 결투가 현실의 결투로 번지는 걸 막기 위해 일부러 거리를 둔 것이라고 생각했지만 어쩌면 대결을 거부할 수 없도록 만드는 게 더 큰 이유가 아니었을까?

어쩌면 자신의 즐거움이 아닌 이 수레바퀴를 움직이기 위해 존재하는 것이 아닐까?

교육심리학자 알피 콘은 『경쟁에 반대한다』라는 저서에서 경쟁이 과연 즐거운 놀이인지 되묻는다. 놀이에 대한 수많은 정의는 사실 경쟁과 반대 지점에 놓여 있다. 놀이는 자유로운 것이고 심각하지 않은 활동이다. 하지만 "경쟁은 너무나 심각하며 그 심각함을 피할 수 없다." 때문에 알피 콘은 "승리를 목표로 하는 경쟁놀이는 진정한 놀이가 될 수 없다"고 주장한다. 대표적인 것이 스포츠다. 스포츠는 사회에서 통용되는 관습을 반영하며 다시 그 논리를 사회로 환원시킨다. 따라서 놀이의 순수한 즐거움을 위해서는 스포츠와 같은 경쟁적 활동이 배제되어야만 한다. 또한 "경쟁은 숫자에 집중할 뿐만 아니라 사람들을 숫자에 집착하게 만들고 그것을 강화시킨다." 〈스트리트 파이터 2〉의 연승 표시는 어떻게 단순한 숫자가 사람들의 경쟁 심리를 자극하는지를 잘 보여준다.

무엇보다 경쟁 게임은 사람들을 그 게임에서 떠나도록 만든다. 알피 콘의 저서에 따르면 "첫 경쟁에서 패배한 사람들은 계속 움츠러들며, 다시 패배를 맛보는 악순환에 빠져든다." 반복되는 패배에 상처받은 자는 결국 게임의 세계를 거부한다. 일부 능력 있는 선수만을 육성하는 엘리트 스포츠도 결국 극단적인 경쟁 원리가 만들어낸 작품이다. 요즘 대전 격투 게임은 일부 유저들만 즐긴다. 잘하는 사람은 남고 못하는 사람은 떠나는 과정에서 전체 숫자는 지속적으로 줄어들었다. 과거에 참여했던 사람들은 대부분 구경꾼이나 주변인으로 전락했다. 게임은 다양성을 가져야 하며, 소수를 위한 게임은 게임 문화를 보다 풍성하게 만든다. 하지만 지나친 경쟁을 통해 유저들을 게임 바깥으로 몰아내는 것은 전혀 다른 문제다. 대전 격투 게임이나 e-스포츠에서 한국 엘리트 스포츠의 단면을 본 것은 나만의 착시일까?

1990년대 대전 격투 게임 장르의 탄생과 성공 과정은 그 자체로 특별한 의미를 가진다. 이미 그것은 게임의 과거를 빛낸 역사적 사실이며, 그것 전체를 부정할 생각은 없다. 다만 대전 격투 게임에서 드러나는 경쟁과 자본의 연결고리는 경계해야 할 것이다. 그것은 특정 장르에 머무르지 않고 늘 우리의 즐거움에 도전해오기 때문이다.

'루저'라는 말이 한때 유행처럼 번졌던 적이 있다. 승부가 결정되면 격투 게임의 루저는 보통 바닥에 쓰러진 채 누워 있다. 어떤 게임은 이미 승부가 난 뒤에도 패자를 공격할 수 있도록 디자인되어 있다. 또는 매우 잔인한 연출로 승리의 기쁨을 포장하기도 한다. 윤리 문제나 폭력 문제 이전에 묻고 싶다. 과연 그것이 즐거운 일일까? 나는 아직 쓰러진 루저에게 다가가 악수를 건네는 대전 격투 게임을 단 한 번도 보지 못했다. 그렇다. 지금이야말로 지루한 경쟁의 고리에 당신의 초필살기를 날릴 때다.

5 게임이 이야기를 전달하는 법

— 어드벤처 게임의 스토리텔링

인포콤의 마케팅 부서는 '가장 뛰어난 그래픽 프로세서는 사람의 마음'이란 생각을 가지고 있었다.[1]

내가 만들어가는 이야기라고?

"내가 써도 이것보다는 잘 쓰겠다!"

재미없는 소설이나 영화를 접할 때 사람들은 분노에 찬 목소리로 이렇게 외친다. 하지만 막상 그에게 연필을 쥐어주면 단 한 줄도 쓰지 못하는 경우가 태반이다. 이야기를 쓴다는 것은 그만큼 어려운 일이며, '흥미로운' 이야기를 쓴다는 것은 더욱 어려운 일이다. 하지만 요즘 관객들은 흥미로운 이야기는 기본이요, 여기에 눈물 쏙 빼는 감동과 가슴 뭉클한 사회적 메시지까지 요구한다. 그래서 시간이 지날수록 작가들의 시름은 깊어지고, 독자들이 멋진 이야기를 만나기는 어려워진다. 흥미로운 스토리텔링을 위해서는 개성적인 인물과 그들의 행동, 그리고 모든 것을 아우르는 치밀한 플롯이 필요하다. 이것들을 절묘하게 버무리는 능력이 바로 작가적 역량이 아닐까? 약 2000년 전 아리스토텔레스가 『시학』에서 소개한 원칙들은 오늘날까지도 재미있는 이야기를 만드는 데 있어 유효하다. 그리고 2000년이 지난 지금도 재밌는 이야기를 쓰는 것은 여전히 어려운 일이다.

오늘날 수많은 컴퓨터게임은 흥미로운 이야기를 담고 있다. 그리고 제작사들은 그런 게임들을 "당신이 만들어가는 이야기"라고 포장한다. 자신이 직접 이야기를 쓰고 싶어 손가락이 근질근질했던 독자들은 이제 펜

1　러셀 드 마리아·조니 L.윌슨, 『게임의 역사』, 제우미디어, 2002, 122쪽.

대를 던지고 조이패드를 잡으면 되는 걸까? 진정 작가는 사라지고 이제 독자가 작품을 만들어가는 시대가 열린 것일까? 게임은 그런 질문에 대한 긍정의 답변으로 흔히 제시된다. 그렇다. 인물의 액션을 마음대로 제어할 수 있기 때문에 이야기를 끝내고 뒤돌아보면 마치 자신이 만든 이야기처럼 보일 수도 있겠다. 하지만 곰곰이 생각해보자. 당신은 그 이야기의 진행에 과연 얼마나 기여했는가? 그저 배우가 해야 할 행동을 대신해준 것에 불과하지는 않은가? 그것도 편집 과정이라고는 전혀 없이 말이다. 게임에서 플레이어가 수행하는 물리적 행위는 극의 진행에 거의 영향을 미치지 못한다. 특히 액션 게임들이 그렇다. 할리우드 액션 영화에서는 극 진행과 전혀 관계없는 액션들이 '볼거리'로 제공된다. 당신이 열심히 수행한 액션 또한 일종의 '해볼거리'에 불과했는지 모른다. 적어도 내가 쓰는 이야기가 되기 위해서는 나의 행위와 사건이 치밀한 플롯을 형성해야 한다. 하지만 위에서 언급했듯이 괜찮은 플롯을 짜기 위해서는 뛰어난 작가적 역량이 필요하다. 아쉽게도 당신의 플롯은 느슨하기 그지없다. 바로 우리의 반복되는 일상처럼 말이다.

문학에서 일찍이 구조주의 문학비평가들은 작가의 죽음을 선언하고, 독자의 참여에 의해서 의미가 생성되는 '상호텍스트성intertextuality'에 대해 언급했다.[2] 이런 개념은 디지털 기술이 보급되면서 한층 탄력을 받기 시작했다. 그 대표적인 것이 독자의 선택으로 이야기가 만들어지는 하이퍼텍스트 문학이다. 독자의 참여와 그로 말미암은 의미 생성을 어디까지 인정할 것인가에 대해서는 아직도 논란의 여지가 있다. 어쨌든 분명한 것은 그 논란의 중심에 게임이 있었다는 사실이다. 소위 '디지털 스토리텔링'이라고 하여 게임이 디지털 시대의 새로운 이야기 소비 매체로 주목을 받고 있다. 하이퍼텍스트 문학 진영이 이론에 비해서 실제 작품을 생산하지 못한 것에 비해, 게임 업계는 별다른 이론 없이도 엄청난 작품들을 쏟아냈다. 특히 1990년대 중반 시디롬CD-ROM의 보급과 함께 등장한 〈미스트Myst〉라는 게임은 디지털 서사에 대한 다양한 논쟁을 촉발시켰다. 하지만 이론가와 게이머 사이에는 꽤 높은 벽이 있다. 일단 디지털 스토리텔링을 언급하는 이론가들은 대체로 게임 경험이 부족하다. 같은 맥락에서 정작 게이머들은 이야기에 관심을 기울이는 것 같지 않다. 어쨌든 논쟁을 하는 과정에서도 게임은 실시간으로 진화를 거듭했고, 이제는 영화 시장을 위협할 정도로 성장했다. 게임이 주는 이야기로서의 매력은 무엇일까?

게임이 권하는 사소한 행동들

어드벤처 게임이란 말 그대로 모험을 즐기는 게임이다. 하지만 모험만으로 단순화시킨다면 〈슈퍼 마리오〉 같은 액션 게임도 모두 어드벤처 장르에 포함될 것이다. 어드벤처에서 추구하는 모험은 〈슈퍼 마리오〉처럼 순간순간의 액션을 통해 주어진 환경을 극복하는 형태가 아니다. 화면 속의 대상이나 상황에 대해 오랫동안 관찰하고 여기에 자신의 판단을 더하여 디자이너가 의도한 결과를 도출해내는 형태다. 인물과 사건과 배경이 있지만 그것은 퍼즐(다음 공간으로 진입하기 위한 퍼즐이 대부분이다)의 형태에 더 가깝다. 어드벤처 게임은 작은 퍼즐이 이어지면서 하나의 큰 이야기 줄기를 만들어낸다. 〈슈퍼 마리오〉의 액션은 마치 할리우드 영화의 액션 장면처럼 전체 이야기 구성에 큰 영향을 미치지 않는다. 하지만 어드벤처 게임의 일상적인 액션은 이야기의 진행과 긴밀하게 닿아 있다. 아니, 실제로는 그렇지 않더라도 닿아 있다는 느낌을 준다. 이런 차이는 두 게임이 재현하는 액션의 차이 때문이다. 어드벤처 게임의 액션은 대부분 일상에서 접할 수 있는 '사소한 액션'들이다. 이런 행동들이 모여서 사건을 만들고, 모든 사건은 하나의 스토리로 연결된다. 그래서 혹자는 어드벤처 게임을 "게이머가 이야기의 주인공이 되어 스토리를 엮어가는 게임"이라고 정의하

---

2   상호텍스트성intertextuality이란 원래 텍스트 사이의 관계를 의미하지만 롤랑 바르트와 같은 비평가는 이 개념을 보다 적극적인 의미에서 사용했다. 그는 전통적인 '저자'의 개념을 부정하면서 저자를 대신하는 현대의 스크립터로 '독자'를 내세웠다.

그림 1 〈매니악 맨션〉

기도 한다.[3]

지금은 시장에서 거의 모습을 감췄지만 한때 어드벤처 게임은 PC 게임 시장의 큰 부분을 차지하고 있었다. 이런 장르의 게임들은 대부분 이야기를 전달하는 것에 초점을 맞췄기 때문에 이야기 진행에 불필요한 액션은 배제되었다. 슈팅, 액션, 대전 격투 등 이전까지 칼럼에서 언급했던 게임들은 걷기, 달리기, 점프 등 캐릭터들의 '큰 액션'이 진행을 위해 반드시 필요하다.[4] 하지만 어드벤처 게임에서는 이런 액션을 찾아보기 어렵다. 어드벤처 게임에서 중요한 액션은 말하기, 사용하기, 건네주기, 열기 등 화면 속 오브제를 조작하거나 아이템을 활용하는 데 필요한 행위들이다. 액션 게임의 배경이나 캐릭터는 대체로 극복하고 벗어나고 없애야 할 존재다. 하지만 어드벤처 게임의 배경이나 캐릭터는 만져보고 관찰하고 대화해야 할 존재다. 어드벤처 게임은 물리적 행위보다 행위 이전의 심리적 갈등이나 판단이 더 중요하다.[5] 그래서 어드벤처 게임에서 플레이어의 행위는 단순한 액션 게임보다 이야기의 진행에 보다 깊숙이 개입하게 된다.

컴퓨터게임에서는 플레이어의 행위와 그로 인한 재현 사이에 반드시 유사성이 있을 필요가 없다. "여기에는 일종의 자의성 혹은 관례가 작동할 뿐이다."[6] 따라서 게이머는 대체로 작은 행동(버튼 조작)으로 보다 큰 행동(점프 등)을 수행하게 된다. 하지만 어드벤처 게임에서는 이런 원칙이 적용되지 않는다. 오히려 화면 속의 액션(보는 것)이 현실의 동작(커서 클릭)보다 더 작고 사소할 수 있다. 〈매니악 맨션Maniac Mansion〉이나 〈원숭이 섬

3   최유찬, 『컴퓨터게임의 이해』, 문화과학사, 2002, 56쪽.
4   이 글에서는 편의상 액션을 '작은 액션'과 '큰 액션'으로 구분했다. 작은 액션은 열기, 줍기, 말하기 등 일상에서 흔히 접할 수 있는 어드벤처 게임의 일상적인 동작을 말하며, 큰 액션은 점프, 휘두르기, 발차기 등 일상에서 흔히 볼 수 없는 액션 게임의 비일상적인 동작을 말한다.
5   대개 인물이 아닌 사물과의 갈등이다. 예컨대 플레이어는 특정 아이템을 특정 인물에게 주는 것이 과연 올바른 것인지를 고민하게 된다.
6   박상우, 『컴퓨터게임의 일반 문법』, 커뮤니케이션북스, 2009, 87쪽.

의 비밀The Secret of Monkey Island〉과 같은 어드벤처 게임의 화면 하단에는 선택 가능한 명령어들이 있는데 주로 'open', 'pick up', 'use', 'give' 같은 동사들이다. '열고', '줍고', '쓰고', '건네는' 행위는 분명 '걷고', '뛰고', '때리고', '점프하는' 행위와는 차이가 있다. 이 행동들은 현실에서 흔히 보는 사소한 행동들이다. 게다가 이런 액션들이 곧바로 실행되는 것이 아니라 커서의 조작 이후에 지연되어 실행된다. 이런 제약 때문에 어드벤처 게임에서는 액션 자체의 즐거움을 느끼기가 어렵다. 게임은 일상에서 할 수 없는 '큰 액션'을 제공하기 때문에 재미있는 것이다. 그것은 일종의 판타지다. 반면 어드벤처 게임의 판타지는 액션을 수행하는 과정이 아닌 상황적인 요소에 집중되어 있다. 〈슈퍼 마리오〉의 판타지가 점프로 함정을 피하고 적을 공격하는 것이라면, 〈원숭이 섬의 비밀〉의 판타지는 해적이 되고자 하는 주인공의 여정 그 자체다. 그리고 이러한 상황적 즐거움이야말로 다른 스토리 매체가 가진 즐거움과 동일한 것이다. 그래서 어드벤처 게임은 모든 게임 장르 중에서 가장 스토리성이 뛰어나다. 물론 어드벤처 게임이 이런 형태를 갖추게 된 것은 당시의 기술적인 맥락 때문이다. 어드벤처의 기원을 거슬러 올라가면 우리는 언어로 세계를 재현하는 낯선 혹은 낯익은 풍경을 만날 수 있다.

태초에 말씀이 있었다? - 텍스트 어드벤처 게임

그래픽 어드벤처 게임 이전에는 텍스트 어드벤처 게임이라는 것이 있었다. 텍스트 어드벤처 게임에서는 모든 상황이 문자로 주어지고 입력 또한 컴퓨터에게 대화를 건네듯 문자로 전달된다. 즉 게임 전체가 언어를 매개로 진행된다. 인포컴에서 출시한 〈데드라인Dead Line〉이라는 게임의 한 장면을 보면 이해가 빠를 것이다.

게이머 : 찻잔과 받침을 집어라.
목소리 : 잔, 집었다. 받침, 집었다.

게이머 : 금화를 위해 찻잔을 분석하라.

목소리 : 더피 경감이 쥐처럼 조용히 걸어온다. 그는 당신으로부터
　　　　컵을 가져간다. 그는 "곧 결과를 알려주겠습니다"라고 말하
　　　　고는 들어올 때처럼 아무 말 없이 떠난다.

게이머 : 남쪽으로 가라.

목소리 : 복도의 끝.[7]

이린 텍스트 게임은 어떤 맥락에서 등장한 것일까? 초기 아케이드 게임은
매우 단순한 그래픽으로 구성되었다. 이런 게임들은 추상적인 이미지만으
로도 게임을 진행하는 데 아무런 문제가 없다. 예를 들어 〈퐁〉 게임의 라
켓은 현실의 테니스 라켓처럼 정교하지 않다. 하지만 기능적으로 공을 받
아치는 액션을 수행하는 데 형상은 아무런 문제가 되지 않는다. 이는 〈스
페이스 인베이더〉, 〈팩맨〉, 〈동키콩〉 같은 히트작 역시 마찬가지다. 그러
나 어드벤처 게임처럼 자세한 상황을 플레이어에게 전달하기 위해서는 추
상적인 이미지가 아닌 구체적인 이미지가 필요하다. 그런데 당시의 그래
픽 기술로는 위에서 언급한 〈데드라인〉의 상황을 정확하게 묘사할 수 없
었다. 이미지를 저장하기 위한 용량도 문제였다. 결국 유일한 해결책은 언
어로 그 상황을 설명하는 것이었다. 아케이드 게임기의 단순한 입력장치와
는 달리 PC는 '키보드'로 언어를 입력할 수 있었다는 점도 하나의 이유일
것이다. 어드벤처 장르는 결국 방대한 스토리 전달과 정확한 상황 전달을
위해서 이미지의 재현과 액션 요소를 포기했다고 볼 수 있다.

　　하지만 아이러니하게도 재현을 포기함과 동시에 텍스트 어드벤처 게
임이 재현할 수 있는 영역은 무한대에 가까워졌다. 이것은 소설처럼 문자
를 사용하는 예술의 특징이기도 하다. 음악, 미술, 연극, 영화, 무용 등 대
부분의 예술에서 문자는 낄 자리가 별로 없다. 연극이나 영화도 대본상에

7　　에스펜 올셋, 『사이버텍스트』, 늘누림, 2007, 224쪽.

서 문자가 등장할 뿐, 실제 작품에서는 배우의 대사로 바뀌면서 사라져버린다. 최종 소비자에게 전달될 때까지 문자를 고집하는 예술은 거의 문학이 유일하다. 그래서 문학은 다른 예술보다 더 적극적인 독자의 개입이 필요하다. 글을 읽으면서 독자는 머릿속에 작가가 설정한 상황을 그리게 된다. 덕분에 문학은 다른 예술이 할 수 없는 것을 가능하게 한다. 소설은 실현 가능성이나 제작비에 구애받지 않고 작가가 생각하는 모든 것을 표현할 수 있다. 마찬가지로 언어로 진행되는 텍스트 어드벤처 게임 역시 이런 문학의 장점을 고스란히 이어받고 있다.

텍스트 어드벤처 게임에서 게임의 재미에 가장 큰 영향을 미치는 것은 컴퓨터의 언어 구사 능력이다. 컴퓨터는 플레이어가 입력하는 문장을 이해하고 그것을 해석해 자연스러운 반응을 보여야만 한다. 물론 컴퓨터가 인간의 언어를 완벽하게 이해하는 것은 불가능하다. 여기서 중요한 것은 이해하는 것이 아니라 이해한 것처럼 플레이어가 느끼는 것이다. 앞서 언급한 〈데드라인〉의 제작사 인포콤은 이 분야에서 탁월한 기술을 가지고 있었다. 이 회사는 당시 인기를 얻었던 〈조크〉라는 텍스트 어드벤처 게임을 상업화하기 위해 만들어진 회사다. 〈조크〉의 가장 큰 특징은 ZIL이라는 언어 해석 엔진인데 이것은 인포콤의 창립자 중 한 사람인 마크 블랭크가 만들었다. ZIL은 〈조크〉에서 대화를 진행하기 위해 사용된다. 예를 들어 플레이어가 여러 개의 문이 있는 장소에서 '문을 열어'라고 명령한다면, ZIL은 '어떤 문을 열까요?'와 같은 대답을 만들어낸다. ZIL은 역해석 엔진이 등장하기 전까지 가장 강력한 언어 해석 엔진으로 자리 잡았다.[8] 아울러 인포콤은 ZIL이 적용된 〈조크〉 시리즈를 통해 대표적인 텍스트 어드벤처 게임 제작사로서 주목을 받았다.

텍스트와 이미지의 동거 - 그래픽 어드벤처 게임
그렇게 텍스트로 전달되던 상황들은 기술의 발전과 함께 조금씩 그래픽 이미지로 재현되기 시작한다. 시에라의 〈미스터리 하우스〉가 그 첫 출발점이었다. 이 게임은 이전까지 텍스트로만 진행되던 상황에 간단한 그래픽 이미지가 더해진 게임이다. 이미지는 그저 텍스트의 이해를 돕는 보조 수단이었으며 게임 진행은 여전히 언어를 중심으로 이뤄졌다. 이후 시간이 지날수록 언어적 구성 요소들이 플레이어가 조작할 수 있는 이미지로 바뀌어갔다. 같은 회사의 〈킹스 퀘스트〉는 플레이어가 직접 그래픽으로 표현된 공간을 돌아다니며 퍼즐을 해결하는 방식을 취했다. 이처럼 캐릭터의 이동을 언어가 아닌 방향키로 직접 조작하게 되면서 어드벤처 게임과 액션 게임의 경계가 서서히 무너지기 시작했다. 물론 〈킹스 퀘스트〉의 이미지 또한 기술적 한계 때문에 정교하게 표현될 수 없었다. 그래서 화면 속 이미지를 보면서 플레이어는 또다시 현실의 오브제를 대입하게 된다. 어쨌든 이미지가 현실을 닮아갈수록, 그래픽이 정교해질수록 플레이어가 채워 넣어야 할 부분은 줄어든다. 이처럼 텍스트 어드벤처에서 그래픽 어드벤처로 진화하는 과도기에는 텍스트와 이미지가 혼재된 형태로 나타났다. 이러한 어드벤처 게임을 개발하던 대표적인 제작사가 바로 루카스아츠였다.

앞서 언급한 바와 같이 루카스아츠의 어드벤처 게임들은 독특한 인터페이스를 갖고 있다. 화면 상단에는 그래픽으로 재현되는 게임의 메인 화면이 있고, 하단에는 다양한 명령어들이 있다. 플레이어는 십자 모양의 커서를 사용해 두 화면을 오가면서 게임을 진행한다. 예컨대 하단의 명령어 창에서 'Pick up'을 클릭한 다음, 상단의 해당 아이템 이미지를 클릭하면 '당신은 ~을 집었다'라는 문장이 뜨면서 아이템을 얻게 되는 식이다. 루카스아츠의 개발팀은 텍스트와 그래픽이 공존하는 환경에서 보다 효과적으로 게임을 진행하는 방법을 찾아냈다. 특이한 것은 십자 모양의 '커서'라는 존재다. 이 커서는 윈도우 환경의 화살표와 마찬가지다. 어드벤처 게임에서 플레이어가 조작해야 할 것은 캐릭터가 아닌 작은 커서다. 플레이어의 조작행위와 캐릭터의 재현행위는 모두 커서에 의해서 매개된다. 만약

8   러셀 드 마리아 · 조니 L. 윌슨, 앞의 책, 122쪽.

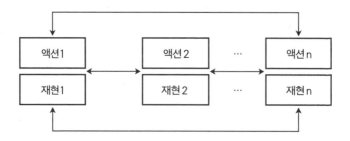

그림 2 액션 게임의 재현 과정

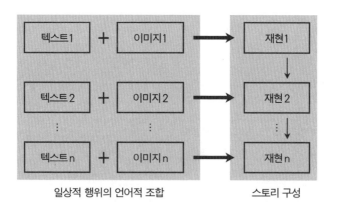

일상적 행위의 언어적 조합   스토리 구성

그림 3 어드벤처 게임의 재현 과정

캐릭터를 움직인다면 커서를 먼저 움직여서 '이쪽으로 와'라고 명령해야 비로소 움직이는 식이다. 이런 간접적인 방식은 직접 캐릭터를 움직이는 방식보다 액션성이 떨어질 수밖에 없다. 명령에 대한 재현은 늘 마지막에 나타난다. 즉, 이동하는 '과정'은 별로 중요하지 않으며 이동한 '결과'만이 중요해진다. 비단 어드벤처 게임뿐만 아니라 마우스와 커서를 사용한 게임들은 대체로 동일한 원리가 적용된다. 예를 들어 FPS처럼 방향키로 조작이 가능한 〈WOW〉와 마우스 클릭 중심인 〈리니지〉는 전혀 다른 게임 경험을 제공한다. 전자가 적을 공격하는 '과정'을 중시한다면, 후자는 적을 공격한 '결과'를 중시한다. 과정을 귀찮다고 생각하는 사람들은 아마도 〈리니지〉의 경험을 선호할 것이다.

현실에서 수많은 일상적 행위들은 관습화되어 있다. 예컨대 방문을 열기 전에 우리는 별다른 고민을 하지 않는다. 그것은 습관에 의해서 무의식적으로 수행된다. 현실에서는 연다는 것과 방문이 하나의 의미 단위로 묶여져 있다. 우리의 삶은 그런 묶음들이 끝없이 이어지면서 구성된다. 그러나 언어로 이루어진 세계는 모든 것이 분절되어 있다. 어드벤처 게임은 비록 그래픽의 옷을 입었지만 여전히 언어적 세계에 머물러 있었다. 방문을 여는 행위는 'open 명령어를 클릭 → door 이미지를 클릭'하는 행위로 분절된다. 즉 플레이어는 '자신이 행동할 수 있는 영역'과 '화면에서 선택할 수 있는 대상' 사이를 마치 커서처럼 끊임없이 왕복하게 된다. 그 과정에서 플레이어는 이런 질문들을 던지게 된다. '나는 무엇을 할 수 있는가?', '나는 무엇을 해야 하는가?', '저 대상은 무엇을 의미하는가?' 〈슈퍼 마리오〉와 같은 액션 게임은 학습된 '큰 액션'을 조합하여 주어진 문제를 해결한다. 액션은 실시간으로 발생하며 그에 대한 결과도 곧바로 나타난다(그림 2). 빠른 인터랙션이 반복되면서 플레이어의 조작행위는 점점 자동차를 운전하듯이 익숙해진다. 완벽한 몰입 상태가 되면 행위는 조건반사의 영역에 들어간다(만약 머리로 생각해서 반응한다면 절대 미션을 끝낼 수 없을 것이다). 〈원숭이 섬의 비밀〉과 같은 어드벤처 게임은 분절된 행위와 화면 속 이미지를 조합하면서 액션을 만들어나간다. 화면 속에 재현되는 이미지는 이 언어적 조합의 결과물로서 제시될 뿐이다. 게이머의 행위와 재현은 다른 영역으로 각각 분리되며 재현되는 과정만으로 게임의 스토리는 완성된다(그림 3). 즉 어드벤처 게임은 플레이어가 언어적인 조합을 통해 일상적인 액션을 수행하며 이것이 마치 작품처럼 재현된다. 아울러 플레이어의 '작은 액션'들이 하나의 주제로 통합된다는 점에서 어드벤처 게임은 아리스토텔레스의 전통적인 극작법을 반영하고 있으며, 가장 스토리텔링이 뛰어난 게임 장르가 될 수 있었다.

기술적 진화의 종결자 - 액션 어드벤처 게임

텍스트 어드벤처 게임에서 출발한 어드벤처 장르는 오늘날 액션 어드벤처라는 장르로 이어진다. 그러나 모험의 흔적만 남아 있을 뿐 모험의 방법은 모조리 바뀌었다. 기술의 진화는 언어로 이루어진 세계를 완벽한 재현의 세계로 바꾸었다. 이제 정교한 그래픽으로 화면 속 모든 대상을 표현할 수 있으며, 플레이어는 그 모든 변화를 자세히 관찰할 수 있다. 언어를 통해서 소통해야만 했던 시절은 지났다. 열고, 줍고, 건네는 모든 일상적 액션들은 버튼 하나로 통합된다.[9] 명령어 창은 사라졌다. 어드벤처 게임은 〈슈퍼 마리오〉보다 화려한 액션을 수행하면서도 수많은 대상을 관찰하고 파악할 수 있게 되었다. 카메라 시점을 1인칭으로 바꾸어서 공간 전체를 구석구석 살펴볼 수 있고, 아이템을 사용한 결과를 화려한 연출로 보여주는 것은 물론, 바닥에 떨어진 아이템을 줍는 모습까지 상세히 묘사된다. 재현 기술이 부족해서 '당신은 ~을 주웠다'라고 부연설명을 하던 시절과는 분명 다른 모습이다. 어드벤처 게임의 진행을 위해 수행하던 일상적 액션들이 재현 영역으로 흡수되면서 게이머는 이제 비일상적인 액션에만 집중하게 된다. 이제는 걷고, 뛰고, 쏘고, 점프하면서도 충분히 상황적 즐거움을 누릴 수 있다. 〈바이오해저드〉, 〈페르시아의 왕자〉, 〈갓 오브 워God of War〉 등 오늘날의 액션 어드벤처라는 장르는 이렇게 완성되었다.

이야기를 만들어내던 '작은 액션'들은 거의 사라졌다. 제작사들은 발

전한 기술력으로 보다 넓고 정교한 세계를 만들고 그 속에서 화려한 액션
을 수행하는 캐릭터를 만들었다. 이것은 〈슈퍼 마리오〉의 이야기적 진화인
동시에 〈조크〉의 재현적 진화라고 볼 수 있다.[10] 어쨌든 재현으로 인해 할
리우드식 액션의 비중이 늘면서 어드벤처 게임의 스토리 전개 방식은 이전
과 달라졌다. 이전에는 '작은 액션'을 통해 플레이어가 직접 이야기를 재현
한다는 느낌이 강했다. 하지만 이제는 액션과 이야기의 단위로 분절되어버
린다. 화려한 액션을 수행하는 시퀀스가 끝나면 일종의 보상으로 스토리
를 제공한다. 이것은 오늘날 게임 매체에서 가장 보편화된 이야기 전달 방
식 중 하나다.[11]

　　그렇다면 '작은 액션'들은 이미지로 재현되는 과정에서 영영 사라진
것일까? 그렇지 않다. 그것들은 '퍼즐'이라는 형태로 아직 게임 속에 남아
있다. 플레이어는 아이템을 사용해서 막힌 공간을 열고, 특정한 인물을 구
해내는 등 사소한 액션들을 여전히 수행해야 한다. 하지만 이 행위들은 메
인 액션을 수행하기 위한 수단으로 사용될 뿐이다. 이를테면 A지역에서
B지역으로 이동하기 위한 명분을 제공하는 것에 불과하다. 게임의 공간은
한정되어 있다. 개발사 입장에서는 애써 만든 공간에서 플레이어가 좀 더
오래 머무르기를 바란다. 주어진 자원을 최대한 많이 활용하려면 플레이
어가 계속 다른 곳으로 이동하기보다는(그림 4) 한정된 공간 안에서 배회
하는 편이 좋다(그림 5).

　　하지만 플레이어 입장에서는 이런 반복이 지루할 수 있다. 퍼즐은 반
복을 즐겁게 만들기 위한 장치로 사용된다. 과거 어드벤처 게임의 퍼즐이

9　　예를 들어 〈젤다의 전설Legend of Zelda〉은 상황에 따라 버튼의 용도가 달라진다. 이전의
　　　　'작은 액션'들은 플레이어가 조작하는 '큰 액션'이 되었다.

10　　이런 통합 과정은 앞서 1장에서 '텍스트와 이미지의 술래잡기 놀이'라는 주제로 설명한
　　　　바 있다.

11　　심지어 〈메탈 기어 솔리드 2Metal Gear Solid 2〉의 경우에는 너무나 스토리를 강조한
　　　　나머지 스토리의 진행을 보기 위해서 잠깐 게임을 플레이한다는 느낌마저 준다.

그림 4　매번 새로운 공간으로 진입

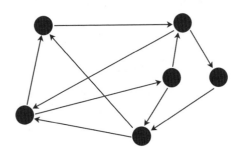

그림 5　동일한 공간의 재활용

재현 과정을 통해서 이야기를 진행시켰던 반면, 최근 액션 어드벤처 게임의 퍼즐은 이야기와 분리된 채 플레이어의 '큰 액션' 아래 종속되어 있다. 이런 게임들은 대체로 이야기 전개를 위해 관습적으로 퍼즐을 배치한다. 그래서 시리즈가 거듭될수록 익숙한 퍼즐의 난이도만 높이는 방식으로 변질되기 쉽다. 〈바이오해저드〉로 액션 어드벤처 장르를 개척한 일본 게임 시장이 시간이 지나면서 일종의 매너리즘에 빠지게 된 것도 이런 액션, 퍼즐, 스토리의 분리 현상 때문이 아닐까? 이런 점에서 〈갓 오브 워〉 같은 북미 액션 어드벤처 게임의 성장을 주목할 필요가 있다. 이런 게임들은 플레이어가 스토리를 경험하는 데 주력하면서 액션과 퍼즐 등 모든 요소가 이야기 속으로 통합된다. 결과적으로 액션 어드벤처 게임은 점점 할리우드 영화를 닮아간다. 게임 기술의 정점에서 우리는 내가 만드는 쌍방향 스토리텔링이 아닌, 작가가 만드는 일방향 스토리텔링을 만난다. 어드벤처 게임의 진화 과정은 흥미로운 디지털 스토리텔링이 본질적으로 기존의 스토리텔링 방법과 다르지 않다는 것을 반증한다.

시기	1970~1980년대	1980~1990년대		2000년대 이후
장르	텍스트 어드벤처	그래픽 어드벤처		액션 어드벤처
대표작	〈Zork〉	〈미스터리 하우스〉	〈매니악 맨션〉	〈바이오해저드〉
입력(행위)	텍스트	텍스트	텍스트+이미지	이미지
출력(재현)	텍스트	텍스트>이미지	텍스트<이미지	이미지

표 1 어드벤처 게임 장르의 진화 과정

텍스트는 살아 있다

게이머들은 본능적으로 움직이는 것을 좋아한다. 그들은 게임에서 글을 읽는 것에 대해 거부감을 갖고 있다. 뭔가 이야기를 전해주려고 하면 지겹다는 듯 'skip' 버튼을 눌러버린다. 이들은 게임에 몰입했던 자신의 감각이 휘발되기 전에 빨리 다음 액션을 수행하고 싶어 한다. 어쩌면 게이머는 신

화 속 시지프처럼 끝없이 욕망의 바윗덩어리를 굴리는 형벌을 받는 건지
도 모르겠다. 이들에게 텍스트를 전달하기란 쉽지 않은 일이다. 그래서 많
은 게임들이 텍스트를 버리고 이미지를 선택한다. 하지만 텍스트는 일부
게임에서 여전히 살아 숨쉬고 있다. 캡콤의 〈역전재판Phoenix Wright-Ace Attor-
ney〉 같은 게임은 화려한 비주얼이 넘치는 시대에도 텍스트로 진행하는 게
임이 여전히 재미있다는 것을 보여준다. 〈역전재판〉의 주인공은 나루호도
류이치라는 새내기 변호사다. 살인 사건이 발생하면 플레이어는 다양한
증거들을 모으면서 의뢰인의 변호를 준비한다. 그리고 재판 과정에서 증
인들을 신문하고 결정적 순간에 준비한 증거를 제시해서 증인이 진범임을
밝혀낸다. 에피소드는 제각각이지만 전체적인 진행은 이 구조를 크게 벗어
나지 않는다. 사실 이 게임의 스토리텔링 구조는 완벽한 일방향 진행이다.
플레이어에게 이야기의 선택권을 주는 것 같지만 모든 분기점은 결국 하
나의 사건을 향해서 모인다. 하지만 〈역전재판〉을 하다 보면 내가 마치 이
야기에 영향을 주고 있다는 느낌을 받게 된다. 플레이어는 자신이 수집한
증거들을 살펴보면서 힌트를 발견하고, 적절한 순간에 '이의'와 '증거'를 제
시해서 이야기의 '반전'을 만들어낸다. 〈역전재판〉은 내가 만드는 이야기가
아니라 미리 정해진 플롯에 따라 진행되는 이야기다. 하지만 사건과 사건
이 만나는 그 순간에 플레이어의 아주 사소한 행동들이 개입된다. 플레이
어가 이의를 제기하거나 증거를 제시하는 것은 R버튼 하나로 이뤄지는 아
주 간단한 조작이다. 이 작은 액션 하나로 현실과 게임은 절묘하게 마주친
다. 중요한 것은 플레이어가 수행하는 액션의 크기가 아니라 개입하는 순
간의 타이밍, 그리고 그로 말미암은 이야기 반전의 진폭이다. 그것은 플레
이어에게 일종의 발견이다. 아리스토텔레스는 『시학』에서 가장 훌륭한 발
견은 "개연성 있는 사건을 통하여 뜻밖의 일이 벌어질 때"라고 언급했다.
비록 만들어진 플롯이라고 할지라도 개연성 있는 사건에 개입하도록 함으
로써 게임은 흥미로운 이야기 경험을 전해줄 수 있다. 결국 디지털 스토리
텔링으로서 게임의 가능성은 내가 만들어가는 이야기가 아니다. 게임은 이
미 구성된 이야기를 풀어내고 소비하는 방식을 변화시키고 있다.

몇 달 전 아이패드를 구입하고 나서 처음으로 구입한 게임이 〈원숭이 섬의 비밀〉이었다. 예전에 발매된 것을 새롭게 리메이크한 작품이었다. 키보드로 힘겹게 누르던 커서는 터치로 간단하게 조작할 수 있도록 바뀌었다. 보다 직관적으로 사물을 바라보고 조사할 수 있게 된 것이다. 이 게임은 실시간으로 과거의 그래픽과 현재의 리뉴얼된 그래픽으로 전환할 수 있다. 게임을 진행하다가 가끔 예전에는 이 상황이 어떻게 재현되었지 궁금해서 옛날 화면으로 바꿔보곤 한다. 그곳에는 어김없이 텍스트와 투박한 도트 이미지가 혼재되어 나를 기다리고 있다. 다시 리뉴얼된 화면으로 돌아오면 그 모든 것이 깔끔한 아이콘과 정교한 이미지로 바뀌어 있다. 많이 달라 보이지만 둘 다 같은 세계다. 순간 이 세상 모든 것이 언어로 이루어졌음을 깨닫는다. 태초에 신이 하필이면 '숫자'가 아닌 '말씀'으로 이 세상을 창조한 이유를 이제야 알 것 같다. 게임의 세계 역시 그렇다고 믿는다.

6 나 혹은 당신의 성장통

— 롤플레잉 게임의 경험과 성장

가장 게임다운 게임, RPG

"그 게임 어때? 괜찮아?"

"기본저으로는 FPS 게임인데, RPG랑 퍼즐 요소가 섞여 있어."

"음, 〈매스 이펙트〉와 비슷한 건가?"

"〈매스 이펙트〉인데."

"……."

게임의 경험을 말이나 글로 전달한다는 것은 무척 어려운 일이다. 이럴 때 장르 구분은 꽤 유용한 도구가 된다. 사실 컴퓨터게임만큼 장르 구분이 제멋대로인 분야도 없을 것이다. 새로운 하드웨어 기술과 아이디어가 접목되면서 이전에 없던 새로운 장르가 순식간에 만들어지고, 또 사라진다. 게임이 산업인 이상, 특정 장르의 생명력을 결정하는 것은 결국 소비자인 게이머들의 몫이다. 특정 유형의 게임이 계속해서 소비자들의 선택을 받게 되면 그것은 하나의 장르로 굳어진다. 현재 게임 업계에서 통용되는 장르 구분은 결국 시장에서 살아남은 작품들의 분류 체계라 할 수 있다. 하지만 장르는 자신의 영역에만 머무르지 않는다. 게임은 다른 게임의 장점을 수용하면서 새로운 장르를 만들어내고 서로의 경계를 무너뜨린다. 그래서 요즘 게임들은 하나의 장르만으로 설명하기 애매한 경우가 많다. 앞서 인용한 상황처럼 사람들은 자신이 플레이했던 과거의 게임들을 바탕으로 대략적인 이미지를 떠올릴 뿐이다. 각 장르에 대해 갖고 있는 느낌에 따라 전혀 다른 게임이 머릿속에 그려지기도 한다.

　　RPG는 그런 점에서 매우 특별한 장르다. 다른 게임 장르와는 달리

RPG에는 명확한 스테레오 타입이 존재한다. 마법, 용, 던전, 레벨업, 동료와 같은 요소들이 그것이다. 이런 공통 요소는 모든 RPG가 〈D&D〉라는 하나의 출발점을 공유하고 있기 때문이다. RPG는 게임 산업 초창기에 성립되었으며, 오늘날 가장 대중적인 게임 장르 중 하나다. 슈팅, 액션, 어드벤처, 시뮬레이션 등 수많은 장르가 있지만, 컴퓨터게임을 대표하는 장르를 하나만 꼽으라면 나는 RPG를 선택하고 싶다. 지난 30여 년 동안 수많은 RPG가 만들어졌고, 지금도 새로운 RPG가 세상 밖으로 뛰쳐나올 준비를 하고 있다. 그리고 이 과정에서 조금씩 진화가 이루어졌다. 유저가 좋아하는 요소는 강화하고 싫어하는 요소는 배제하면서 RPG는 다른 놀이도구가 모방할 수 없는 독특한 재미를 이끌어냈다. 또한 RPG는 다른 게임 장르와 쉽게 결합하기도 한다. 오늘날 게임을 디자인하는 사람들에게 RPG는 가장 밑바탕이 되는 기본 재료라 할 수 있다. 이러한 RPG를 RPG답게 만드는 것은 과연 무엇일까? 우리는 왜 RPG의 세계에 매력을 느끼는 것일까?

성장의 두 가지 즐거움

RPG는 톨킨의 소설 『반지의 제왕』에서 출발한다. 북유럽 신화에 바탕을 둔 톨킨의 판타지 세계관은 〈D&D〉라는 TRPG로 이어졌다. 이러한 TRPG가 컴퓨터게임으로 이식되는 과정에서 〈위저드리〉나 〈울티마〉와 같은 초창기 CRPG 장르가 만들어졌다. 대부분의 컴퓨터게임이 그렇듯이 RPG 장르 또한 이전의 아날로그 놀이를 디지털 기술로 모방하는 과정에서 탄생한 것이다.[1] RPG는 그 자체로도 의미가 있지만, 다른 게임들과 결합하며 수많은 파생 장르를 만들었기 때문에 게임 역사에서 특히 중요한 위치를 차지한다. 이는 RPG가 가진 놀이적 속성이 유연성과 보편성을 갖기 때문이다. 많은 게임이 RPG에서 차용하는 것은 다름 아닌 '성장 시스템'이다. 턴방식 시뮬레이션 게임에서 캐릭터들을 성장시킬 수 있도록 변형한 것이 SRPG^Simulation+RPG라는 장르다. 액션 게임도 캐릭터를 성장시킬 수 있으면 '액션 RPG'라는 이름이 붙는다. 즉, 어떤 게임 속에 '성장'의 메타포가 숨어 있다면 대체로 RPG의 영향을 받았다고 볼 수 있다.

RPG는 원래 '역할'과 '성장'의 재미에서 출발했다. TRPG에서 CRPG로 넘어오면서 역할의 재미는 대부분 희석되었지만 여전히 성장은 RPG의 짜릿한 재미 요소로 남아 있다. 하지만 성장 자체가 재미로 이어지는 것은 아니다. 플레이어가 즐거움을 느끼는 것은 오히려 성장 이후의 '경험'이다. 그것은 어떤 경험일까? 일단 캐릭터가 성장을 하면 수치적인 변화가 나타난다. 〈드래곤 퀘스트〉[2]에서 캐릭터가 레벨업을 하면, 팡파레 소리가 울려 퍼지면서 각종 능력치의 변화가 표시된다. '용사는 힘이 3증가 했습니다'라는 식으로 말이다. 모든 능력치의 변화를 한꺼번에 보여주지 않고 각 능력별로 하나씩 순차적으로 보여준다는 점은 꽤 흥미롭다. 대화창에 한참 동안 나타나는 숫자들의 변화를 지켜보면서 플레이어는 자신이 성장했음을 느낄 것이다. 이런 변화는 실제 전투를 통해서 보다 구체적으로 드러난다. 캐릭터 성장의 결과는 사냥 시간의 단축(공격력 증가)이나 죽는 횟수의 감소(방어력 증가) 등으로 나타난다. 조금 전까지 힘겹게 싸워야 했던 적을 여유 있게 물리칠 때의 쾌감. 그것은 현실에서 좀처럼 느낄 수 없는 즐거움이다. 현실의 성장은 긴 시간을 요구하며 성장 자체를 인식하기도 힘들다. 게다가 더 큰 문제는 내 경쟁 상대도 함께 성장하거나 심지어 나보다 더 커버릴 수 있다는 점이다. 소설가 박민규의 표현대로 현실에서는 "허리가 부러져 못 일어날 만큼 노력한 삶"을 살지 않으면 패배자가 된다.[3] 하지만 게임은 비교적 적은 노력으로 성장의 쾌감을 맛볼 수 있다.

두 번째 성장의 즐거움은 갈 수 없던 곳을 자유롭게 진입할 수 있는

1 볼터와 그루신은 새로운 미디어가 기존 미디어에 의존하게 되는 이런 현상을 '재매개remediation'라고 정의했다. 제이 데이비드 볼터·리처드 그루신, 『재매개-뉴미디어의 계보학』, 커뮤니케이션북스, 2006.
2 1986년 에닉스에서 발매한 게임으로 일본을 대표하는 RPG 중 하나다.
3 박민규, 『삼미 슈퍼스타즈의 마지막 팬클럽』, 한겨레출판사, 2003, 126쪽.

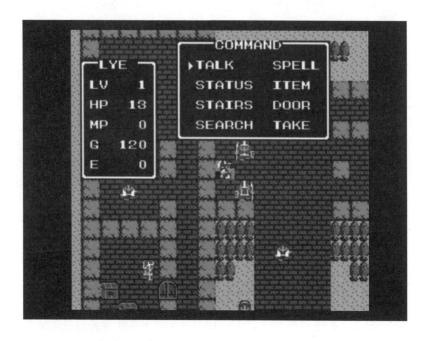

그림 1 〈드래곤 퀘스트〉

즐거움이다. 성장을 통해서 플레이어는 강력한 적으로 막혀 있던 지역을 탐험할 수 있다. 이 새로운 공간에서 플레이어는 더 강한 적을 만나게 되고, 이것은 다음 성장으로 이어진다. 이런 방식으로 RPG는 캐릭터의 성장과 새로운 공간의 탐험을 직조한다. 스토리는 이 직조물을 보다 촘촘하고 흥미롭게 완성시키도록 돕는다. 흔히 〈드래곤 퀘스트〉 같은 RPG에서 마을 사람들이 '부탁'하는 것들은 새로운 '장소'에 가서 몬스터를 '물리치고' 뭔가를 가져다 달라는 것들이 대부분이다. 원하는 것을 가져다주면 다른 장소로 갈 수 있는 새로운 아이템을 준다. RPG의 스토리텔링은 플레이어의 모험이 단순한 성장과 이동행위에 불과하다는 것을 교묘하게 감춘다. 이야기는 캐릭터의 성장을 위한 표지판이다. 그리고 이 길을 벗어난 플레이어는 성장이 제대로 되지 않는, 일종의 성장통을 겪게 된다.

내 낡은 서랍 속의 RPG

잠시 기억을 더듬어서 내가 처음으로 RPG라는 걸 접했을 때가 언제인지 생각해본다. 나는 8비트 시절, 집에 애플 컴퓨터가 없었다. 그 말은 〈울티마〉나 〈위저드리〉 같은 미국식 RPG를 동시대에 즐기지 못했다는 얘기다. 그 자리를 대신 채운 것은 대부분 일본식 RPG였다. 그것들은 대우전자에서 출시한 IQ2000 컴퓨터와 함께 내 기억 속으로 들어왔다. 이 컴퓨터는 일본에서 개발된 MSX 방식의 8비트 컴퓨터였다. 때문에 일본에서 발매된 다양한 게임을 플레이할 수 있었다. 특히 내 컴퓨터에는 당시로서는 꽤 비싼 장비였던 플로피디스크 장치가 있었기 때문에 용량이 큰 RPG 게임도 즐길 수 있었다. 게임은 주로 소프트웨어 하우스에서 구했는데 A4 용지에 인쇄된 게임 리스트를 보면서 복사할 게임을 고르던 기억이 생생하다. 어느 날 리스트의 수많은 게임 중에서 유독 두 글자의 영어가 적힌 게임이 눈에 띄었다. 나는 그 게임을 3.5인치 공디스켓에 복사해서 집으로 돌아왔다. 디스크 장치의 모터 돌아가는 소리가 요란한 가운데 이윽고 화려한 오프닝 화면이 눈앞에 펼쳐졌다(사실 이 순간이 가장 떨리는 순간이다. 그러

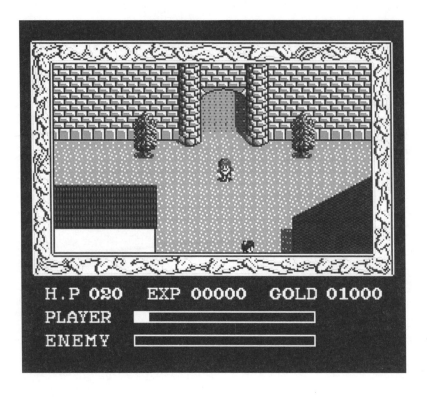

H.P 020   EXP 00000   GOLD 01000
PLAYER [▮▯▯▯▯▯▯▯▯▯▯▯▯▯▯]
ENEMY   [▯▯▯▯▯▯▯▯▯▯▯▯▯▯▯]

그림 2 〈이스〉

나 디스켓에 오류가 나면서 실행이 안 되는 게 다반사였다).

　게임이 시작되면 빨간 머리를 한 작은 캐릭터가 마을 입구에 서 있다. 대화가 전부 일본어라서 내용을 전혀 이해할 수 없었지만 어렵사리 검, 갑옷, 방패를 갖추고 마을 밖으로 나갈 수 있었다. 나는 그때까지 내가 했던 게임을 떠올리며 계속 마을 반대쪽으로 달려갔다. 당시 초등학생이었던 내가 오락실에서 했던 게임들은 대부분 앞으로 '전진'해서 스테이지를 클리어 하는 방식이었기 때문이다. 하지만 이 게임에서 내가 갈 수 있는 곳은 그리 넓지 않았다. 맵 곳곳에 신전이나 동굴이 보였지만 들어가기 무섭게 몬스터의 공격을 받고 죽어버렸다(이때만 해도 나는 저장 기능을 몰랐기 때문에 죽으면 처음부터 다시 시작해야 했다). 기존 슈팅이나 액션 게임의 문법에 익숙했던 나는 이런 방식의 게임을 도무지 이해할 수 없었다. '도대체 어쩌라는 거지?' 마을 사람과 대화가 전혀 통하지 않는 상태에서 갈 수 있는 곳은 대부분 막혀 있었다. 적을 물리치는 방법도 캐릭터가 몸으로 적과 부딪치는 것이 전부. 이런 게임이 재미있을 리가 없다. 허나 3000원의 카피 요금이 아까웠던 나는 별수 없이 마을 근처의 만만한 몬스터에게 화풀이를 하면서 마을 근처를 맴돌았다. 돌이켜보면 그건 새로 이사 온 마을 주변을 '탐험'하는 내 어린 시절과도 일맥상통했다. 그렇게 한참을 배회하자 이상한 일이 벌어졌다. 조금 전까지 20 정도였던 체력이 30으로 늘어나 있었던 것이다. 체력도 좀처럼 줄지 않았고 몬스터들은 아까보다 빨리 죽는 것 같았다. '뭐지?' 그것은 내 생애 처음으로 접한 가상 캐릭터의 '성장'이었다. 그리고 내가 저장 기능도 모른 채 즐겼던 그 RPG 게임은 일본의 팔콤에서 제작한 〈이스YS〉라는 게임이었다.

　1987년 첫 작품이 만들어진 이래 〈이스〉는 지금까지도 꾸준히 시리즈가 이어지고 있다. 특히 '사라진 고대 왕국'을 다루는 1편과 2편 연작이 유명한데, 내가 했던 것은 그중 1편의 내용이었다. 이 게임은 PC는 물론 수많은 게임기로 리메이크되면서 일본식 액션 RPG의 전형을 보여준다. 지금 생각해보면 나는 〈이스〉를 통해서 이후에 플레이할 모든 RPG 게임의 문법을 익혔던 것 같다. 적을 없앨수록 캐릭터가 점점 강해지고 새로운 장소로 갈 수 있다는 것, 어느 정도 성장하지 않으면 절대 보스를 물리칠 수 없다는 것, 돈을 벌어서 새로운 장비를 구입하면 더 강해진다는 것 등을 말이다. 그리고 무엇보다도 세상에는 하루 만에 끝낼 수 없는, 그래서 저장 기능이 반드시 필요한 게임도 있다는 것을…….

차이와 반복을 통한 성장의 경험

이렇듯 RPG의 모험은 작은 '성장'에서 시작한다. 그리고 '성장'이 멈추는 곳에서 이야기도 종결된다. 그러면 이 '성장'이라는 것의 정체는 도대체 뭘까? 〈드래곤 퀘스트〉의 전투는 플레이어 임의대로 피할 수가 없다. 보이지 않는 적을 일정 확률로 무조건 만나게 된다. 미로 같은 던전에서 적을 만나는 것은 꽤 짜증 나는 일이다. 좀 전까지 머릿속에 그려뒀던 지도는 전투가 끝나면 금세 엉켜버린다. '내가 어디로 가려고 했지?' 길을 잘못 들었다가 적 때문에 전멸이라도 하면 짜증이 밀려온다. 체력이 적을수록, 빨리 빠져나가고 싶을수록 적과 만나기가 왠지 꺼려진다. 하지만 한편으로 적을 만나지 않으면 성장할 수 없고, 성장하지 않으면 미래의 어느 순간 더 이상 진행할 수 없다는 것을, 플레이어는 알고 있다. 그래서 그는 수없이 반복되는 전투를 수행하면서도 애써 지루함을 감춘다. 아니, 지겨워해서는 안 된다. 오히려 일부러 같은 곳을 맴돌며 적을 만나기 위해 배회하는 경우도 있다(이것이 속칭 '레벨 노가다'라고 불리는 것으로 RPG 게임의 상징과도 같은 반복 행위다). RPG에서 전투란 일정한 패턴이 반복되는 단순한 사건의 연속이다. 턴방식 RPG든 액션 RPG든 이 점은 변하지 않는다. 그럼에도 이 단순한 반복이 재미있는 것은 그 반복 속에서 플레이어가 어떤 차이를 만들어가기 때문이다. 나의 반복 행위로 뭔가 달라졌다는 느낌, 의미 있는 일이 벌어졌다는 느낌을 갖는 것이 중요하다. 이와 관련해 이동연은 들뢰즈의 『차이와 반복』을 언급하면서 "게임의 반복은 겉으로 보면 동일성과 등가성의 관습에 따라서 표면적인 반복으로만 지속되는 것으로 보이지만, 시간과 경험의 계열에 따른 그 반복의 수준과 깊이들은 필

연적으로 다른 감각과 정서를 생산한다"고 이야기한다.[4]

게임은 플레이어에게 이런 차이를 어떻게 객관화해서 보여줄까? 슈팅 게임이라면 점수가 올라갈 것이다. 액션 게임에서는 아이템을 주기도 한다. 점수는 게임을 모두 끝냈을 때 '하이스코어'로 기록되면서 비로소 의미를 갖기 때문에 게임을 플레이하는 시점에서는 큰 의미를 갖지 못한다. 또한 경쟁의 수준에서만 유의미하기에 폭넓은 경험으로 확장되기가 어렵다. 또한 아이템의 효과는 대체로 일시적으로 나타났다 사라진다. 때문에 이것은 지속적으로 게이머의 기억 속에 축적되기가 어렵다. 즉 게이머가 느끼는 차이는 현재성, 확장성, 지속성을 가져야 한다. 성장은 이런 차이를 드러내는 가장 좋은 수단이다. 캐릭터는 게임을 끝낼 때까지 플레이어와 함께하며, 지속적으로 바라보아야 할 대상이다. 이런 대상에게 선택 가능한 변화를 제공함으로써 롤플레잉 게임은 차이와 반복의 즐거움을 극대화시킨다. 즉 성장이란 현재 눈앞에 있는 주체의 지속적이고 의미 있는 변화다. 그것은 '과거와 다른 현재'고 '현재와 다른 미래'다. 다시 말해 시간의 지속적인 흐름 속에서 전과 후의 '차이'를 드러내는 것이다. 그리고 그 차이를 느낄 때 유저는 비로소 '성장'을 경험한다.

캐릭터의 성장 vs 플레이어의 성장

영화 〈아바타Avatar〉가 유행하기 수십 년 전부터 게임 업계는 아바타를 만들고 조작하는 방법을 개발해왔다. 게임 캐릭터는 그 캐릭터를 조작하는 주체, 즉 플레이어를 떠나서는 생각할 수 없다. 〈아바타〉의 마지막 장면에서 네이티리가 산소 부족으로 죽어가는 제이크 설리를 극적으로 구할 수 있었던 것은 그녀가 신체 안에 내재된 진짜 주체를 발견했기 때문이다. 따라서 성장의 담론 또한 캐릭터와 플레이어를 함께 살펴보아야 할 것이다.

---

4   이동연, 『게임의 문화 코드』, 이매진, 2010, 85쪽.

모든 게임에는 두 가지 층위의 성장이 존재한다. 캐릭터의 성장과 플레이어의 성장이 그것이다. 캐릭터의 성장은 객관적인 성장이다. 게임은 캐릭터의 성장이 분명하게 드러나도록 다양한 척도를 제시한다. 체력, 지력, 민첩성, 공격력 등의 수치들이 대표적이다. 그 밖에도 다양한 방법을 통해 캐릭터가 강해졌다는 것을 객관적으로 드러낸다. 반면 플레이어의 성장은 주관적인 성장이다. 플레이어의 성장을 드러내는 객관적인 척도는 게임 속 어디에도 존재하지 않는다. 중요한 것은 플레이어 자신이 강해졌다고 느끼는 것이다. 캐릭터의 성장이 '기호'로 전달된다면 플레이어의 성장은 '감각'으로 전달된다. 대부분의 게임 장르가 플레이어의 성장에 무게를 둔다면, RPG 장르는 캐릭터의 성장에 무게를 둔다. 그래서 객관적인 성장의 지표가 없을 경우, 게이머들은 RPG라고 부르는 것 자체를 거부하기도 한다. 이런 것은 게이머들이 RPG에 대해서 가지고 있는 강박인 동시에, RPG 스스로 자신의 정체성을 지키기 위한 방어막인지도 모르겠다.

이렇듯 플레이어의 성장은 주관적이기 때문에 내가 정말 강해졌는지 확인하기가 애매하다. 즉, 노력에 비해 보상이 불확실하다. 게다가 플레이어 간의 실력 차이에 따라서 성장 또한 확연하게 나뉜다. 타고난 순발력이 좋지 않아서 아무리 노력해도 슈팅 게임을 잘할 수 없는 사람이 있는 반면, 어떤 사람은 별다른 연습 없이도 고득점을 기록한다. 그에 비해 RPG는 플레이어의 성장이 크게 중요하지 않다. 강해지는 것은 화면 속의 캐릭터다. 플레이어는 자신의 성장에 대한 스트레스 없이 시간과 노력만 투입하면 얼마든지 강해질 수 있다. RPG가 대체로 턴방식의 전투를 진행하는 것도 이와 무관하지 않다. 컨트롤 여부에 관계없이 누구나 메뉴만 올바르게 선택하면 승리할 수 있다. 심지어 레벨이 높으면 계속 확인 버튼만 누르고 있어도 별 피해 없이 전투가 끝이 난다. RPG가 오늘날 대중적인 장르로 살아남을 수 있었던 이유는 플레이어에게 성장을 강요하지 않고, 그 부담을 모두 캐릭터에게 떠넘겼기(?) 때문이 아닐까.

성장의 조건 그리고 자동화

슈퍼 마리오가 버섯을 먹는 것을 과연 성장으로 볼 수 있을까? 시각적인 측면에서는 분명히 성장한 것처럼 보인다. 그의 몸집은 커졌으며, 적의 공격을 받아도 곧바로 죽지 않게 되었으니 말이다. 그럼에도 불구하고 슈퍼 마리오를 RPG라고 부르지는 않는다. 그 이유는 뭘까? 〈슈퍼 마리오〉에는 마리오의 능력을 보여주는 객관적인 수치들이 없다. 또한 버섯을 먹기 전에 있었던 모든 행위가 버섯을 먹는 행위 자체와 인과관계가 없다. 마리오에게 버섯은 우연한 '득템'일 뿐이다. 있으면 좋지만 없어도 그만이다. 즉 〈슈퍼 마리오〉에는 성장을 위한 플레이어의 노력이 결여되어 있으며, 성상의 결과(몸집이 커지는 것) 또한 일시적인 변화에 불과하다.

마찬가지로 겉보기에는 RPG 같은데 RPG라고 부르지 않는 것들이 있다. 〈젤다의 전설〉[5]이 대표적이다. 하트 조각을 모아서 체력을 늘리고 갈 수 없던 길이 열리는 방식은 어쩐지 RPG와 닮았다. 하지만 이 게임은 액션 어드벤처 장르로 분류된다. 캐릭터의 성장보다 플레이어의 성장에 훨씬 더 무게를 두기 때문이다. 〈젤다의 전설〉은 적당한 액션 실력과 퍼즐에 대한 이해가 있어야만 게임을 진행할 수 있다. 캐릭터는 성장한다기보다 그때그때 상황에 맞게 잠시 모습이 변할 뿐이다. 예컨대 〈젤다의 전설〉에는 경험치의 개념이 없다. 적을 아무리 없애도 주인공 링크의 능력은 제자리다. 그나마 달라지는 것은 하트 조각을 모아서 얻는 체력인데 이 또한 다음 지역으로 이동하기 위한 충분조건일 뿐 필요조건은 아니다. 체력이 부족하면 난이도가 올라가겠지만 클리어 자체가 불가능한 것은 아니다. 오히려 〈젤다의 전설〉에서 공간을 탈출하기 위해 필요한 것은 퍼즐을 해결하는 능력이다. 아이템을 모으고 적절한 시점에 해당 아이템을 활용하는 것이 중요하다. 즉 반복을 통한 플레이어의 성장이 필요하다. 이와 같은

---

5   마리오의 아버지 미야모토 시게루가 만든 게임으로 액션 어드벤처 게임의 교과서 같은 게임이다. 아이템 획득하면서 주어진 퍼즐을 해결해나가는 레벨 디자인이 인상적이다.

사실을 토대로 RPG의 '성장'을 역으로 정의해볼 수 있을 것이다.

① 플레이어의 성장보다 캐릭터의 성장이 중요하다.
② 대개 RPG는 캐릭터가 성장을 해야만 다음 장소로 나아갈 수 있다.
③ 캐릭터의 성장을 보여주는 객관적인 척도(예를 들어 경험치)가 존재한다.
④ 수치의 변화는 게임 안에서 플레이어가 인지할 수 있는 혜택(예를 들어 공격력 증가)으로 나타난다.
⑤ 캐릭터의 능력은 게임이 종료되는 시점까지 지속적으로 변화한다.

이러한 성장 개념은 대부분 RPG의 기원이 된 〈D&D〉의 룰에서 따온 것들이다. 함께 모여서 즐기던 TRPG에서는 커뮤니케이션이 우선이었다. 사람들은 역할놀이를 통해 현실에서 겪을 수 없는 판타지를 경험할 수 있었다. 하지만 CRPG는 이 모든 룰과 체계를 컴퓨터 안으로 가져간다. 그리고 게이머는 사람 대신 컴퓨터를 마주하게 된다. 이제 내 역할을 봐줄 사람은 없다. 상상으로 만들어가던 공간과 캐릭터도 이미 그래픽으로 구현되어 있다. 역할은 휘발되고 성장만 남는다. 사실 오프라인에 사람들이 모여서 노는 것은 꽤 귀찮고 힘든 일이다. 서로의 시간이 맞아야 하고, 모일수 있는 장소도 필요하다. 하지만 컴퓨터게임은 그런 과정 없이 언제라도 컴퓨터 전원만 켜면 〈D&D〉의 세계를 즐길 수가 있었다. RPG의 경험은 최대한 남기면서 편의성을 극대화시킨 것이다. 주사위를 굴리면서 숫자를 적고 지워야 하는 TRPG의 모든 과정은 '자동화'되었다. 이제 플레이어는 마음 편하게 전투를 하고 자신의 캐릭터를 성장시킬 수 있다. 이처럼 캐릭터의 성장이 놀이 영역에 들어올 수 있게 된 것은 컴퓨터 기술 덕분이다.
　캐릭터의 성장은 마리오가 버섯을 먹고 커지는 것처럼 단순하고 일시적인 변화가 아니다. RPG의 캐릭터는 다양한 능력치가 꾸준하게 증가한다. 성장은 마치 기억이 쌓이듯 누적되면서 일정한 연속성을 가진다. 별안간 급격하게 성장하는 일은 없다. 모든 성장은 순서대로 조금씩 단계를 밟아 나간다. 적들도 거기에 맞춰서 디자인되어 있다. RPG의 세계는, 특히 일본식 RPG의 세계는 플레이어가 좀처럼 일탈할 수 없는 구조로 되어 있다. 재미있는 RPG일수록 철저하게 계산된 세계를 구현한다. 정말 아슬아슬하게 전투를 벌이다가 레벨이 오를 때쯤 가까스로 해당 장소를 빠져나가 새로운 장소를 만나게 된다. 앞서 언급한 〈드래곤 퀘스트〉는 이런 레벨 디자인의 정점을 보여준다. 다시 말해 RPG는 캐릭터의 성장을 위해 디자인된 세계이며, 내러티브 또한 이런 성장 구조를 위해서 존재한다.

성장을 제어하는 RPG의 내러티브

RPG의 내러티브가 '성장' 시스템과 결합하는 방식을 〈드래곤 퀘스트〉를 통해 보다 구체적으로 살펴보자. 〈드래곤 퀘스트〉의 내러티브는 게임의 공간을 일정한 구역으로 나눈다. A구역에서 C구역으로 가기 위해서는 B구역에 가서 특정 아이템을 얻어야 하는 식이다.

각 구역 사이를 이동할 때는 매우 강한 몬스터(보스)가 등장해서 플레이어의 앞길을 막는다. 몬스터와 나 사이의 간극은 멀기만 하다. 이 강한 외부 저항을 극복하기 위해 필요한 것이 레벨업, 즉 성장이다. 이처럼 플레이어가 앞으로 나아가기 위해서는 각 구간마다 만들어지는 간극(차이)을 극복해야 한다. 단순하게 말해서 적보다 강해져야 한다. 이런 차이는 언제나 상대적이다. 내가 강해진 만큼 적도 강해질 수 있다. 때문에 성장을 표현할 때는 그것을 드러낼 대상(예컨대 나보다 약한 대상)이 있어야 한다. 숫자로 표현되는 레벨은 플레이어의 편의를 위한 기호일 뿐이다. 이보다 중요한 것은 공간적 제약을 극복함으로써 플레이어의 지각에 '성장'의 경험을 심어주어야 한다. 즉 RPG는 객관적인 성장을 주관적인 성장으로 전이시킨다.

게임을 시작하면 처음에는 몬스터의 힘이 강하지만(차이가 발생) 시간의 변화(레벨의 변화)에 따라서 일정 비율로 그 차이는 줄어들게 된다. 그러다가 결국 차이가 발생하지 않는 구역까지 내려온다. 이를테면 차이

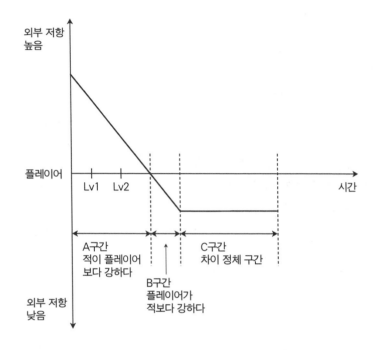

그림 3 　시간에 따른 캐릭터의 성장 과정

가 더 이상 생겨나지 않는 정체 구간이라고 할 수 있다. 이 구간에 이르면 거의 단 한 번의 공격으로 적이 사망에 이를 정도다(그림 3).

A구간이 외부 저항을 줄여나가며 플레이어가 성장하는 과정이라면, B구간은 플레이어가 본격적으로 성장의 결과를 체험하는 구간이다. B구간을 통과하면서 플레이어는 비로소 자신의 성장에 대한 보상을 경험한다. 그동안 어렵게 싸웠던 적들을 비교적 쉽게 이길 수 있고 많은 경험치도 얻게 된다. 하지만 C구간에 진입하면 경험치가 잘 쌓이지 않으면서 보상이 중단된다. 따라서 B구간이 끝나는 지점에서 다음 장소로 진입하도록 내러티브가 구성된다. 즉 C구간에 직입하기 바로 직전에 내러티브에 의해서 플레이어는 다른 장소로 이동하게 된다. 이 시점이 너무 빠르거나 늦으면 플레이어의 흥미가 떨어질 수 있다. 예를 들어 A구간이 끝나는 지점에서 다음 장소로 이동한다면 플레이어는 자신의 노력에 대한 보상을 제대로 받지 못한 채 다음 장소로 이동하게 된다.

이와 같이 〈드래곤 퀘스트〉는 이중적으로 플레이어에게 이동을 강제한다. 먼저 플레이어는 미리 설정된 내러티브에 따라 공간을 이동한다. '~을 가져오면 ~을 주겠다'는 식으로 말이다. 만약 플레이어가 디자이너의 의도를 무시하고 같은 장소에서 머무를 경우 성장의 효율성은 크게 떨어진다. 앞서 지적했듯이 한 장소에서 계속 머무를 경우(C구간) 경험치와 돈이 적게 모이기 때문이다. 그래서 〈드래곤 퀘스트〉는 플레이어의 레벨이 정체 구간에 들어설 무렵 다음 장소로 이동하게끔 내러티브를 진행시킨다. 예를 들어 '~마을로 가서 ~을 찾아줘'라는 식으로 말이다. 이렇게 내러티브에 의해서 새로운 공간으로 진입하게 된 게이머는 보다 높은 외부 저항에 부딪히게 된다. 이런 차이는 다시 시간이 지날수록 좁혀지고 차이가 발생하지 않는 구간에서 또다시 새로운 공간으로 진입하게 된다. 이런 패턴을 반복하다가 최종 보스에서 가장 강한 외부 저항을 경험한다. 즉 정체 구간이 발생하는 타이밍을 내러티브가 절묘하게 통제하는 것이 〈드래곤 퀘스트〉 레벨 디자인의 핵심이다(그림 4).

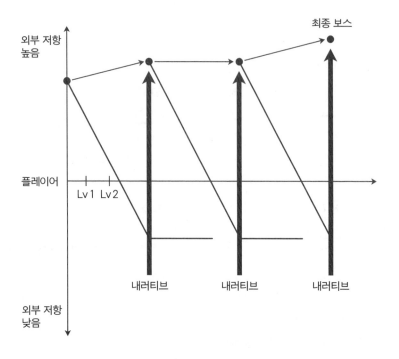

그림 4 내러티브에 의해서 정체 구간을 벗어나는 플레이어

1) 플레이어가 선택하는 외부 저항

나는 〈몬스터 헌터Monster Hunter〉라는 게임을 좋아한다. 시리즈마다 차이가 있긴 하지만 대략 한 작품당 150~200시간 정도는 즐기는 것 같다. 이 게임은 마을에서 퀘스트를 받아 해당 몬스터를 사냥하고, 그 몬스터에게 얻은 재료로 보다 강한 장비를 만들어 새로운 퀘스트에 도전하는 구조다. 시간이 지날수록 새로운 공간이 나타나지만 갈 수 있는 장소는 몇몇 지역으로 한정되어 있다. 따라서 강해진다고 늘 새로운 곳으로 모험을 떠나는 것은 아니다. 내신 새로운 몬스터가 등장한다. 장소의 식상함을 장소 안의 객체가 보완한다고 볼 수 있다. 패키지에 '수렵 액션'이라고 명기된 이 게임은 전형적인 '플레이어가 성장해야 하는' 게임이다. 캐릭터를 컨트롤해서 몬스터를 잡고, 재료를 얻어서 새로운 무기와 방어구를 만든다. 이것은 게임의 보상 체계인 동시에 더 강한 몬스터를 잡기 위한 준비 과정이다.

플레이어가 성장하는 〈몬스터 헌터〉를 캐릭터가 성장하는 〈드래곤 퀘스트〉와 비교해보면 흥미로운 차이가 발견된다. 〈몬스터 헌터〉 역시 A구간은 적이 플레이어보다 강한 구간이다(그림 3). 플레이어의 실력이 늘면서 점점 외부 저항(몬스터의 난이도)은 낮아질 것이다. 그리고 더 실력이 늘게 되면 B구간에 진입할 수 있을 것이다. 하지만 〈드래곤 퀘스트〉처럼 객관적으로 정해진 수치는 없다. 그나마 객관적인 수치를 찾아본다면 몬스터를 잡는 데 소요된 시간이 줄어드는 것 정도다. 결과적으로 시간에 따라 외부 저항이 낮아지는 것은 순수하게 플레이어의 주관적인 느낌일 뿐이다. 〈드래곤 퀘스트〉가 B구간에서 객관적인 성장이 주관적인 성장으로 전이된다면 〈몬스터 헌터〉는 그래프가 기울어지는 매 순간 주관적인 '성장'을 경험한다. 그리고 경험의 강도는 그래프상 기울기에서 발생하며, 이것은 플레이어에 따라 가변적이다. 객관적인 수치가 일정하게 증가하는 〈드래곤 퀘스트〉와는 달리, 〈몬스터 헌터〉는 짧은 시간에 급격한 실력 향상(혹은 그런 감각)도 가능하기 때문이다.

또한 〈드래곤 퀘스트〉는 C구간에서 플레이어를 다른 공간으로 이동시킨다. 하지만 〈몬스터 헌터〉에서는 플레이어가 의도적으로 C구간에 머무르는 경우가 많다. 특정 몬스터에게서만 얻을 수 있는 재료를 구하기 위해서다. 〈몬스터 헌터〉도 B구간이 끝나는 지점에서 새로운 몬스터에게 도전하면 매우 강한 외부 저항에 부딪힌다. 외부 저항을 낮추기 위해서는 강한 무기와 방어구가 필요하다. 그리고 이것을 구하기 위해서는 돈 이외에 해당 무기의 재료가 반드시 있어야만 한다. 〈몬스터 헌터〉는 내러티브에 의해서 이동하는 구조가 아니라, 매번 플레이어가 새로운 장소(더 정확히 말하면 새로운 몬스터)를 선택해 진입하는 구조다. 플레이어는 더 강한 무기나 장비를 갖추기 위해 지루한 C구간을 반복해서 경험한다. '벽옥'이나 '홍옥'처럼 극히 낮은 확률의 재료를 구할 때는 이 구간의 길이가 비약적으로 늘어난다. 그러다가 재료를 모두 구하는 순간, 게이머는 더 강한 몬스터에 도전하게 된다.

이처럼 〈몬스터 헌터〉는 내러티브가 아닌 플레이어 스스로 적정한 외부 저항의 수준을 결정한다. 그리고 플레이어의 성장은 주관적인 느낌에 의존한다. 뒤집어서 말하면 이것은 플레이어에게 명확한 보상을 제공하기가 어렵다는 것을 의미한다. 따라서 〈드래곤 퀘스트〉와는 반대로 〈몬스터 헌터〉는 주관적인 성장을 객관적인 성장으로 치환하는 방법을 사용한다. 대표적인 것이 무기와 장비를 통한 비주얼과 능력치의 변화다. 자신이 원하는 아이템 조합을 완성시키는 것이 이 게임의 플레이어에게는 최고의 보상이다. 이런 보상은 비주얼의 차이를 통해 극대화된다. 〈드래곤 퀘스트〉는 장비가 변해도 캐릭터의 외모가 달라지거나 하지는 않는다. 하지만 〈몬스터 헌터〉는 장비 하나하나의 비주얼이 모두 다르다. 그리고 강한 장비일수록 보다 화려하다. 자신의 실력이 늘었다는 것을 플레이어는 아이템의 비주얼을 통해서 객관적으로 확인하게 된다. 그리고 이런 아이템은 능력치가 높기 때문에 다음 몬스터를 보다 빨리 잡는 데 기여한다. 즉 게임의 객관적인 성장과 주관적인 성장은 상호보완적이며, 서로의 부족한 점을 채우면서 재미를 극대화한다.

성장과 보상의 빠른 쳇바퀴

플레이어의 성장과 캐릭터의 성장은 다양한 방식으로 결합된다. 그리고 그것은 장르 간의 융합으로 나타나기도 한다. 특히 RPG는 다양한 장르와 결합하면서 자신의 영역을 넓혀가고 있다. 액션 RPG 장르가 그 대표적인 사례다. 앞서 언급한 〈이스〉의 경우에는 전투가 기존의 액션 게임과 크게 다르지 않았다. 아니 오히려 보다 단순했다. 적과 정면으로 부딪치지 않고 살짝 비켜서 부딪치면 (레벨이 높을 경우) 별다른 피해 없이 적을 없앨 수 있다. 이런 종류의 액션 RPG 장르는 플레이어의 실력으로 커버할 수 있는 부분을 의도적으로 최소화한다. 플레이어의 성장이 아닌 캐릭터의 성장이 게임에서 강조되어야 하기 때문이다. 하지만 시간이 지날수록 RPG에 플레이어가 개입하는 액션의 강도는 높아지고 있다. 그 정점에 서 있는 게임이 블리자드의 〈디아블로Diablo〉가 아닌가 싶다. 〈디아블로〉는 RPG 재미의 핵심만 뽑아서 단순화시킨 게임이다. 이 게임의 스토리는 매우 심플하다. '칸두라스'라는 가상의 왕국을 배경으로 디아블로라는 어둠의 제왕을 물리치기 위해 플레이어들은 다른 악마들을 물리치며 싸우게 된다. 디아블로를 추적하는 과정에서 많은 퀘스트를 받게 되는데 대부분이 어디 가서 누구를 없애달라는 내용이다. 더 이상 단순하고 명료할 수가 없다. 플레이어는 마우스 조작만으로 적을 물리치면서 능력치를 올리고 새로운 스킬을 얻는다. 물론 이 과정에서 마을과 던전을 수없이 왕복해야 한다. 비좁은 인벤토리 창을 최대한 활용해 던전에서 아이템을 주워 담고, 더 이상 담을 수 없을 만큼 모으면 포털을 열고 마을로 돌아온다.

이렇듯 게임 자체는 단순하고 심플하지만 유저에게 정밀한 컨트롤을 요구하며, 성장 과정도 매우 복잡하게 설계되어 있다. 어떤 스킬을 선택하느냐에 따라 같은 캐릭터라도 그 특성이 완전히 달라진다. 심지어 스킬을 잘못 찍어서 처음부터 다시 플레이하는 사람들도 있다. 게다가 〈디아블로〉의 던전은 매번 새롭게 생성된다. 던전의 구조는 매번 다르게 생성되지만, 모든 던전이 '랜덤'이기 때문에 '생성된다'는 관점에서 모든 던전은 동일하다. 그래서 〈디아블로〉에서 새로운 세계나 장소는 큰 의미가 없다. 즉 〈디아블로〉는 새로운 세계를 모험하는 것보다 자신의 캐릭터를 강하게 만드는 것, 아이템을 갖춰서 보다 어려운 난이도에 도전하는 것이 궁극적인 목표다. 과거 게임이 새로운 세계를 경험하기 위한 조건으로 '성장'을 내걸었다면 〈디아블로〉는 '성장' 자체가 목표가 된다. 세계나 공간은 그 성장을 위한 배경이나 소품이 된다. 또한 〈디아블로〉는 성장에 대한 보상으로 화려한 비주얼을 선택했다. 다양한 스킬이 현란한 액션과 마법으로 재현된다. 이러한 재현(공격)의 결과로 캐릭터는 다시 경험치를 쌓는다. 성장과 보상의 쳇바퀴가 너무나 심플하게 돌아가는 게임, 그래서 플레이어를 정신없이 붙잡아두는 게임이 바로 〈디아블로〉다.

성장에 수반되는 고통 혹은 통과의례

지금까지 살펴본 RPG의 '성장' 코드는 오늘날 수많은 게임 속에 녹아 있다. 성장은 필연적으로 노력과 고통을 요구한다. 그 과정이 힘들면 힘들수록 성장의 보람도 크다. 액션 RPG는 성장에 필요한 통과의례로 조작 능력을 요구한다. 정교한 조작을 통해 효과적으로 적을 물리치면 경험치를 얻게 되고, 결과적으로 캐릭터의 레벨이 오르게 된다. 이런 식으로 RPG는 오늘날 거의 대부분의 게임에 성장의 모티프를 집어넣었다. 이것이 전체 게임에 가져온 변화는 게임 플레이 시간의 증가, 그리고 게임 리소스의 효율적인 재활용이다. 캐릭터를 성장시키게 되면서 게임 플레이 시간은 이전에 비해 비약적으로 증가했다. 그리고 게임 리소스를 보다 효율적으로 활용할 수 있게 되었다. 캐릭터가 고정된 게임은 대체로 장소(스테이지)가 변한다. 장소는 캐릭터에 비해 훨씬 더 손이 많이 가는 작업이다. 하지만 RPG는 한정된 장소에서 캐릭터의 변화를 추구함으로써 리소스의 효율을 극대화시킨다.

전략 시뮬레이션 장르에 RPG를 접목한 SRPG 장르는 이미 패미콤 시절부터 인기를 얻었다. 〈파이어 엠블렘Fire Emblem〉[6] 시리즈가 대표적이다. SRPG는 맵에 다양한 캐릭터를 배치해서 전략적인 승부를 펼치는 방식으로 구성되는데, 플레이어는 해당 캐릭터들을 성장시키면서 매번 전투를 승리로 이끌어야 한다. 장기로 비유하면 장기 말 하나하나의 경험치를 쌓아 그들을 성장시키면서 진행하는 방식이다. 최근에는 FPS 게임에 RPG 요소를 도입해 점진적으로 캐릭터를 성장시키는 구조를 사용하기도 한다. RPG는 플레이어가 성장해야 하는 게임 산업에 캐릭터의 성장이라는 코드를 주입시켰다. 그렇게 함으로써 마치 영화처럼 상황을 주시하고 지켜보는 플레이를 가능하게 만들었다. RPG는 플레이어의 능동적인 참여의 수준을 조절함으로써 능동적인 플레이에 익숙하지 않은 사람들도 게임 속으로 끌이들이는 데 성공했다. 이는 게임 매체가 지속적인 성장을 해나가는 원동력이 되었다.

RPG가 게임의 성장을 이끌었다는 것에 대해서는 이의가 없다. 다만 한 가지 지적하고 싶은 것은 보상을 담보로 한 지나친 고통의 강요다. 앞서 언급했듯이 성장은 언제나 고통을 필요로 한다. 이는 현실의 '통과의례'와 유사한 것이다. 대체로 보상이 빠르게 발생하지 않으면 유저는 그 고통을 감내하는 것을 포기해버린다. 은행 적금을 만기까지 기다리지 못하고 깨버리는 성질 급한 사람들이 있는 것처럼 말이다. 그러나 게임은 너무나 희박하고 먼 보상인데도 쉽게 포기할 수 없도록 만든다. MMORPG를 살펴보면 대부분 처음에는 레벨이 빨리 오른다. 그러다가 중반 이후를 넘어가면 플레이어에게 엄청난 시간을 강요한다. 처음부터 이 정도의 시간을 요구했다면 아예 포기했겠지만 레벨 1부터 착실하게 학습하며 성장한 플레이어는 이 고통을 온몸으로 받아내려 한다. 게임 업체는 이런 방식으로 유저의 시간을 빼앗아간다. RPG의 성장 시스템은 오늘날 게임이 그저 무의미한 반복으로 얼룩지는 데 일정 부분 기여하고 있는 셈이다. 성장은 고

6   SRPG 장르의 효시가 된 게임으로 플레이어는 매 스테이지마다 지도 위에 캐릭터를 배치하여 전투를 승리로 이끌어야 한다. 기본적으로 턴방식 시뮬레이션이지만 각 캐릭터들은 레벨이 오르면서 차츰 성장해나간다. 캐릭터가 전투에서 죽으면 다시 부활할 수 없는 게임으로 유명하다.

통을 필요로 하지만 모든 고통이 전부 의미 있는 성장으로 이어지는 것은 아니다. 당신의 성장이 의미 있는 성장통이 되려면 성장 이후에 얻어지는 것이 과연 무엇인지 꼼꼼하게 저울질할 필요가 있다. 그러한 능력을 현실에서 단 1포인트라도 올렸을 때 우리는 실천적 게이머로서 진정한 성장을 이루게 될 것이다.

7 게임과 플레이어 사이의 거리
— 시뮬레이션 게임의 리얼리즘

시뮬레이션의 애매성

〈삼국지Romance of the Three Kingdoms〉, 〈심시티Sim City〉, 〈플라이트 시뮬레이터 Flight Simulator〉, 〈그란 투리스모Gran Turismo〉, 〈프린세스 메이커Princess Maker〉, 〈스타크래프트〉. 앞에 붙는 수식어는 조금씩 다르지만 이런 게임들을 게임 업계에서는 '시뮬레이션' 장르라고 부른다. 관습적으로 묶어놓은 이름이긴 하지만 나는 가끔 공주를 키우는 일과, 비행기를 조종하는 일, 도시를 개발하는 일 사이에서 넘을 수 없는 벽을 느끼곤 한다. 이처럼 서로 다른 경험들이 어째서 하나의 장르로 묶이고 있는 걸까? 시뮬레이션 게임 앞에 수많은 수식어가 붙는 것은 그만큼 이 장르가 불분명하고 애매하다는 것을 방증한다. 비행 시뮬레이션, 드라이빙 시뮬레이션, 스포츠 시뮬레이션, 전략 시뮬레이션, 건설 시뮬레이션, 역사 시뮬레이션, 연애 시뮬레이션, 경영 시뮬레이션……. 시뮬레이션 장르는 끝없이 자신의 하위 장르를 만들어냈고 지금도 그 영역을 넓혀가고 있다. 끝없이 파생되는 이 장르는 '시뮬레이션'인 동시에 '시뮬라크르'인지도 모르겠다. 시뮬레이션은 동사 시뮬레이트simulate에서 파생된 단어다. 그 안에는 '모의 훈련하다', '모의 실험하다'는 의미가 담겨 있다. 그렇다면 모든 게임은 기본적으로 시뮬레이션의 형식이 아닌가? 어차피 모든 게임이 현실에 있을 수 없는 것을 가상으로 체험하도록 도와주는 것이니 말이다. 그렇다면 왜 일반적인 액션, 어드벤처, RPG 게임은 시뮬레이션이라고 불리지 않는 것일까? 시뮬레이션과 비非시뮬레이션을 나누는 기준은 무엇일까?

우리는 비시뮬레이션의 특성을 통해 시뮬레이션의 특성을 유추해볼 수도 있을 것이다. 〈슈퍼 마리오〉를 마리오의 모험을 재현한 시뮬레이션 게임이라고 칭하지는 않는다. 하지만 만일 키가 작은 마리오가 운동과 식이요법을 통해 자신의 신체를 성장시키는 과정을 각종 수치로 쪼개서 게임으로 만든다면 어떨까? 재미의 문제는 일단 제쳐두고 말이다. 뭔가 육성 시뮬레이션의 느낌이 나지 않는가? 물론 〈슈퍼 마리오〉 게임에서는 버섯을 먹는 단순한 행위로 이런 사건을 순식간에 재현한다. 이를테면 '키가 자란다'라는 하나의 현상을 재현하기 위해 게임은 다른 규칙과 방법을 적용할 수 있는 것이다. 시뮬레이션 게임은 다만 이 과정을 보다 구체적이고 객관적으로 드러내기 위해 노력한다. 이 '구체적'이라는 것은 그래픽의 디테일이 아닌 게임에서 제공하는 정보량이 많다는 것을 의미한다. 맥루한식으로 말하면 시뮬레이션 게임은 비시뮬레이션 게임에 비해 정세도(정보량)가 높다. 시뮬레이션 게임은 하나의 사건을 잘게 쪼개서 많은 요소로 나누고 그것들 사이의 관계 맺기를 통해 의미를 만들어낸다. '객관적'이라는 것은 재현되는 상황을 플레이어가 일정한 거리를 둔다는 것을 의미한다. 시뮬레이션 게임은 플레이어를 3인칭 관찰자의 입장으로 만든다. 이것은 플레이어와 캐릭터의 거리를 좁히기 위해 노력하는 비시뮬레이션 게임들과 명확히 구분되는 지점이다. 물론 이것만으로 시뮬레이션의 경계를 결정할 수는 없다. 내가 할 수 있는 것은 차이점을 밝히면서 끝없이 경계에 가까워지는 것뿐이다. 하지만 시뮬레이션 장르의 정체성을 밝히는 과정에서 컴퓨터게임의 특성을 드러낼 수 있을 거라고 믿는다. 분명한 것은 시뮬레이션의 장르를 구분하는 것은 '소재'의 문제가 아니라 소재를 표현하는 방법의 문제다. 이것이 끊임없이 새로운 시뮬레이션 장르가 만들어지는 이유이기도 하다.

시뮬레이션 게임이 재현하는 것은 그 앞에 붙은 수식어와 일치한다. 그것은 주로 '전략'이나 '경영' 시뮬레이션처럼 거시적인 집단을 통솔해야 하는 영역을 다루지만 '연애' 시뮬레이션처럼 극히 사소하고 일상적인 영역을 다루기도 한다. 다른 게임들도 비슷하겠지만 특히 시뮬레이션 장르는 게임의 '결과'보다 '과정'이 중요하다. 그리고 플레이어의 수많은 행위가 '병렬적'으로 모여서 하나의 전체 사건을 구성한다. '병렬적'이라는 것은 플레이어의 행위와 사건이 정해진 인과율에 따라 순차적으로 발생하지 않는다는 것을 의미한다. 예컨대 〈심시티〉에서 게이머는 자기가 원하는 도시를 건설하기 위해 도로를 깔고 건물을 짓고 세율을 조정하는 등 다양한 일들을 수행한다. 이러한 일들이 축적되어가는 과정에서 '도시 건설'이라는 통합 결과물이 만들어지는데, 이를 위한 개별 행위들은 딱히 정해진 순서가 없다. 도로를 깔고 건물을 짓든, 건물을 짓고 도로를 깔든 그것은 플레이어의 자유다. 하지만 비시뮬레이션 장르에서는 목표로 가기 위해 해야 할 행위들이 '직렬적'으로 나타난다. 이야기는 주로 스테이지 단위로 구성되며 플레이어의 행위는 대체로 앞뒤에 놓이는 사건과 이어져 있다. 시뮬레이션 장르의 '병렬적' 구성은 RPG에서 퀘스트를 선택하는 '병렬적' 구성과 차이가 있다. 퀘스트는 이야기의 덩어리들이다. 유저는 이야기를 선택할 수 있지만 이것들은 결국 모여서 하나의 서사 줄기를 만들어낸다. 하지만 시뮬레이션은 모든 선택이 상호독립적이며 전체 목표를 위한 데이터베이스로 존재한다. 이는 본질적으로 시뮬레이션 게임의 재현 방식이 대상과의 '동일시'보다는 대상과의 '거리 두기'에 기초하고 있기 때문이기도 하다.

대체로 비시뮬레이션 장르는 하나의 플레이어가 한 명의 캐릭터를 조작하는 방식을 취한다. 때문에 플레이어의 행위는 화면 속의 캐릭터를 제어하는 데 집중된다. 게임의 인터페이스 역시 플레이어와 캐릭터의 동일시를 전제로 설계된다. 플레이어가 조작하는 버튼에 맞춰 캐릭터는 열심히 뛰어다닌다. 사건은 주인공 캐릭터를 중심으로 발생하며 각 사건들이 모여서 거대한 이야기를 향해 나아간다. 최종적으로 게임은 특정 캐릭터의 '성장' 혹은 적대 세력의 '소멸'이나 갈등의 '해소'로 마무리된다. 시뮬레이션 게임은 하나의 플레이어가 여러 캐릭터, 혹은 유닛을 제어하는 방식을 취한다. 그래서 특정한 캐릭터가 만들어내는 사건의 기승전결이 아닌, 수많은 세부 요소들이 모여서 만들어내는 사건의 메커니즘이 강조된다. 〈프린세스 메이커〉는 플레이어가 직접 공주가 되어 왕자와 결혼하는 여정을 그리지 않는다. 이 게임은 아버지의 입장에서 수많은 요소를 관리/제어하여 딸을 공주로 키워내는 과정이 강조된다. 〈스타크래프트〉에서 플레이어는 직접 고스트가 되어 저그의 본진을 박살내는 것이 아니라 수많은 테란 유닛을 조작해 전투를 승리로 이끌어야 한다. 하나의 가상 경험을 구체화

시키는 수많은 현실 행위들의 조합. 그 과정은 시뮬레이션 장르의 본질이
자 컴퓨터게임의 출발점이다.

동시 조작의 어려움

대부분의 게임은 플레이어가 조작할 수 있는 하나의 캐릭터를 제공한다.
다시 말해 게이머는 대개 하나의 주체를 가진다. 플레이어는 캐릭터와 자
신을 동일시하며, 이 대상과의 인터랙션을 통해 게임에 몰입한다. 만약 제
어해야 할 대상의 수가 자신의 통제 범위를 넘어서면 그만큼 난이도는 높
아지고 나아가 몰입 또한 중단될 수도 있다. 사실 기술이 발전하지 않았던
초기에는 하나 이상의 개체를 제어하는 것조차 쉽지 않았을 것이다. 예전
게임들이 복수의 유닛을 어떻게 재현했는지를 우리는 몇몇 게임들을 통
해 살펴볼 수 있다. 과거 아케이드 게임들 중에는 메인 캐릭터를 서포트하
는 캐릭터가 있었다. 예를 들어 코나미의 슈팅 게임 〈그라디우스Gradius〉는
아이템을 모아서 메인 캐릭터의 분신 격인 '옵션'을 장착할 수 있다. 이 옵
션은 플레이어가 이동하는 궤적을 그대로 따라다니며 플레이어를 돕는다.
모두 네 개까지 장착 가능한데 이 옵션들은 플레이어가 따로 조작하는 것
이 아니라 프로그램에 의해 '자동화'되어 있다. 옵션들은 적에게 공격당해
도 죽지 않기 때문에 플레이어는 자신의 캐릭터 조작에만 신경 쓰면 된다.
옵션은 말 그대로 '옵션'일 뿐 주체의 조작에 어떤 관여도 하지 않는다. 만
약 사방에서 적이 몰려드는 상황에서 이 옵션들을 모두 조작해야 한다면
아마도 플레이어는 무지한 디자이너를 원망하면서 게임을 떠날 게 분명하
다. 비슷한 시기에 발매된 슈팅 게임 〈알타입〉은 기본적으로 분리 가능한
서포트 유닛을 제공한다. 이 게임 역시 서포트 유닛을 떼었다 붙였다 할
수 있을 뿐 플레이어의 컨트롤은 불가능하다.
    이 두 가지 슈팅 게임처럼 플레이어의 '컨트롤'이 중요한 아케이드 게
임은 움직일 수 있는 개체의 수가 극히 제한되어 있다. 만약 동시에 다수의
개체를 움직여야 할 때는 어쩔 수 없이 그만큼의 인력이 투입되어야 한다.

다수의 플레이어가 함께 즐기는 2~4인용 게임들이 바로 그런 게임들이다. 캡콤의 슈팅 게임 〈사이드암Side Arms〉은 조작할 수 있는 개체가 철저하게 분리되어 있던 아케이드 게임의 특징을 잘 보여준다. 〈사이드암〉의 주인공은 두 대의 로봇이다. 이 게임은 특정 아이템을 얻으면 두 대의 로봇이하나의 로봇으로 합체하는 시스템을 갖고 있다. 두 사람이 각자 컨트롤하던 두 캐릭터는 합체 이후 한 사람만 조작할 수 있도록 바뀐다. 많은 개체를 통제한다는 것은 적어도 아케이드 게임에서는 꿈같은 이야기였다. 이것이 본격적으로 가능해진 것은 콘솔이나 PC 게임이 등장하면서부터다. 〈드래곤 퀘스트 3〉나 〈위저드리〉 같은 턴방식 RPG에 와서야 비로소 게이머는 여러 명의 캐릭터를 조작할 수 있었다. 비결은 '턴방식' 특유의 시간 개념 때문이다. 아무리 기술이 발전해도 인간의 지각 능력과 신체적인 능력은 발전하기 어렵다. 결국 실시간으로 동시에 조작하는 것은 불가능하다는 얘기다. 턴방식 RPG는 캐릭터의 행동 처리 시간을 조작해서 이 문제를해결했다. 즉 플레이어가 명령을 내리는 시점과 캐릭터가 행동하는 시점에차이를 둔 것이다. 게이머가 여러 캐릭터에게 이런저런 명령을 내리면 캐릭터들은 그 명령을 한꺼번에 처리해서 화면상에 재현한다. 직관적인 조작을 통해 반응하던 개체들은 '명령어'라는 텍스트를 통해서 매개된다. 그리고 그만큼 플레이어와 캐릭터의 심리적인 거리는 멀어진다. 아울러 플레이어는 한 캐릭터의 분신이 아니라 전체 파티의 생존을 책임지는 대장의 역할을 맡게 된다. 대상을 조작하는 문제는 결국 대상과의 거리 두기 문제로자연스럽게 전이된다.

　시뮬레이션 게임은 이처럼 플레이어가 통제했던 하나의 주체를 여러 가지 객체로 확장하는 과정이라고 할 수 있다. 앞서 〈드래곤 퀘스트 3〉의 전투 장면처럼 플레이어가 모든 캐릭터를 하나하나 통제하고 제어하기위해서는 게임 세계의 시간이 현실과 다르게 적용되어야 한다. 즉 비실시간으로 작동되어야 한다. 체스나 장기를 생각하면 쉽다. 체스는 모든 말을플레이어가 통제할 수 있지만 동시에 여러 말을 움직이지는 않는다. 자신의 턴에 하나의 유닛만 움직인다. 이러한 각 행동을 조합해서 전체의 전황

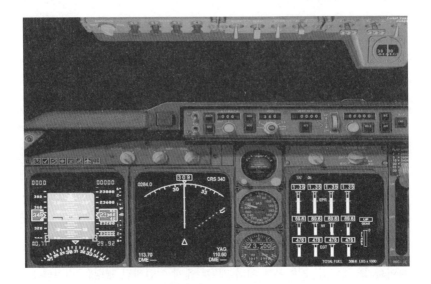

그림 1 〈플라이트 시뮬레이터〉

을 승리로 이끌고 가는 것이 체스 게임의 목표다. 시스템소프트의 〈대전략大戰略〉, SSI의 〈컴퓨터 비스마르크Computer Bismarck〉, EA의 〈아칸Archon〉 같은 초기 시뮬레이션 게임들은 보드게임과 유사한 외형을 갖고 있었는데, 이는 그 자체로 보드게임의 규칙과 경험을 재현한 것이자 여러 개체를 동시에 컨트롤할 수 없었던 기술적 한계를 반영하는 것이었다. 다수의 유닛을 동시에 컨트롤하는 경험은 훗날 〈듄 2Dune 2〉와 함께 RTS 장르가 대중화되면서 비로소 가능해졌다. 사실 RTS는 각 캐릭터의 행동을 인공지능을 통해 자동화할 수 있었기 때문에 가능했다. 시뮬레이션 게임이 진화하면서 게임은 새로운 표현 영역을 구축했다. 기존의 동일시에 의한 체험이 아니라 거리 두기에 의한 체험. 이것은 대상을 관조한다는 의미에서 보다 심미적인 체험에 가깝다. 또한 정지된 시간은 게이머가 더 깊이 생각할 시간을 제공했다. 기존의 게임이 안수협응眼手協應, eye-hand coordination에 주로 의지했다면 시뮬레이션 게임은 조작을 최소화하고 어떤 선택을 해야 하는지 고민하도록 만들었다. 이는 아케이드 게임이 발전시켰던 게임의 문법을 뒤집는 일종의 룰 혁명이었다.

시뮬레이션의 기원

시뮬레이션 장르의 기원을 우리는 몇 가지 갈래로 추정해볼 수 있다. 하나의 출발점은 〈플라이트 시뮬레이터〉로 대표되는 비행 시뮬레이션 게임들이다. 원래 항공기 시뮬레이터는 공군에서 파일럿을 양성하기 위해 사용되었다. 기록에 의하면 이미 제2차 세계대전이 발발하기 전부터 상업용 비행 시뮬레이터가 사용되었다고 한다. 링크Link에서 제작한 '블루박스'는 제2차 세계대전 이전부터 종전 때까지 1만 대 가량이 생산되어 50만 명 이상의 조종사를 양성했다. 군용으로 사용되던 비행 시뮬레이터가 게임 영역으로 넘어오게 된 것은 1980년대에 개인용 PC가 보급되면서부터다. 컴퓨터의 대중화는 PC 게임 시장을 열었는데, 비행 시뮬레이션 게임도 당시 인기를 모았던 장르다. 이미 아케이드 센터에서 〈배틀존Battle Zone〉과 같은 탱크 게

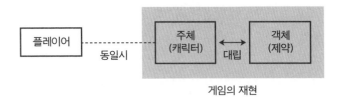

그림 2 〈타임 파일럿〉의 플레이 구조

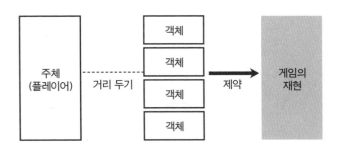

그림 3 〈플라이트 시뮬레이터〉의 플레이 구조

임이 인기를 얻은 바 있었으니 비행 시뮬레이터가 게임으로 발매되는 것도 시간 문제였으리라. 〈플라이트 시뮬레이터〉는 이런 게임 중 가장 사실적인 것으로 평가받았던 작품이다. 이 게임은 브루스 아트윅이 1975년 발표한 논문 「다목적 컴퓨터 — 생성 역학 비행 디스플레이」에서 비롯되었는데 이 작업이 지속적으로 전개되어 1979년 서브 로직에 의해 게임으로 발매되기에 이르렀다.[1] 당시 많은 비행 시뮬레이션 게임들이 군용 전투기를 소재로 다뤘는데 이 게임은 특이하게도 민간 항공기를 소재로 다뤘다. 오직 비행기를 이륙시키고 정해진 장소까지 날아가서 착륙하는 순수한 '비행' 경험의 재현에 초점을 맞춘 것이다.

　　비행 시뮬레이션 게임의 속성을 이해하기 위해 비행기를 소재로 제작한 두 가지 게임을 생각해보자. 하나는 아케이드 게임 〈타임 파일럿Time Pilot〉이고 또 하나의 게임은 앞서 언급한 〈플라이트 시뮬레이터〉다. 둘 다 비행기를 조종하는 게임이지만 전자와 후자가 구분되는 지점은 조작 방식과 그로 인한 재현의 방식이다. 〈플라이트 시뮬레이터〉는 조작 과정이 현실의 비행기 조작과 유사한 코드로 진행된다. 이 게임은 실제 비행기의 움직임과 조작 방법을 거의 '그대로 재현'하고 있다. 플레이어는 수십 개의 키보드 버튼을 마치 계기판처럼 사용해 자신의 비행기를 움직여야 한다.[2] 〈타임 파일럿〉의 플레이어는 화면 한가운데 놓인 작은 비행기에 자신의 의식을 투사한다. 플레이어가 조작해야 할 대상은 뚜렷한 단일 이미지로 존재하며 조이스틱으로 직관적인 조작이 가능하다(그림 2). 하지만 〈플라이트 시뮬레이터〉는 화면에 조작해야 할 뚜렷한 대상이 존재하지 않는다. 보이는 것은 복잡한 계기판과 그 너머로 보이는 바깥 풍경뿐이다. 게이머가

1　　러셀 드 마리아 · 조니 L. 윌슨, 『게임의 역사』, 제우미디어, 2002, 243쪽.

2　　비행 시뮬레이션 게임이 주로 PC 플랫폼으로 발매된 것은 무엇보다 키보드라는 인터페이스 때문이었다. 키보드의 수많은 버튼은 복잡한 항공기의 계기판을 사실적으로 재현할 수 있도록 돕는다.

앉아 있는 현실 공간은 이를테면 비행기의 조종석이다. 그는 자신이 조작해야 하는 대상 안에 이미 들어와 있다. 물리적인 거리를 생각해보면 〈타임 파일럿〉은 플레이어와 대상과의 거리가 멀고, 〈플라이트 시뮬레이터〉는 그 거리가 가깝다. 하지만 심리적인 거리는 그 반대로 작동한다. 비행기를 움직이기 위해서는 계기판 하나하나를 세밀하게 조작해야만 한다. 통제해야 하는 객체가 많아지면서 의식은 분산된다. 자연스럽게 플레이어는 그 다수의 객체들에 일정한 거리를 두게 되고 상황을 거시적으로 조망하는 입장에 선다(그림 3). 마치 플레이어는 직접 연기하는 배우가 아닌 배우들을 조율하는 감독의 입장이 되는 것이다. 따라서 시뮬레이션 게임의 의미 생성 구조는 아래 그림처럼 아케이드 게임과 다른 방식으로 형성된다.

이상의 내용을 정리하면 비행 시뮬레이션 게임의 특징을 다음과 같이 정리할 수 있을 것이다.

① 현실의 '리얼한' 재현
② 통제 가능한 다수의 객체
③ 거시적인 시점에서 전체를 조율

최초 〈플라이트 시뮬레이터〉의 목적은 최대한 현실에 가깝게 '비행'을 재현하는 것이었다. 하지만 아무리 리얼하게 재현하더라도 현실을 100퍼센트 완벽하게 재현하는 것은 불가능하다. 특히 컴퓨터 성능이 뒷받침되지 못했던 시절에 〈플라이트 시뮬레이터〉는 모든 사물을 간단한 벡터 그래픽으로 표현할 수밖에 없었다. 그럼에도 불구하고 이 게임이 '사실적'이라고 인정받은 이유는 이 게임이 그래픽이 아닌 '비행의 과정'에 초점을 맞추고 있었기 때문이다. 즉 시뮬레이션 게임에서의 '사실성'은 게임의 결과로 나타나는 이미지가 아니라 그 이미지를 만들어내는 과정의 '사실성'이라고 할 수 있다. 또한 그 사실성은 '얼마나 사실적인가'보다는 '얼마나 사실적으로 느끼는가'의 문제다. 나아가 그 느낌이 얼마나 재미있고 흥미로운지가 더 중요하다. 결국 게임의 리얼리즘은 모방이 아닌 인식의 문제로 귀결된다.

② 통제 가능한 다수의 객체와, ③ 거시적인 시점에서 전체를 조율하는 것은 소재가 비행기의 조작이었기 때문에 자연스럽게 생겨난 부수적인 것들이었다. 그런데 〈플라이트 시뮬레이터〉 이후 '시뮬레이션'이라는 이름이 붙은 게임들은 이 두 가지 조건들을 나름대로 재해석하면서 발전했다. 즉 비행기를 움직이기 위한 도구에 지나지 않았던 여러 객체가 저마다 다른 의미를 갖게 되면서 시뮬레이션 게임은 확장될 수 있었다. 계기판의 수많은 버튼은 2차 대전의 병기가 되거나(〈대전략〉) 딸을 키우는 데 필요한 여러 가지 데이터로(〈프린세스 메이커〉) 바뀌었다. 즉 위의 세 가지 조건 중에서 ①번은 부수적인 요소로 전락하고(다시 말하지만 객관적인 사실성이란 존재하지 않는다), ②번과 ③번 조건이 시뮬레이션 게임을 구성하는 필수 요소로 부각되었다. 사실 이런 조건을 만족시키는 시뮬레이션 게임의 또 다른 뿌리는 보드게임이나 워게임 같은 턴방식의 전략 게임이다. 체스는 시뮬레이션 게임의 조건을 모두 만족하는 훌륭한 게임이다. 말판과 말로 이루어진 체스는 실제 전쟁을 상징적으로 표현하고 있다. ①번 조건에는 부합하지 않지만 통제 가능한 여러 개의 객체가 있으며 플레이어는 전장(말판)을 거시적인 시점에서 파악하여 전쟁을 승리로 이끌어야 한다. 이런 게임 방식을 컴퓨터로 옮겨놓은 것이 전략 시뮬레이션 장르라고 할 수 있다. 즉 오늘날 시뮬레이션 게임의 기원은 비행 시뮬레이션과 턴방식 워게임에서 찾아볼 수 있으며, 그 근원에는 사실적 재현, 객체의 조작, 플레이어와의 거리 등의 특성이 내재되어 있다.

게이머의 거리 - 조망하는 플레이어

게임은 어쨌거나 플레이어의 행위와 화면상의 재현, 그 둘 사이의 끝없는 피드백이다. 따라서 게임을 작동시키는 디자인의 관건은 플레이어를 재현되는 세계에 붙잡아두는 것이다. 게임에서 재현되는 이미지는 플레이어에게 특정한 행동을 요구한다. 너무 까다로운 행동을 요구하면 플레이어는 포기하고 게임 세계를 떠나버릴 것이다. 너무 쉬운 행동을 요구해도 플레

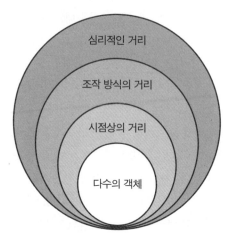

그림 4   시뮬레이션 게임에서 발생하는 '거리 두기'의 층위

이어는 지루함을 느끼고 게임 세계를 떠나버릴 것이다. 너무 쉽지도 어렵지도 않은 상태가 지속되는 것. 칙센트미하이는 이것을 '몰입flow'이라고 불렀다. 한편 컴퓨터게임의 장점은 게임 진행에 필요한 행동이 대부분 프로그램에 의해서 자동으로 처리되는 것이다. 플레이어는 간단한 조작으로 보다 많은 행위를 재현하고 관찰할 수 있다. 예컨대 윈도우에 있는 '카드놀이'는 카드를 섞고 분배하고 뒤집는 과정이 모두 클릭으로 간단하게 해결된다. 우리는 아날로그 카드놀이보다 똑같은 시간에 더 많은 게임을 더 간편하게 즐길 수 있다. 불필요하게 버려지는 시간이 사라지는 만큼 게임의 피드백 시간은 빨라지고 그만큼 더 몰입하게 된다. 그렇다면 시뮬레이션 게임은 게이머에게 어떤 행동을 요구하는가? 게이머의 행동을 어떤 방식으로 처리해서 화면에 보여주는가? 시뮬레이션 게임은 플레이어에게 행동을 요구하지만 그 행동이 곧바로 가시적인 결과로 드러나지는 않는다. 〈삼국지〉에서 치수 공사를 실행해도 외형적으로 달라지는 것은 아무것도 없다. 〈프린세스 메이커〉에서 교육 메뉴를 선택해도 이것이 엔딩에 어떤 영향을 주는지는 알 수 없다. 모든 선택과 행동은 데이터로 환산되고 이것이 조금씩 모여서 최종적인 결과를 향해 나아간다. 이것은 비시뮬레이션 장르에 비해 꽤 느린 피드백이다. 그럼에도 게이머가 게임 세계를 떠날 수 없는 것은 결과에 대한 궁금함이다. 그리고 이를 증폭시키는 것은 모든 귀찮은 계산들을 컴퓨터가 대신 해주기 때문이다. 모든 것을 컴퓨터에게 맡긴 채 플레이어는 자신의 선택에 의해서 변화하는 세계를 관찰하며 즐거움을 느낀다. 모든 게이머의 의식 속에는 행동하는 플레이어와 조망하는 플레이어의 모습이 중첩되어 있다. 시뮬레이션 게임은 이 중에서 조망하는 플레이어의 모습에 더 치중한 장르라고 할 수 있다.

시뮬레이션 장르는 가정용 비디오게임기로 발매되지 않는 경향이 있다. 이는 하드웨어의 성능보다는 인터페이스 때문이다. 십자버튼으로 대표되는 가정용 콘솔의 게임패드는 기본적으로 하나의 유닛을 효율적으로 제어하기 위한 장치다. 반면 컴퓨터의 마우스는 여러 유닛을 동시에 제어하기에 매우 효율적이다. 또한 키보드는 사용자가 직접 문자나 숫자를 입력

할 수 있으며, 키보드의 버튼 하나하나를 할당해 개별적으로 활용할 수도 있다. 마우스를 사용하는 유저 인터페이스는 개체를 직접 조작하지 않고 포인터를 움직여서 간접적으로 제어하는 방식을 취한다. 모든 동작은 커서를 통해서 매개된다. 시뮬레이션 게임에서는 화면 시점 차원에서뿐만 아니라 조작 차원에서도 '거리 두기'가 발생하는 것이다. 이러한 시점과 조작의 '거리 두기'를 통해서 최종적으로는 게이머와 화면 속 대상 사이에 심리적인 거리가 발생한다. 각각의 유닛은 타자화되며, 전체 목적을 위해서 희생되는 존재로 그려진다. 앞서 언급했듯이 시뮬레이션이라는 말에는 모의 '실험'이라는 의미가 담겨 있다. 실험은 실험자가 일정한 실험 환경과 조건 하에서 피실험자의 변화를 관찰하는 행위다. 그리고 과학적인 실험일수록 객관성이 담보되어야만 한다. 즉 시뮬레이션 게임은 실험자의 입장에서 거리를 두고 객관적으로 관찰하는 게임이다. 대상과의 물리적·심리적 거리가 멀어진다는 점에서 극단적으로 발생한다는 점에서 다른 놀이와 구별된다(그림 4).

문학에서 1인칭과 3인칭이 있는 것처럼, 영화에서 다양한 앵글이 존재하는 것처럼, 게임에서도 시점이라는 것이 존재한다. FPS라는 장르명 안에는 이미 1인칭first-person이라는 말이 포함되어 있다. 게이머의 시점에서 진행되는 FPS 장르는 플레이어와 게임 속 조작 대상과의 거리가 0에 가깝다. 플레이어의 조작행위는 캐릭터의 육체적 행위가 직접적으로 닿아 있다. 점프하고, 이동하고, 방아쇠를 잡아당기는 모든 세부 행위는 하나의 캐릭터를 제어하는 데 집중된다. 대개 게임의 시점은 이미지의 표현하는 방식으로 구분된다. 플레이어의 시점에서 진행되는 것은 1인칭, 화면 안에 플레이어가 조작할 수 있는 캐릭터가 보이면 3인칭으로 명명된다. 하지만 그래픽 기술이 발전하면서 이제 하나의 고정된 시점을 사용하는 게임은 드물다. 〈WOW〉 같은 게임은 마우스를 사용해 자유롭게 거리와 시점을 바꿀 수 있다. 게이머는 자신의 취향에 따라 1인칭으로 즐길 수도 있고 3인칭으로 즐길 수도 있다. 사용자가 능동적으로 자신의 시점을 결정할 수 있다는 점이야말로 오늘날 컴퓨터게임의 강점일 것이다. 작품을 바라보는 물리적인 시점을 내가 결정한다는 것. 이것은 단순한 소비자 시점이 아니라 생산자 시점에서 작품을 바라본다는 것을 의미한다.

시점에서 자유로워지면서 이제 물리적인 거리보다는 심리적인 거리가 더 중요해졌다. 그리고 게임의 심리적인 거리에 대해서는 과거의 고정 시점을 사용하던 시절에도 종종 연구 대상이었다. 헨리 젠킨스는 아이들이 3인칭으로 묘사된 〈슈퍼 마리오〉를 플레이했던 경험을 묘사할 때 '나'라는 표현을 사용한다고 지적한다. 비록 이미지는 3인칭이지만 그 캐릭터를 직접 조작하는 과정에서 그 경험은 '나의 경험'이 된다. 즉 슈퍼 마리오의 심리적인 거리는 1인칭에 가깝다고 할 수 있다. 심리적 거리는 같은 게임에서도 상황별로 다르게 나타난다. 대상을 통제할 때는 거리가 좁혀지고 통제할 수 없을 때는 멀어진다. 예컨대 캐릭터가 죽거나 게임이 잠시 중단될 때 우리는 캐릭터 바깥으로 빠져나온다. 마찬가지로 시뮬레이션 게임은 여러 객체를 동시에 통제하면서 플레이어의 시선은 분산되고, 하나의 캐릭터에 흡수되어 있던 게이머는 마치 유체이탈을 하듯이 그 캐릭터에서 빠져나온다. 그와 동시에 자신의 분신이었던 캐릭터는 여러 개체 중 하나, 즉 유닛이 된다.

시뮬레이션 게임의 리얼리즘

원래 컴퓨터는 복잡한 계산을 위해 만들어졌다. 그런 기계가 우연한 기회에 놀이를 위한 도구로 전유되었다. 기술은 간혹 원래 개발 의도와는 다르게 시장에서 소비되곤 한다. 컴퓨터게임 역시 컴퓨터 기술이 우연치 않게 다른 방식으로 활용된 사례다. 대개 이렇게 모습이 바뀐 기술은 자신의 원래 모습을 숨기려고 한다. 게임은 점점 자신의 모습을 불투명하게 만들면서 계산기로서의 본래 모습을 지워나갔다. 가정용 게임기는 확실히 PC보다 계산기의 모습이 덜하다. 닌텐도 위Wii에 이르면 컨트롤러조차 TV 리모컨을 닮았다. 그런데 다른 한편으로 게임은 '계산기'라는 컴퓨터 본연의 능력을 충실히 드러내려고 한다. 마치 '나는 매우 복잡한 계산을 수행하고 있거든, 그러니 당신에게 현실과 최대한 비슷한 결과를 보여주겠어'라고 얘기하는 듯하다. 재밌는 것은 많은 게임에서 '계산 능력＝재현 능력'으로 인식된다는 점이다. 멋진 그래픽, 빠른 엔진 등의 기계적 성능은 현실적인 그래픽, 사실적인 묘사 등의 현실 구현 능력으로 치환된다. 이것은 게임회사가 자사의 게임을 홍보할 때 자주 강조하는 내용이기도 하다.

　게임에서 현실을 재현하는 것은 두 가지 차원으로 구분할 수 있다. 하나는 현실의 비주얼과 작동원리를 재현하는 것이다. 그래픽이나 물리법칙을 논하는 것은 이 층위에 해당한다. 또 다른 하나는 현실의 지식과 정보를 재현하는 것이다. 게임 내용의 정확성과 합리성을 논하는 것은 이 층위에 해당한다. 나는 전자를 물리 재현, 후자를 정보 재현이라고 부르도록 하겠다. 예를 들어 2차 세계대전을 묘사한 게임이 있다고 치자. 이 게임에서 전장을 묘사하는 그래픽, 폭탄의 폭발 효과, 병사의 몸에서 흐르는 피가 얼마나 실제와 비슷한지 따지는 것은 물리 재현의 차원에서 게임의 리얼리즘을 논하는 것이다. 하지만 게임에 사용된 무기가 당시 독일군이 사용했던 무기인지, 시나리오가 역사적 사실과 일치하는지를 논하는 것은 정보 재현의 차원에서 게임의 리얼리즘을 논하는 것이다. 결국 사실적인 게임이란 물리 재현과 정보 재현을 동시에 추구하면서 이를 유저의 기대치까지 끌어올리는 게임이라고 할 수 있다. 시뮬레이션 게임에서는 두 가지 재현 층위 중에서 정보 재현이 좀 더 강조된다. 실제 역사에 바탕을 둔 전략 시뮬레이션 게임에서는 당시의 국가 관계와 전황을 사실적으로 다루는 데 치중하고 비행 시뮬레이션 게임이나 드라이빙 시뮬레이션에서는 실제 비행기나 자동차의 정보가 얼마나 충실하게 반영되었는지를 중시한다. 만약 게임이 허구의 이야기를 소재로 다루더라도 이 두 가지 재현은 중요하다. 게임에서의 재현이란 현실을 얼마나 정확하게 묘사했는가보다는 얼마나 납득할 수 있도록 묘사하는가의 문제이기 때문이다. 〈스타크래프트〉 같은 SF 게임에서 세 종족에 대한 상세한 설정은 우리로 하여금 머리를 끄덕이게 만든다. 영화나 소설이 그렇듯 게임 역시 관객을 빠져들게 하기 위해서는 그 작품이 제시하는 세계에 대해서 관객의 동의를 얻어야만 한다.

시뮬레이션 게이머는 사실적인 게임을 원한다. 하지만 그들이 정말 100퍼센트 사실적인 게임을 원할까? 모든 게이머는 자신이 즐거울 수 있는 범위 안에서의 현실성을 원한다. 현실과 100퍼센트 동일한 게임이 과연 재미가 있을까? 만약 현실을 정말 충실히 재현했다면 그것은 이미 현실이지 게임은 아니다. 그리고 게이머는 동어반복에 불과한 '현실 재현 콘텐츠'에 자신의 시간과 돈을 지불하지 않을 것이다. 베리 애킨스는 『More Than a Game』에서 시뮬레이션 게임의 리얼함에 대해 다음과 같이 얘기한다.

> 플레이어는 그것이 게임이라는 것에 대한 충분한 이해를 가지고 게임을 플레이한다. (……) 우리는 시뮬레이션 게임에서 정확함을 기대한다. 그러나 우리는 현실과 구별할 수 없는 어떤 것을 기대하거나 요구하지는 않는다. 난기류를 만났을 때 흔들리는 설정을 갖춘 플레이어는 없다. 플레이어들은 그런 설정을 원하지도 않는다. 그것은 즐거운 엔터테인먼트를 가볍지 않은 어떤 것으로 바꿔버리기 때문이다. (……) 그것은 단지 게임일 뿐이다. 그리고 그것이 우리가 게임을 플레이하는 이유다.[3]

모든 비행 시뮬레이션 게임이 리얼함을 추구하지만 그렇다고 완전 현실과 동일한 리얼함을 추구하지는 않는다. 게임은 어떤 세계를 재현할 때 현실에서 여러 조각을 가져와 재조립한다. 어떤 게임도 현실의 모든 조각을 다 사용하지는 않는다. 자신의 게임적 재미를 극대화시킬 수 있는 조각을 '취사선택'한다. 그리고 몇몇 조각은 현실보다 과장되기도 한다. 우리는 몇몇 조각을 보고 현실과의 유사성을 느낄 수도 있다. 하지만 조각을 구성하고 있는 전체 모습을 바라보면 그것은 분명 현실과 다른 모양을 하고 있을 것

3   Barry Atkins, *More Than a Game: The Computer Game as Fictional Form*, Manchester University Press, 2003, p.139.

이다.

사실 게임의 기본 메커니즘은 현실의 규칙을 선별해 성공과 실패가 가능하도록 가공하는 것이다. 유저가 수행해야 할 미션을 단순하고 명확하게 제시하고 그 해결 방법을 제시한다. 이 해결 과정에서 다양한 감정이 발생한다. 그것은 대체로 현실에서 맛보기 어려운 것들이다. 이를테면 영웅이 되어 세계를 구하거나 문명을 발전시켜서 세계를 정복할 수도 있다. 게임은 현실에 기반하고 있지만 모든 성취감의 근원은 판타지다. 결국 게임의 리얼리즘이란 현실과 환상 그 사이 어딘가에 있다. 예스퍼 율은 비디오게임을 플레이하는 것이 가상세계를 상상하면서 동시에 현실 규칙과 상호작용하는 것이라며, 'half-real'이라는 용어를 사용하기도 했다.[4] 시뮬레이션 게임은 현실에 기반한 '사실성'을 강조한다는 점에서 'real'에 좀 더 치중한 'half-real'이라고 할 수도 있겠다. 게임의 진정한 힘은 이 현실과 가상 사이에서 현실 자체를 가공하거나 바꿔볼 수 있다는 점이다. 시뮬레이션 게임은 바로 그런 것을 가능하게 만드는 장르다.

데이터를 수치화할 수만 있다면 컴퓨터는 빠르게 그 결과값을 알려줄 수 있다. 시뮬레이션 게임은 여러 요소를 수치화하여 유저가 현실을 통제할 수 있도록 하고, (현실보다) 짧은 시간에 유저의 행위의 결과를 알 수 있도록 제시한다. 〈심시티〉 같은 게임이 대표적이다. 유저는 다양한 도시를 짧은 시간에 건설할 수 있고, 그 도시에서 사람들이 어떻게 살아가는지 금방 확인할 수 있다. 게임의 구성 요소들이 많을수록, 그 조합이 복잡할수록 시뮬레이션의 가치는 높아진다. 물론 이것이 재미로 연결되는지는 별개의 문제지만 말이다. 이때 각각의 구성 요소들은 현실 세계에서 차용한 것들이다. 구성 요소는 병사나 건물처럼 구체적인 형태를 가질 수도 있지만 '매력'이나 '무력'처럼 추상적인 형태를 가질 수도 있다. 〈삼국지〉에서 여포라는 인물은 매력이 낮고 무력이 높은 인물로 표현되는데 이는 소설 『삼국지』의 캐릭터를 게임 나름의 방식으로 재해석한 결과다.

프로그램은 물리적 현실이 지닌 특성들을 특정한 요소로 구분하고

통합하여 가상의 현실을 재구성하는 기본 자료로 삼는다. 우리가 시
뮬레이션 게임에서 마주치는 인물의 능력을 지력과 무력, 매력 등으
로 나누는 관행은 그 자체가 인간의 복합적인 성질을 단순화하여 제
시하는 분석적 정신의 산물이며, 그것들이 수치로 표시된다는 것도
게임의 세계를 가상화하기 위한 불가피한 조처다.[5]

게임은 현실 세계를 일정한 데이터로 분해하여 재구성한다. 현실을 최대
한 반영하고자 하지만 어쩔 수 없는 간극은 존재하기 마련이다. 무력, 지
력, 매력 등의 몇 가지 수치로『삼국지』인물의 복잡한 내면과 품성까지 모
두 드러낼 수는 없는 노릇이다. 한 개인의 삶은 데이터로 단순화될 수 없
기 때문이다. 게임은 데이터로 단순화하는 과정에서 분명 잃어버리는 것이
존재한다. 대신 데이터 가공을 통해 해당 요소를 유저가 통제할 수 있게
된다. 유저 역시 이 사실을 알고 있다. 때문에 게임이 보여주는 '사실적' 재
현은 완벽한 재현이 아니라 어느 정도 수준에서 합의된 재현이다. 그리고
단순화된 사실성 덕분에 우리는 수십 명의 장수를 구분하고 통제할 수 있
다. 만약 〈삼국지〉 게임에서 장수 한 명 한 명이 진짜 인간처럼 자신의 개
성을 드러내고, 군주가 이를 모두 컨트롤해야 한다면 아마도 게이머는 마
우스를 던져버릴지도 모른다(그럼에도 포기하지 않는다면 게임을 하는 대
신 현실의 군주가 될 것을 권한다).

생각하는 기계, 게이머
주변 사람들에게 '계산적'이라는 얘기를 듣는다면 그다지 좋은 기분은 아

---

4   Jesper Jull, *Half-Real: Video Games between Real Rules and Fictional Worlds*, MIT
     Press, 2005, p.1.
5   최유찬,『컴퓨터게임의 이해』, 문화과학사, 2002, 30쪽.

닐 것이다. 세계는 계산적으로 움직이지 않는다. 예측할 수 없는 사건들이 그저 우연히 마주칠 뿐이다. 세계를 움직이는 것은 그 무수한 충돌이다. 계산적 인간이기를 거부하는 심리 속에는 자신이 이 세상의 법칙에서 벗어나 있다는 두려움이 깔려 있다. 계산적으로 살아가는 것은 무척 피곤한 일이다. 아무리 계산을 잘해도 미처 계산할 수 없는 변수들이 자꾸 끼어들기 때문이다. 하지만 게이머는 늘 계산적이며, 그 과정에서 즐거움을 얻는다. 게임의 세계에서는 '계산적'인 것이 당연한 일상이다. 예컨대 〈슈퍼로봇대전Super Robot Wars〉 같은 턴방식 시뮬레이션 게임에서는 모든 적을 3턴 이내에 없애기 위해 적어도 이번 턴에서는 몇 이상의 데미지를 입혀야 한다는 생각이 머릿속을 맴돈다. '타워디펜스' 장르의 게임에서는 적이 가장 많은 피해를 입을 만한 곳에 가장 효율적인 디펜스 건물을 배치해야 한다. 많든 적든 게임을 하는 데는 계산이 필요하다. 계산의 강도와 빈도를 결정하는 것은 운의 개입 여부다. 플레이어의 계산 범위를 넘어서서 운이 개입하는 게임은 예측보다 순간순간의 피드백이 강조된다. 캐주얼 게임의 대명사 〈비주얼드Bejeweled〉는 의도적으로 머리를 써서 계산을 한다고 해서 딱히 게임 결과가 좋아지지 않는다. 한두 번이야 계산할 수 있겠지만 도형의 패턴 자체가 워낙 복잡할뿐더러 자신이 블록을 없앤 자리에 어떤 블록이 채워질지도 알 수 없다. 같은 도형 세 개가 나열되는 형태가 아니라면 아예 이동 자체가 불가능하니 실수를 고민하지 않아도 된다. 플레이어는 복잡하게 계산할 필요 없이 순간순간 보석이 사라지는 즐거움만 누리면 된다. 만약 게임이 끝나더라도 그것은 플레이어의 실력 탓이 아니다. 그저 운이 없었기 때문이다.[6] 하지만 일반적인 시뮬레이션 게임은 이런 운의 개입이 최소화되어 있다. 결국 충분한 시간을 들여서 유저가 정확한 계산을 할 경우 게임은 승리할 수 있게 디자인된다.

물론 실시간 시뮬레이션Real Time Simulation, RTS 장르는 예외다. 시뮬레이션 장르는 수많은 파생 장르를 만들어냈다. 〈듄 2〉에서 시작된 RTS는 기존의 턴방식으로 진행되던 시뮬레이션에 실시간이라는 개념을 결합한 장르다. 한국에서 선풍적인 인기를 모은 〈스타크래프트〉가 바로 대표적

인 RTS 장르다. RTS는 〈디아블로〉와 같은 실시간 액션 RPG에 그 뿌리
를 두고 있다. 그러다 보니 유닛을 '컨트롤'한다는 개념이 자연스럽게 녹아
들어 있다. 〈대전략〉이나 〈삼국지〉 같은 턴방식 시뮬레이션 게임은 유닛의
세부적인 움직임을 통제할 필요가 없다. 어디로 이동할 것인지 어떤 적을
공격할 것인지 명령을 내리면 나머지는 자동으로 진행된다. 〈스타크래프
트〉 역시 소위 '어택땅'이라는 것이 있어서 이동 중에 적을 만나면 자동으
로 전투가 벌어진다. 하지만 대부분의 플레이어는(특히 프로게이머는) 전
투가 발생했을 때 관찰하는 것에서 멈추지 않는다. 플레이어는 유닛 하나
하나를 조직하면서 전투를 유리한 국면으로 가져가기 위해 개입한다. 그
러다 보니 〈스타크래프트〉 게이머의 육체적인 피로도는 다른 게임에 비해
훨씬 높다.

　　RTS에서 흥미로운 것은 심리적인 거리의 줌-인, 줌-아웃이다. 〈스
타크래프트〉에서 게임 초반에 빌드를 올리고 정찰을 하고 전략을 구상하
는 것은 일반적인 전략 시뮬레이션 게임과 비슷하다. 하지만 유닛과 유닛
이 만나면서 전투가 시작되면 플레이어는 곧바로 유닛을 컨트롤하기 시작
한다. 이때는 심리적인 거리가 무척 가까워진다. 마치 아케이드 게임을 하
듯이 유닛을 조작한다. 그러다 생산 유닛이 다수가 되면 컨트롤할 수 있는
범위도 줄어든다. 예를 들어 게이머가 A라는 전장을 조작하는 중이라면,
B라는 전장은 조작할 수 없다. 다만 프로게이머는 두 공간 사이를 굉장히
빨리 오가면서 마치 두 공간 모두를 컨트롤하는 것처럼 보일 뿐이다. 마치
만화 『드래곤 볼』의 캐릭터가 손을 빨리 움직여서 여러 개의 손으로 보이
도록 만드는 것처럼 말이다. 어쨌거나 우리는 모든 행동을 순차적으로 처
리할 수밖에 없다. 하나의 방향으로 흘러가는 시간선상에서 우리는 직렬
처리의 메커니즘을 따를 수밖에 없다. 병렬 처리가 불가능하다면 방법은
앞서 언급했듯이 신체적인 운동 속도를 높이는 것뿐이다. 어느 순간 게임

6　　그레고리 트레프라이, 『캐주얼 게임 디자인Casual Game Design』, 와우북스, 2011, 146쪽.

의 상위 클래스는 손이 빠른 사람들로 가득 찬다.

　이러한 RTS를 제외하면 대체로 시뮬레이션 게임은 유저가 캐릭터를 컨트롤하는 것보다 머릿속에서 다양한 대안적 세계를 만들어내는 데 치중하도록 구성된다. 게임에서 하나의 선택은 그에 대응하는 결과를 만들어내며, 이는 게임의 세계를 다른 방향으로 전개시킨다. 대안적 세계란 플레이어가 그 선택을 하지 않았을 경우 만들어지는 또 다른 세계다. 로푸터스는 『Mind at Play』에서 우리가 게임에 빠져드는 이유가 '유감' 때문이라고 했다.[7] 게이머는 실수하는 순간, 곧바로 그 실수를 하지 않았을 경우를 상상한다. '아! 저기서 점프를 했으면 살았을 텐데……'라는 식으로 말이다. 게이머가 이런 생각을 하는 동안 게임이 다시 시작된다. 실수하기 바로 전 상황에서 게임은 다시 시작된다. 이제 게이머는 자신의 실수를 수정할 수 있다. 그리고 조금 전 상상했던 대안적 세계를 현실로 불러올 수 있다. 이것이 일반적인 게임의 모습이다. 그런데 시뮬레이션 게임은 조금 다르다. 작은 선택은 계속 누적되고 결과는 대개 시간이 지난 뒤에 비로소 조금씩 드러나기 시작한다. 그러다 보니 모든 선택은 신중하게 이뤄진다. 계산에 계산을 거듭해 모든 선택이 이뤄진다. 시뮬레이션 게임에서 컴퓨터의 '계산적 속성'은 플레이어에게 전이된다. 박근서는 들뢰즈의 개념을 가져와 플레이어를 '게임 기계'라고 명명한다. 플레이어는 게임에서 여러 작업을 반복하는 가운데 차이를 발생시키는데 이것은 특정한 흐름을 절단하고 채취하는 과정이라는 것이다.[8] 시뮬레이션 게임의 유저는 신체를 이용한 반복보다는 대안적 세계를 생각하고 최선의 결과를 찾는 데 주력한다. 마치 컴퓨터처럼 말이다. 그런 점에서 게이머는 '게임 기계'인 동시에 '생각하는 기계'라고도 할 수 있다. 문제는 인간의 계산 능력이다. 컴퓨터는 계산(정확하게는 연산이겠지만)에 많은 시간이 필요하지 않다. 하지만 인간은 매 계산에 훨씬 더 많은 시간과 고민이 필요하다. 하지만 고민은 새로운 세계를 창조하는 과정이기에 즐거울 따름이다. 혹자는 게임 '따위'를 고민하는 데 왜 현실의 소중한 시간을 허비하냐고 말한다. 하지만 이렇게 되묻고 싶다. 게임 세계를 성공으로 이끌기 위해 생각하는 기계. 그리고 현실의 같은 일을 반복하는 노동하는 기계. 과연 어느 쪽이 더 행복한 것이냐고. 게임이 우리에게 알려주는 것은 어쩌면 현실에서 생각하는 기계로 사는 방법이 아닐까?

7   Geoffrey R. Loftus · Elizabeth F. Loftus, *Mind at Play*, Basic Books, New York, 1983.
8   박근서, 『게임하기』, 커뮤니케이션북스, 156쪽.

8 게임과 시간
— 게임과 죽음의 문제[1]

영화의 시간과 게임의 시간

많은 예술 형식들은 시간과 지속 시간을 이용해서 의미를 생산한다. 예컨대 춤, 음악, 드라마, 소설은 모두 시간 속에서 일어나는 운동이고 소리이며 행위다.[2] 안느 위베르스펠드는 연극이 가지고 있는 기본적인 두 개의 시간성에 대해 다음과 같이 설명한다.

> 극 텍스트가 제기하는 근본적인 문제는 시간 속에 그 텍스트가 포함된다는 사실이다. 마치 무대 안의 공간과 무대 밖의 공간, 그리고 이 두 공간 사이에 기호들의 도치가 이루어지는 공간, 다시 말해 관객의 공간인 매개 영역에 있듯이, '극 행위' 속에는 확연히 구별되는 두 개의 시간성이 있다. 그것은 상연의 시간성과 상연되는 극 이야기의 시간성이다.[3]

영화의 움직이는 이미지 또한 시간 속에서 구성되는 이미지이며, 위에서 언급된 두 가지 시간성에서 크게 벗어나지 않는다. 회화나 조각을 경험하는 것과는 달리 영화를 경험하는 것은 어떤 방식으로든 관객이 시간의 흐름을 인식할 것을 요구한다. 영화의 시간은 이야기 행위 자체에 소요되는 '상영 시간running time'과 이야기 자체의 시간인 '영화 내적 시간screen time'을

---

1 이 글은 졸고 『컴퓨터게임의 서사 연구: 시간 활용을 중심으로』의 제3장 '컴퓨터게임의 시간 활용' 부분을 수정·보완한 것임.

2 토마스 소벅·비비안 소벅, 『영화란 무엇인가』, 거름, 1998, 110쪽.

3 안느 위베르스펠드, 『연극 기호학』, 문학과지성사, 1988, 189쪽.

모두 포함하고 있다. '상영 시간'은 영화가 스크린에서 공간을 차지하는 시간이고, '영화 내적 시간'은 영화의 행위나 사건이 재현하는 서사의 시간을 말한다.

영상매체로서 영화와 어느 정도 유사성을 보이는 컴퓨터게임도 수용 과정에서 필연적으로 시간과 결부되기 때문에 이중적인 시간 구조를 가진다. 게임의 경우 영화의 상영 시간은 '플레이 시간'으로 영화 내적 시간은 '게임 내적 시간'으로 각각 환치시켜 볼 수 있다. 하지만 게임이 시간을 활용하는 방식은 영화와 다른 모습을 보인다.

> 게임에서 공간의 표현은 어느 정도 고전 서사 영화의 연속선상에 있지만, 시간은 그렇지 않다. 즉, 이미 구성되고 폐쇄적이며 변할 수 없는 서사 형식(영화에서 경험하는 것)과 게이머가 진행하면서 사건—미리 계획된 '조건과 가능성의 틀'에 따라 결정되기는 하지만—이 실시간으로 구성되는 형식은 대조적인 것이다.[4]

위 인용문에서 앤드류 달리는 게임이 유저에 의해 실시간으로 구성된다는 점에서 영화와 구별된다고 주장한다. 예스퍼 율 또한 그의 논문 「Games Telling Stories?」에서 게임의 시간성은 전통적인 서사 방식과 다르게 작동한다고 언급한 바 있다.[5] 그는 크리스티안 메츠의 말을 인용해 이야기 시간과 담화의 시간 사이에는 기본적인 거리[6]가 있으며 서사는 그 사건들 사이의 거리나 비동일성에 크게 의지하고 있다고 보았다. 그런데 컴퓨터게임에서는 이런 시간들 사이의 거리가 존재하지 않는다. 플레이어가 화면 속의 오브제에 영향을 끼칠 수 있기 때문에 주어진 사건이 과거이거나 혹은 시간적인 순서가 앞설 수 없다. 예를 들어 〈둠Doom〉에서 컨트롤키를 누르면 장착된 무기를 사용할 수 있고 그것은 게임의 세계에 영향을 끼친다. 이런 방식으로 게임은 서술 시간과 관객 시간이 동시에 일어나는 이야기 시간을 구성한다. 이미 발생하고 있는 사건에 영향을 끼치는 것은 불가능하다. 이것은 상호작용성과 이야기가 공존하기 어렵다는 것을 의미하는 동

시에 게임이 플래시백이나 플래시포워드 같은 기본적인 이야기 방법을 수
행하지 않는다는 것을 의미한다. 따라서 율은 게임이 항상 연대기 순으로
구성된다고 주장한다.

그러므로 텍스트가 완결된 영화에서는 생산된 이야기의 시간성이 상
영 시간보다 더 중요하다(그림 1). 상연 시간은 단지 이야기를 전달할 뿐이
며 관객에 의한 조작이나 변형이 불가능하다. 만약 부분적으로 조작이나
변형이 가능하더라도 우리는 그렇게 감상한 작품을 올바르게 감상했다고
여기지 않을 것이다.[7] 하지만 게임은 플레이어의 행위를 포함하기 때문에
게임 내적 시간보다는 오히려 플레이 시간이 더욱 중요할 수 있다(그림 2).
무엇보다도 게임에서는 수용 과정에서의 조작이나 변형이 가능하고 그것
이 게임에서 새로운 의미를 만들어내기 때문이다.

플레이 시간은 플레이어가 게임을 시작해서 모든 과정을 끝낼 때까
지의 물리적인 시간, 다시 말해 게임 시작 시간부터 엔딩까지 소요되는 시
간을 말한다. 영화의 상영 시간이 감독이 의도한 대로 일정하게 정해진 것
과 달리 게임의 플레이 시간은 규정되지 않은 지극히 주관적인 시간이다.
게임을 끝낼 때까지 소요되는 시간은 플레이하는 사람의 스타일에 따라
제각각이며 끝없이 스코어 경쟁을 유도하는 게임도 흔히 볼 수 있다. 플레
이 시간은 게임의 종류에 따라 다양하게 사용되는데, 크게 실시간Realtime
방식과 비실시간Non-realtime 방식으로 구분된다.

---

4   앤드류 달리, 『디지털 시대의 영상 문화』, 현실문화연구, 2003, 203쪽.
5   Jesper Juul, "Games Telling Stiories?", www.gamestudies.org, volume 1 issue 1, 2001.
       김원보·최유찬 공편, 『컴퓨터게임과 문화』, 이룸, 2005, 155쪽에서 재인용.
6   서사에서 이야기 시간은 필연적으로 담화의 시간보다 시제가 앞선다. 서사는 이러한
       시차를 이용해 다양한 의미를 생산한다.
7   어떤 사람이 비디오라는 매체를 통해 영화를 감상할 경우 자기가 보고 싶은 것만
       골라서 감상하는 등의 부분적인 조작 행위가 가능하기는 하다. 하지만 이 사람은
       보편적인 관점에서 그 영화를 제대로 봤다고 할 수 없다. 전통 예술에서는 텍스트를
       순서대로 처음부터 끝까지 수용해야만 작가가 가진 원래 내용을 습득할 수 있다는
       암묵적인 관례가 존재하기 때문이다.

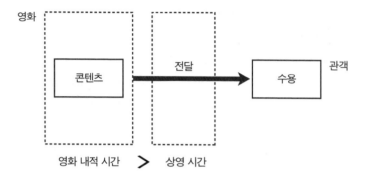

그림 1 영화의 두 가지 시간

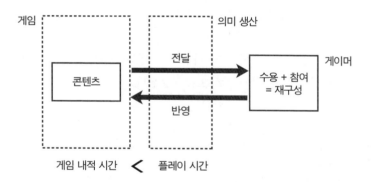

그림 2 게임의 두 가지 시간

반면 게임 내적 시간은 게임 속의 이야기 시간으로 게임의 내러티브 영역에서 다루고 있는 시간을 말한다. 예를 들어 〈삼국지〉는 역사 속의 중국 삼국 시대라는 실재 시간을 게임 속에서 한 달(전투 시에는 하루) 단위로 제공하며, 〈페르시아의 왕자〉에는 '공주를 구하라'는 내러티브를 위해 현실 시간 60분을 제공한다. 〈슈퍼 마리오〉나 〈원숭이 섬의 비밀〉은 겉으로 드러나는 현실 시간이 없지만 소설이나 영화처럼 미리 설정된 내러티브 속에 허구적인 시간성을 포함하고 있다. 심지어 게임 중에는 내러티브가 거의 배제된 채 현실 시간만 사용하는 경우도 있다. 스포츠 게임이 그 내표적인 예가 될 것이다. 〈위닝 일레븐Winning Eleven〉은 축구 게임으로 한 게임에서 45분이라는 현실 시간을 다루고 있다. 물론 이 시간은 현실 시간과 완벽하게 일치하는 것은 아니다. 게임 내적 시간은 대체로 현실 시간보다 압축되어서 표현된다. 〈삼국지〉의 1년은 대개 몇 분 동안에 지나가버리며 〈위닝 일레븐〉 역시 45분의 시간이 현실 시간의 10분이나 15분으로 축소되어 재현된다. 또한 〈퐁〉이나 〈지뢰 찾기Win Mine〉, 〈테트리스Tetris〉 등은 아예 내러티브 자체가 존재하지 않는다. 이처럼 게임의 내러티브 시간은 현실 시간을 차용했는가 혹은 그렇지 않은가에 따라 현실 유인 허구 시간 Realtime-Induced Fictional Time, RIFT과 순수 허구 시간Pure Fictional Time, PUFT으로 구분해볼 수 있다.

게임에서 나타나는 시간성

1) 플레이 영역에서의 두 가지 시간성
플레이 영역에서는 실제 플레이어가 게임을 진행하는 과정이 얼마나 현실 시간의 흐름과 유사한지에 따라 실시간 방식과 비실시간 방식으로 구분된다.

(1) 실시간Realtime 방식
초기 컴퓨터게임은 게임의 진행 시간과 플레이어의 체험 시간이 일치하는 형태로 나타났다. 아케이드 게임의 플레이 시간은 동전을 넣고 게임이 시작되어서 끝날 때까지의 시간과 일치한다. 무작정 흘러가는 현실 시간을 인간이 통제할 수 없는 것처럼 컴퓨터게임들도 그런 현실 시간의 흐름에 던져져 있었다. 그리고 게임 속의 세계가 끝을 향해 치닫고 있다는 점에서 현실 시간과 어느 정도 유사성이 있었다.

예를 들어 〈퐁〉은 컴퓨터가 알아서 공을 던져준 뒤에 정해진 스코어가 되면 자동적으로 게임이 끝난다. 또 〈스페이스 인베이더〉는 서서히 내려오는 침입자들이 화면 하단에 도착하면 게임 오버가 되며 〈테트리스〉역시 블록들이 한계선까지 쌓이면 끝나버린다. 모니터 밖의 플레이어가 별다른 조작을 하지 않더라도 이미 게임 속의 시간은 진행되어 끝을 향해 치닫고 있는 것이다. 이것은 당시 상업화된 컴퓨터게임의 수익 증대를 위해 어떻게든 정해진 시간에 게임을 강제적으로 종료시켜야 했던 것과 무관하지 않다. 어쨌든 이처럼 '게임 플레이가 현실 시간과 유사한 시간성 속에서 진행되는 것'을 '실시간' 방식이라고 칭하도록 하겠다.[8]

위 정의의 핵심은 '현실 시간과 유사한 시간성'이라는 부분이다. 다시 말해 어떤 게임이 실시간 게임이냐 아니냐를 구분하는 기준은 개별 게임이 이 정의에 부합되는가를 따져보아야 한다. 그렇다면 실시간 게임을 정의하기 위해 먼저 현실 시간이 가지고 있는 특징을 찾아내야 할 것이다.

첫째, 현실 시간은 인간의 의지와는 무관하게 흐른다. 우리는 시간의 흐름에 그저 던져져 있을 뿐 어떠한 인위적인 조작이나 거부가 불가능하다. 같은 의미에서 실시간 게임의 플레이 시간 역시 플레이어의 의지와 무관하게 흐르며 그 역으로도 정의가 가능하다. 그러면 게임에서 시간이 흐른다는 것은 어떻게 표현되는가? 시간의 흐름은 매우 추상적인 개념이다. 우리는 태양의 움직임 같은 현실의 구체적인 변화를 통해서 그것을 간접적으로 인식할 뿐이다. 이 추상적인 것을 우리 눈에 보이도록 구체화한 것이 '시계'라는 도구다. 움직이는 초침의 위상 변화 혹은 숫자의 변화를 통해 우리는 시간의 흐름을 하나의 이미지로 느낄 수 있다. 게임 역시 이런 점에서 현실과 유사하게 시간을 인식한다. 게임 화면에 시간을 나타내는 도구가 표시되어 있거나 시간을 표시하지 않더라도 게임 속 개체들의 움직임 혹은 위상의 변화를 통해서 게임 시간의 흐름을 하나의 이미지로 느낄 수 있다. 또한 이 변화가 하나의 의미를 생산할 때 우리는 그것을 명확하게 인식할 수 있는 것이다. 예컨대 〈퐁〉에서 공의 움직임이 없다면, 〈테트리스〉에서 블록이 떨어지지 않는다면 게이머는 결코 시간의 흐름을 인지할 수 없다. 〈슈퍼 마리오〉의 경우에는 화면 상단에 시간이 표시되어 있어서 보다 구체적인 시간의 흐름을 느낄 수 있다. 다시 원점으로 돌아와서, '플레이어의 의지와 무관하게 흐른다'는 것은 앞의 그림 2의 경우처럼 플레이 시간 영역에서 콘텐츠의 '전달'과 게이머의 '반영'이라는 의미 생산 흐름이 단절되지 않는 것을 말한다.

둘째, 현실 시간은 무한하게 주어져 있는 것처럼 보이지만 사실 그 속에서 살아가는 개별 존재들에게는 늘 유한한 시간이다. 무한하게 주어지는 시간은 오히려 역설적으로 무시간성에 가깝다. 따라서 현실 시간을 반영하는 실시간 게임은 플레이어에게 유한한 시간성을 제시해야 한다. 다시 말해 게임의 '끝'이 존재해야 한다는 것이다. 그런데 게임에서 '끝'이라는 개념은 다시 두 가지 경우로 분류된다. 게임에는 일정한 목표가 있으며 대개 이 목표가 달성되거나 혹은 달성되지 못할 때 종료된다. 전자는 게이머가 흔히 말하는 '엔딩'까지 도달하는 경우이고, 후자는 게임 중에 주어진 기회를 다 소진해서 '게임 오버'가 되는 경우다. 물론 모든 게임마다 '끝'이 존재하지는 않는다. 게임이 무한하게 반복되는 경우에는 엔딩이 존재하지 않기 때문에 '끝'도 존재하지 않는다. 게임 중 게임의 '주체'에 대립하는 '타자'(적 캐릭터)가 존재하지 않는 경우에도 '게임 오버'가 불가능하기 때문에 '끝'이 존재하지 않을 수 있다. 결론적으로 '끝'이 없는 게임은 실시간 게임

---

8   '실시간'의 개념은 주로 전략 시뮬레이션 게임에서 본격적으로 사용되기 시작했다. 기존 턴방식 전략 시뮬레이션 게임이 한 번씩 행동기회를 주고받는 것이었다면 실시간 전략 시뮬레이션의 핵심은 '내가 행동하는 동안 적도 행동하는 것'이라고 할 수 있다. 즉 모든 사건은 동시에 발생하며 현실 시간의 흐름과 중첩되어 있다.

의 범주에 들어갈 수 없으며 이상의 내용을 토대로 실시간 게임의 특징을
정리해보면 다음과 같다.

① 게임 시간의 흐름은 시간을 표시하는 도구나 개체의 위상 변화를
통해서 간접적으로 게이머에게 인식된다.
② 실시간 게임은 플레이어의 의지와 무관하게 플레이 시간이 흐른다.
③ 실시간 게임은 어떤 방향으로든 게임의 유한성을 제시해주어야
한다.

상영 중에 멈출 수 없었던 영화가 VTR 기술 이후 '정지 버튼'으로 일시
정지가 가능해진 것처럼 컴퓨터게임 역시 비디오게임기와 PC가 보급되
고 나서야 일시정지가 가능해졌다. 그 이전에는 원칙적으로 게임을 중단
할 수 없었다. 또한 일시정지가 자유로워졌더라도 그것은 기계 조작에 의
해 강제적으로 멈춘 것일 뿐 게임 진행에 영향을 끼치는 것은 아니었다. 이
것은 VTR의 정지 기능이 영화의 내용에 아무런 영향을 끼칠 수 없는 것과
마찬가지다. 하지만 이런 정지 기능이 게임의 규칙으로 들어오면 게임 속
에서 의미 생산이 가능해진다. 예를 들어 〈악마성 드라큐라Castle Vania〉에서
'시계' 아이템은 주인공을 제외한 모든 개체들의 움직임을 멈추게 하여 보
다 손쉽게 적을 물리칠 수 있게 도와준다. 이때의 정지 기능은 게임 속에서
기능적으로 사용되기 때문에 강제적인 일시정지와는 그 성격이 다르다고
할 수 있다.[9]
　어쨌든 아케이드 게임으로 대표되는 실시간 게임에서 플레이어는 게
임 도중에 자신의 경험을 되돌아보고 생각하는 것이 비교적 제한되어 있
었다. 따라서 아케이드 게임 플레이어는 순간적으로 주어지는 사건들을
생각하고 유추하기보다는 감각과 반사 신경에 의존하게 된다. 이는 수용
시간을 조절할 수 있는 소설과 그 조절이 불가능한 영화 사이의 관계와 유
사하다. 전자는 독서 과정에서 심리적 시간이 보장되는 반면 후자는 영화
가 쉬지 않고 재생되기 때문에 심리적 시간이 제한되어 있다. 여기서 알 수

있는 실시간 게임의 특징은 바로 수용자의 심리적 시간을 빼앗는다는 것
이다. 그리고 현실과 유사한 시간성 속에서 상호작용의 흐름이 끊기지 않
기 때문에 정적인 게임보다는 동적인 게임이 주를 이룬다.

(2) 비실시간Non-realtime 방식

내러티브 중심의 어드벤처나 RPG 같은 게임은 놀이 요소에 치중한
아케이드 게임과는 상반된 시간 운영을 보여준다. 이에 관해서는 개별 게
임의 구조에 앞서 그것이 구동되는 플랫폼 환경에 주목할 필요가 있다. 아
케이드 게임은 수익을 위해 게이머가 되도록 빨리 자리를 털고 일어나야
했다. 제작사는 게임을 길게 만들 필요가 없었고 플레이어는 짧은 시간 동
안 충분한 재미를 느낄 수 있으면 그만이었다. 그리고 1회 플레이할 수 있
는 기회를 구입하는 것이기 때문에 소비자가 지불해야 할 비용 또한 저렴
한 편이었다. 하지만 가정용 콘솔 게임이나 PC용 게임은 소프트 가격이
비싸기 때문에 유저들은 한 번 구입하면 되도록 오래 즐길 수 있는 게임을
원했고, 제작사들 역시 이런 욕구를 충족시키기 위해 플레이 시간을 늘릴
필요가 있었다. 이러한 과정에서 자연스럽게 게임에 스토리텔링이 도입되
었다.

게임 센터에서 즐기는 아케이드 게임은 한 번 플레이할 때마다 돈이
드는 시스템이다. 따라서 손님의 이용량을 증가시키기 위해 실시간
으로 반응 속도를 겨루는 게임이 많아지는 것은 어쩔 수 없다. 이에
반해 가정에서 즐기는 PC 게임과 가정용 게임은 정해진 금액으로 패
키지를 판다. 지불한 돈의 가치만큼을 만족시키려 한다면, 반대로 말
해서 비싼 가격을 납득시키기 위해 만족도를 높이려 한다면, 용량이

---

9 플레이 영역에서 하드웨어적인 일시정지나 세이브 기능은 시간의 의미를 혼란스럽게
만들기 때문에 이 글에서 언급하는 게임 속 시간은 특별한 언급이 없는 한 이런 부분을
고려하지 않았음을 밝혀둔다.

크고 정적인 사고를 필요로 하는 게임을 만들게 될 것이다. 그러한 대대적인 퍼즐을 운용하기 위해 도입된 것이 스토리텔링이다.[10]

이야기가 본격적으로 도입되면서 게임의 플레이 시간은 비약적으로 증가했다. 따라서 오랜 시간 게임을 즐길 수 있으려면 게임의 상황을 저장할 수 있는 기술 또한 필수적이었다. 초기에는 저장매체가 마땅치 않아 패스워드 방식 등을 이용하기도 했지만[11] 자료 저장 기술이 발전하면서 이런 부분 역시 점차 보완되어갔다.

저장 기능으로 인한 플레이 시간의 확장은 게임에 두 가지의 변화를 가져왔다. 첫째는 게임의 이야기가 마치 대하소설처럼 길어질 수 있는 가능성을 열었다는 것이고, 둘째는 게임에서 죽음[12]의 의미가 축소되면서 놀이 요소의 긴장감이 상대적으로 떨어졌다는 점이다. 긴장감의 약화뿐만 아니라 이러한 임의적인 반복 가능성은 게임의 문화·예술적 입지를 약화시키는 데도 큰 부분을 차지하고 있다. 예컨대 곤잘로 프라스카는 마음에 들지 않을 경우 세이브 포인트에서 다시 시작하는 것이 게임을 심각하지 않게 만드는 가장 큰 요인이며, 이것은 또한 게이머의 선택을 하찮은 것으로 전락시킨다고 주장한다.[13]

내러티브가 강조된 최초의 게임 장르는 텍스트 어드벤처 장르다. 플레이어에게 심리적 시간을 허용하지 않는 아케이드 게임과 달리 텍스트 어드벤처 게임에서는 플레이어가 주어진 상황을 판단하고 결정을 내릴 수 있는 시간이 필요했다.[14] 때문에 텍스트 어드벤처 게임은 플레이 시간을 현실 시간으로부터 단절시켜놓았다. 즉 텍스트 어드벤처 게임에서는 플레이어의 명령이 없는 한 이야기의 진행은 정지되어 있다. 그 정지된 시간 동안 플레이어는 심리적 자유를 획득하게 된다. 시간의 단일성을 파괴하여 극적 시간의 자율성을 획득한 것이다.[15] 최초의 텍스트 어드벤처 게임 〈어드벤처〉를 예로 들어보자. 〈어드벤처〉는 플레이어가 명령어를 입력시킬 때까지 게임이 진행되지 않는다. 아래는 어드벤처 게임의 도입부다.

길의 끝.

당신은 작은 벽돌 건물 앞 길 끝에 서 있다. 당신 주변에는 숲이 있다. 작은 시냇물이 빌딩에서 나와 도랑으로 흘러내린다.

>들어가라.

건물 안.

당신은 건물 안에 있는데, 그 안에는 큰 온천이 있다.[16]

위 게임에서 플레이어는 작은 벽돌 건물 앞 길 끝에서 건물 안의 온천까지 이동했다. 만약 '들어가라'는 명령어를 입력하지 않았다면 게임이 더 이상 진행되지 않을 것이다. 이렇게 '게임 플레이가 현실 시간과 무관한 시간성 속에서 진행되는 것'을 '비실시간' 방식이라고 부르도록 하겠다.

비실시간 게임은 앞에서 정의한 실시간 게임의 반대편에 놓여 있다.

10   고토 마사루, 「게임과 스토리의 상충되는 관계」, 『격월간 게임비평 한국판』, 게임문화, 2000년 11월호, 62쪽.

11   특히 콘솔용 게임 초기에는 저장매체의 확보가 어려웠기 때문에 진행 과정을 코드화하여 유저에게 알려주는 패스워드 방식을 택하였다. 이는 〈드래곤 퀘스트〉 같은 RPG뿐만 아니라 〈록맨〉 같은 액션 게임에도 널리 사용되었다.

12   '죽는다'는 것은 게이머들 사이에서 관례적으로 굳어진 표현이며, 사실은 실제적인 죽음이 아닌 실수에 의해 도전 기회가 줄어드는 것을 말한다.

13   Gonzalo Frasca, "Don't Play It Again, Sam: One-session and serial games of narration", Digital Arts & Culture 98, http://www.lingo.uib.no/dac98/papers/frasca.html, 1998.

14   앞에서 언급했듯이 이는 최초 텍스트 어드벤처 게임의 모태가 TRPG였기 때문이다. TRPG에서는 게임마스터가 자신이 제작한 던전에 여러 가지 함정이나 수수께끼를 장치해두었는데 역할을 맡은 플레이어들은 게임 중에 서로 상의해서 그것들을 해결해야 다음 단계로 나아갈 수 있었다.

15   안느 위베르스펠드, 앞의 책, 195쪽.

16   류현주, 『컴퓨터게임과 내러티브』, 현암사, 2003, 57쪽.

154

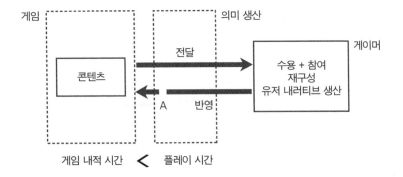

그림 3 비실시간 게임에서 '반영' 과정의 단절

즉 인간의 의지와 무관하게 흐르는 현실 시간과는 달리 비실시간 게임의 시간은 인위적으로 멈추거나 변형시킬 수 있으며 이것은 콘텐츠의 '전달'이나 '반영'의 과정에서 단절이 발생함을 의미한다. 텍스트 어드벤처 게임은 '반영'의 과정에서 단절이 발생하는 경우라고 할 수 있다. 바로 그림 3의 A부분인데, 텍스트 어드벤처에서는 플레이어가 명령어를 입력하기 전까지 게임 속 개체의 위상 변화나 의미 변화가 일어나지 않는다. 즉 현실 시간은 흘러가지만 플레이 시간은 정지되어 있는 것이다.

또한 플레이 시간의 단절이 없는 게임이라 하더라도 끝이 존재하지 않는 게임은 비실시간 게임의 영역으로 포함될 수 있다. 모든 비실시간 게임에 '끝'이 없는 것은 아니지만 적어도 '끝'이 없는 게임은 비실시간 게임의 범주에 포함되는 것이다. 그런데 게임의 플레이 시간은 게임의 재미를 위해 선택적으로 사용된다. 따라서 특정 게임에서 실시간과 비실시간은 섞여서 표현되거나 필요에 의해 번갈아가며 나타나는 것도 가능하다. 이상의 내용을 종합해보면 비실시간 게임의 특징은 아래와 같이 정리할 수 있다.

① 게임 시간의 흐름은 시간을 표시하는 도구나 개체의 위상 변화를 통해서 간접적으로 게이머에게 인식된다.
② 비실시간 게임은 게임 과정에서 플레이 시간이 멈추거나 변형된다.
③ 플레이 시간의 단절이 없는 게임이라 하더라도 끝이 존재하지 않는 게임은 비실시간 게임의 영역으로 포함될 수 있다.
④ 게임 디자인에 따라서 실시간과 비실시간이 섞여 있을 수 있다.

대표적인 비실시간 게임은 역시 턴방식으로 진행되는 전략 시뮬레이션 게임이라고 할 수 있다. 턴방식은 주체와 객체가 서로 번갈아가며 게임을 진행하는 것으로 '바둑'이나 '장기' 같은 보드게임이 대표적인 턴방식 게임이라고 할 수 있다. 초기 전략 시뮬레이션 게임, 구체적으로는 〈듄 2〉가 등장하기 전까지 모든 전략 시뮬레이션 게임은 비실시간 방식을 사용했었다.[17] 다수의 개체들을 동시에 처리하기에는 당시 컴퓨터의 성능이 따라주지 못했던 것이다. 모든 게임은 기본적으로 실시간을 추구한다고 볼 수 있다. 그것은 컴퓨터게임의 본질이 플레이어와 화면 속 개체 간의 즉각적인 상호작용에 있기 때문이다. 초기 텍스트 어드벤처나 시뮬레이션 게임들이 비실시간 방식을 사용했던 것은 이를테면 어쩔 수 없는 선택이었다. 하지만 그 어쩔 수 없는 선택이 새로운 게임의 가능성을 열었던 것이다.

극장에서 관객이 미처 생각하고 음미할 여유도 없이 이야기는 흘러가버렸다. 마찬가지로 실시간 방식의 컴퓨터게임은 플레이어가 생각할 여유를 박탈했고 플레이어의 '사유'가 자유롭지 못한 시점에서 외적 상호작용을 통한 몰입은 한층 강화될 수밖에 없었다. 〈둠〉이나 〈퀘이크Quake〉처럼 몰입을 최대한 끌어올린 실시간 게임에서 플레이어의 기억에 남는 것은 단지 '학살의 추억'뿐이다. 반면 비실시간 게임은 플레이 시간을 게임 속 시간의 흐름과 단절시킴으로써 플레이어가 '사유'할 수 있는 가능성을 제시했다. 비실시간 게임은 마치 소설을 읽을 때처럼 이야기 시간과 수용자의 심리적 시간이 서로 충돌하지 않으며 이것은 이야기를 표현함에 있어 게임의 새로운 가능성을 열어주는 것이다. 재현 시간에 수용 시간이 종속된 연극이나 영화는 수용자가 이야기의 진행에서 벗어나기 어렵다. 하지만 비실시간 게임의 경우 플레이어는 시간의 흐름에서 빠져나와 여유 있게 사유의 진폭을 넓혀갈 수 있다.[18] 다음 인용문은 게임에서 사건 사이의 '공백'이 시나리오 체험에 얼마나 중요한 영향을 미치는지 보여준다.

게임에서는 사건과 사건 사이에 무수한 공백이 존재한다. 플레이어는 한 번도 가보지 못했던 장소로 이동하거나 아이템을 찾아 헤매기도 한다. 혹은 다음 이야기의 전개를 알지 못해 여기저기 돌아다니는 일도 있다. 이것은 시간 낭비처럼 보이지만, 한편으로는 이야기에 대하여 생각할 시간을 주는 것이다. 이때 플레이어의 마음속에서 이야기는 더욱더 성숙해진다. 생각하고 탐구할 가치가 있는 시나리오와 게임 특유의 공백이 절묘하게 들어맞을 때, 그 순간이야말로 가장 이상적인 형태의 시나리오 체험이 가능해지는 것이다.[19]

2) 내러티브의 영역에서 두 가지 시간성

내러티브 영역에서의 시간성은 게임의 이야기 구조에서 현실 시간이 차용
되었는가 혹은 그렇지 않은가에 따라 현실 유인 허구 시간과 순수 허구 시
간으로 구분된다.

(1) 현실 유인 허구 시간-Realtime-Induced Fictional Time, RIFT

현실 유인 허구 시간은 현실에 존재하는 시간 개념을 빌려와서 마치
현실과 유사한 시간 흐름을 게임의 내러티브 내에 표상하는 방법이다. 내
러티브에서 표현되는 시간성은 그 게임이 실시간 게임인지 혹은 비실시간
게임인지에 따라 각각 다른 형태로 결합한다.

〈페르시아의 왕자〉는 술탄에게 잡힌 공주를 구출하는 것이 게임 전
체의 내러티브를 구성한다. 이 내러티브를 풀어나가는 과정에서 현실의 시
간 60분이 주어진다. 놀이 요소의 측면에서 실시간 게임인 〈페르시아의 왕
자〉는 내러티브에서 현실 유인 허구 시간이 그대로 게임의 규칙에 반영된
다. 따라서 60분의 시간은 이야기 시간인 동시에 플레이 시간이 된다. 즉
놀이 영역과 내러티브 영역에서 각각 실시간 게임과 현실 유인 허구 시간
이 접목될 경우에는 서로 비슷한 성질이 융합되어 게임 전체의 시간을 현
실 시간과 유사하게 흐르게 만든다.

턴방식 게임인 〈삼국지〉는 중국 대륙을 통일하는 것이 게임의 내러
티브를 구성한다. 이 과정에서 한 달 단위로 플레이어는 특정한 명령을 내
릴 수 있다. 이 게임은 놀이적 측면에서는 비실시간 게임이지만 이야기의

---

17   일본에서 제작한 〈허족 츠바이Herzog Zwei〉나 〈로드 모나크Lord Monarch〉 역시 일종의
          실시간 전략 시뮬레이션이라고 할 수 있지만 이 둘은 시뮬레이션 게임이라기보다는
          액션 게임이나 퍼즐 게임 쪽에 가깝다. 대체로 최초의 실시간 전략 시뮬레이션 게임으로
          〈듄 2〉를 제시하는 경우가 많다.
18   텍스트 중심의 어드벤처 게임이나 사운드 노벨 등은 대부분 비실시간 게임이다.
19   우즈키 아유, 「Forget me not: 파레트」 리뷰, 『격월간 게임비평 한국판』, 게임문화,
          2001년 9·10월호, 116쪽.

영역에서는 1월부터 12월까지 일정하게 현실 시간이 적용된다. 이때 플레이어가 어떤 행위도 하지 않는다면 게임의 이야기 시간은 흐르지 않는다. 즉 비실시간 게임에 현실 유인 허구 시간이 적용될 경우 그것은 게임 속에서 기능적이기보다는 단지 은유적으로 사용된다. 플레이 시간에 구속되어서 사실은 불규칙하게 흐르는 시간이지만 화면에 표시되는 현실 시간은 게이머에게 규칙적으로 '시간이 흐르고 있다'는 환상을 심어주는 것이다.

(2) 순수 허구 시간 Pure Fictional Time, PUFT

순수 허구 시간은 현실 시간을 차용하지 않고 게임에서 내러티브를 제시하는 경우를 말한다. 순수 허구 시간이 적용된 게임은 내러티브의 진행 과정에서 일정한 시간의 흐름이 존재하지 않는다. 따라서 내러티브의 진행 과정이 자유롭고 그에 따라 이야기 시간의 흐름도 불규칙하거나 비약적이다. 이러한 순수 허구 시간 역시 플레이 영역의 실시간 방식과 비실시간 방식이 각각 다른 형태로 결합된다.

〈슈퍼 마리오〉의 내러티브는 쿠퍼에게 납치된 피치 공주를 구출하는 것으로 그 내용이 앞에서 언급한 〈페르시아의 왕자〉와 거의 동일하다. 하지만 〈페르시아의 왕자〉의 이야기가 60분의 시간 속에서 이루어진 것과는 달리 〈슈퍼 마리오〉의 내러티브 속에는 명확하게 주어진 시간이 없다. 다만 플레이의 영역에서 각 스테이지마다 '시간의 제한'이 있을 뿐이다. 즉 〈슈퍼 마리오〉에서 플레이 시간은 기능적으로 작동하지만 내러티브의 시간은 아무런 기능도 하지 않는다. 이처럼 순수 허구 시간은 플레이 시간과 분리되어 독자적인 시간성을 구성한다.

〈원숭이 섬의 비밀〉과 같이 비실시간 게임에 순수 허구 시간이 결합되면 서로 유사한 시간이 융합되어 현실 시간과 완전히 분리된 세계를 구성할 수 있다. 이 경우 시간성에서 해방되어 자유로운 이야기 전개와 퍼즐 해결이 가능해진다.

게임 시간의 형태적 구성

앞서 언급한 게임 시간의 네 가지 유형을 정리해보면 아래 그림처럼 가, 나, 다, 라의 영역이 존재함을 알 수 있다. 여기서는 각 영역에 속하는 실제 게임 텍스트 사례를 통해 게임에서 사용되는 다양한 시간 구성 패턴을 살펴본다.

narrative ＼ play	실시간 Realtime	비실시간 Non-realtime
현실 유인 허구 시간 Realtime-Induced Fictional Time	가	다
순수 허구 시간 Pure Fictional Time	나	라

표 1 게임 시간의 유형

1) '가' 영역 : RR 구성 Realtime+Realtime-Induced Fictional Time

실시간 게임에 현실 유인 허구 시간이 결합된 시간 구성이다. 사실 RR 방식의 게임들은 많지 않다. 그 까닭은 이런 결합모델이 유저에게 지나친 시간적 압박감을 주기 때문이다. 실시간 게임에 현실 유인 허구 시간이 적용되면 이 두 가지 시간성이 융합되면서 서로 영향을 주고받는다. 내러티브의 시간이 플레이 시간을 규정하고 동시에 플레이 시간이 내러티브의 시간을 규정하는 것이다. 〈페르시아의 왕자〉를 예로 들면 공주를 구해야만 하는 60분의 시간은 이야기 시간인 동시에 플레이 시간이 되며 반대로 플레이 시간은 공주를 구하는 시간이 된다.[20] 따라서 이런 시간 구조를 가진 게임은 현실의 시간과 유사한 시간성을 보여주며 유저들 역시 시간의 존재

---

20 〈페르시아의 왕자〉에는 저장 기능이 포함되어 있어서 플레이 시간은 내러티브에서 규정된 60분의 제약을 뛰어넘을 수 있다.

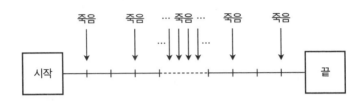

그림 4 〈페르시아의 왕자〉 진행 구조

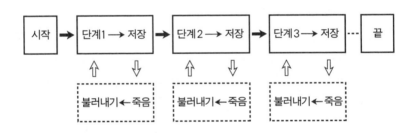

그림 5 저장 기능이 개입된 〈페르시아의 왕자〉 진행 구조

감을 가장 잘 느낄 수 있다.

〈D의 식탁〉은 대표적인 RR 구성의 게임이다. LA 외각의 한 병원에서 대량 살인 사건이 발생한다. 범인은 원장으로 환자를 인질로 삼고 있는 상황. 여기에 아버지를 설득하고자 원장의 딸이자 주인공인 로라 해리스는 병원 안으로 들어간다. 하지만 문을 여는 순간 병원이 아닌 실체를 알 수 없는 이상한 세계가 나타나게 되며 각종 트랩과 수수께끼 속에서 살아남아야만 한다.

이 게임은 실시간 게임이면서 내러티브에 현실 시간 2시간이 그대로 표현되어 있다. 즉 내러티브의 시간과 놀이 영역의 시간이 완벽하게 일치하기 때문에 게이머 역시 2시간 동안 게임 속의 모든 퍼즐을 해결해야만 한다. 또한 이 과정에서 세이브가 불가능하기 때문에 유저들은 더욱더 현실 시간과 유사한 시간적 압박감을 느낄 수 있다. 〈D의 식탁〉이 발매 당시 인터랙티브 시네마로 주목받았던 이유는 3D로 구현된 사실적인 그래픽 때문이라기보다는 2시간의 시간 제약과 현실에서처럼 한 번 선택한 것을 되돌릴 수 없다는 점 때문일 것이다. 하지만 〈D의 식탁〉은 극히 예외적인 경우이며 대부분의 게임은 유저의 편의를 고려해 저장 기능을 사용한다. 저장 기능이 사용되면 같은 RR 방식이라도 유저에게는 전혀 다른 의미로 받아들여진다.

〈페르시아의 왕자〉는 아케이드 게임에서 볼 수 있는 액션 장르를 PC에서 구현한 게임이다. 아케이드 게임의 경우에는 대개 스테이지 단위로 비교적 짧은 시간이 반복해서 주어지는 반면, 〈페르시아의 왕자〉는 60분의 시간 제한이 게임 마지막까지 한꺼번에 주어진다. 즉 게임 내적 시간은 아무리 길게 잡아도 60분을 넘길 수가 없으며 이 60분은 현실 시간의 60분과 완벽하게 일치한다. 하지만 이 게임은 〈D의 식탁〉과는 달리 저장 기능이 존재하기 때문에 대부분의 경우(특히 게임을 처음 접한 사람일수록) 플레이 시간과 내러티브에서 주어진 시간이 일치하지 않게 된다. 만약 저장 기능이 없다고 가정한다면 이 게임의 진행 구조는 그림 4와 같이 도식화할 수 있을 것이다.

〈페르시아의 왕자〉를 60분 안에 끝내기 위해서는 복잡한 미로에서 최단 경로를 찾아내 시간을 절약해야겠지만 사실 그보다도 더 중요한 것은 캐릭터를 되도록 죽이지 않는 것이다. 캐릭터가 죽게 되면 플레이어는 다시 그 단계의 처음부터 시작해야 하는데, 다시 시작하더라도 게임 내적 시간은 죽기 직전 멈춰버린 시간에서 그대로 이어진 채 흘러가기 때문이다. 저장 기능이 없다고 가정한다면 〈페르시아의 왕자〉는 놀이 영역의 시간과 내러티브의 시간이 융합된 시간 구조를 가지고 있다고 할 수 있다.

그러나 이 게임은 난이도가 높기 때문에 죽지 않고 끝까지 도달하기가 무척 까다롭다. 생각지도 못한 곳에 설치된 트랩이 플레이어를 괴롭히며 이런 과정에서 많은 시행착오를 거쳐야 비로소 한 단계를 넘길 수 있다. 따라서 플레이어는 60분 안에 공주를 구하기 위해서 어쩔 수 없이 저장 기능을 사용하게 된다.[21] 저장 기능이 개입되면 시간성 자체에 변화가 생겨 게임의 전개 양상이 그림 5와 같이 변하게 된다.

저장과 불러내기를 반복하는 과정에서 게임의 실제 플레이 시간은 60분 이상으로 늘어나게 된다. 또한 게임의 저장 기능은 유저의 편의성을 높이고 난이도를 떨어뜨리는 동시에 게임 안에서 일어나는 죽음의 의미를 퇴색시킬 수 있다. 저장 기능은 현실 시간이 흘러가더라도 게임 속의 상황을 언제든지 과거로 되돌릴 수 있다. 게임은 유저와의 약속이기 때문에 게임 속에서 죽은 캐릭터가 부활하는 것은 얼마든지 용인될 수 있다. 하지만 그것이 아무 조건 없이 무제한으로 허용될 경우 플레이어는 죽음에 대해 무감각해진다. 그림 5를 살펴보면 플레이어는 단계 1에서 죽음과 부활을 반복하다가 가장 만족스러운 결과가 나왔을 때 단계 2로 넘어가는 것을 선택하게 된다. 이 과정에서 실수가 반복되면 자연 플레이 시간은 길어진다. RR 방식을 취하고 있는 〈페르시아의 왕자〉는 저장 기능이 개입되면서 플레이 시간이 내러티브의 시간을 규정하는 RP의 양상으로 변질될 수 있는 것이다.

한편으로 저장 기능은 게이머가 게임 전체의 시간을 지배하는 가장 대표적인 수단이기도 하다. 이것은 비록 게임의 기술적인 부분에서 파생된 것이지만 플레이 시간의 자유를 가져다주었고 게임에서 죽음의 패러다임을 바꿨다. 그리고 게임의 스토리와 맞물리면서 이야기 자체의 구조에 직접적인 영향을 끼치기에 이르렀다.

RR 형식의 게임 중에서 저장 기능이 스토리에 잘 녹아 있는 게임으로는 〈젤다의 전설 – 무쥬라의 가면The Legend of Zelda–Majora's Mask〉이 있다. 이 게임은 〈젤다의 전설 – 시간의 오카리나The Legend of Zelda–Ocarina of Time〉의 후속 작품으로 타루미나 지방을 무대로 한 링크의 모험을 그리고 있다.

전작 〈시간의 오카리나〉는 내러티브에서 7년 뒤라는 또 하나의 시간대를 설정하여 그 두 가지 시대를 오가면서 이야기를 풀어가는 구조를 가지고 있었다. 하지만 세이브가 언제라도 가능했기 때문에 플레이 시간이 게임 내적 시간보다 우위를 점할 수 있었고, 게이머 역시 게임 속의 시간을 통제할 수 있었다. 즉 〈시간의 오카리나〉의 게이머는 놀이 시간과 내러티브 시간, 두 가지 모두에게서 자유로웠다. 하지만 한편으로 무한하게 주어지는 게임 속의 시간은 이 게임을 시간 여행을 소재로 한 평범한 작품으로 만들 소지가 있었다. 하지만 〈무쥬라의 가면〉은 세이브 기능에 따른 게임성의 변화를 이야기 속에 끌어들이면서 긴장감과 독특한 서사성을 구현했다.

〈무쥬라의 가면〉에서 게이머는 주어진 3일[22] 동안 게임의 목표(스컬키드에게 무쥬라의 가면을 빼앗아 달의 충돌에서 세계를 구하는 것)를 달성해야 한다. 게임이 시작된 다음 플레이어가 아무것도 하지 않더라도 72분이 지나면 자동적으로 달이 지상에 충돌하면서 게임이 끝나게 된다. 그러나 72분 만에 약 100시간 이상 소요되는 방대한 게임 구조를 파악하고 엔딩에 도달하는 것은 불가능에 가깝다. 이런 모순을 해결해주는 것이

---

21   물론 반복 과정을 통해 게임을 완벽하게 익히게 된다면 플레이 시간을 게임 내적 시간인
         60분보다 짧게 만들 수도 있다. 플레이어의 실력에 따라 노미스 클리어 역시 가능할
         것이다.

22   이 게임 속의 1시간은 현실의 1분과 같다. 즉 실제로 게이머에게는 72분의 시간이
         주어지는 셈이다.

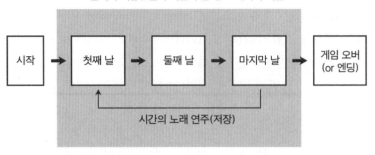

그림 6 〈무쥬라의 가면〉의 시간 구조

전작에 등장했던 아이템 '시간의 오카리나'이다. 주인공 링크가 시간의 오카리나를 연주하는 순간 그때까지 얻었던 중요 아이템이나 노래 악보만 남겨둔 채 모든 사건이 원점으로 돌아가면서 게임은 저장된다. 그리고 게이머는 다시 첫째 날부터 사건을 해결해나가야 한다. 가면이나 오카리나의 악보가 남아 있기 때문에 게이머는 다음 플레이에서 좀 더 진전된 상태로 이야기를 이끌어갈 수 있다.

예를 들어 첫 번째 던전 '우드폴 신전'으로 들어가기 위해서는 '각 성의 소나타'를 배워야 하는데 이 각 성의 소나타 악보는 오카리나를 연주해 첫째 날로 되돌아가더라도 사라지지 않는다. 즉 각 성의 소나타를 배우고 저장을 했다면 새로 시작하는 1일째부터는 다시 각 성의 소나타를 배울 필요 없이 곧바로 배워뒀던 노래를 이용해 우드폴 신전으로 들어갈 수 있다. 이처럼 게이머는 같은 공간에서 주어진 3일이라는 시간을 반복 경험하면서 조금씩 전체 이야기를 진행시켜나가게 된다.

그런데 RR 구성을 취하고 있는 이 게임 역시 앞의 두 게임과 마찬가지로 플레이어가 제한된 시간에 의해 구속받는다. 저장을 하면 모든 것이 처음으로 돌아가기 때문에 3일 동안 다음 진행을 위해 필요한 모든 것을 얻어야 한다. 다시 말해 주어진 3일을 되도록 알차게 사용해야 하는데 각 시간대마다 만날 수 있는 인물이나 사건이 정해져 있어서 플레이어가 실수를 하거나 만나야 할 사람을 놓치게 된다면 다시 처음으로 돌아가야 한다.

무한히 주어진 시간 속에서 현실 시간과 분리되어 있던 컴퓨터게임은 현실 시간의 구속을 받으면서 비로소 리얼리티를 획득하게 된다. 〈무쥬라의 가면〉 역시 현실 유인 허구 시간을 활용해 현실 시간과의 유사성을 확보하는 것은 물론 플레이어의 편의를 위한 저장 기능에 제약을 두어 그 효과를 극대화시키고 있다. 또한 그 과정이 '오카리나'라는 게임 속의 아이템을 통해 이루어지기 때문에 시간의 변주가 자연스럽게 내러티브 속으로 융합된다.

이상의 내용을 정리해보면 이 게임의 시간 구조는 그림 6과 같이 나타낼 수 있을 것이다. 〈무쥬라의 가면〉 역시 다른 RR 구성의 게임들과 마찬가지로 플레이 시간과 이야기 시간이 일치한다. 그리고 앞서 〈D의 식탁〉이나 〈페르시아의 왕자〉가 시작과 끝이 설정된 선형적 시간 구조를 보여준다면 〈무쥬라의 가면〉은 원을 그리며 계속 순환적 시간 구조를 보여준다고 할 수 있다.

또한 〈무쥬라의 가면〉은 게임 시간의 변화가 게임 공간을 어떻게 바꿀 수 있는지를 보여준다. 게임 속 시공간과 현실의 시공간은 완벽하게 일치할 수 없다. 게임 속에서 바다 건너 마을까지 이동하는데 현실과 마찬가지로 일주일이 넘게 걸린다면 아무도 게임을 하고 싶지 않을 것이다. 따라서 게임의 재미를 위해 생략과 압축이 일어나게 되는데 대부분의 게임에서 이것은 시간의 압축이 아닌 공간의 압축으로 나타난다. 제작자는 게임 속의 세계를 기호화해서 압축적으로 제시한다. 그러면 자연히 게임 속의 시간도 압축된 세계에 맞춰져 짧게 진행되는 것이다. 하지만 〈무쥬라의 가면〉은 이와 정반대의 방법을 취하고 있다. 바로 공간은 그대로 둔 상태에서 게임 속의 시간을 조정함으로써 공간 자체를 압축하는 것이다.

오카리나를 이용한 연주곡 중에서 '시간의 노래'라는 것은 이미 위에서 설명한 바 있다. 이 노래는 시간을 거꾸로 흐르게 해서 사건을 원점으로 돌려놓고 저장까지 실행하도록 설정되어 있다. 이 시간의 노래 악보를 역순으로 연주하면 게임 속의 시간이 평소보다 느리게 흘러간다. 원래 게임에서 3일의 시간은 현실의 시간으로 72분 정도인데 역방향 시간의 노래를 연주하면 3일의 시간이 약 200분 이상으로 늘어나게 된다. 이렇게 거꾸로 된 시간의 노래를 연주하면 시간이 늘어나는 것과 동시에 주인공과 몬스터의 움직임을 제외한 모든 인물의 움직임이 같은 비율로 느려진다.[23] NPC들의 움직임도 느려지면서 예정된 시간에 일어나야 할 사건들 역시 같은 비율로 천천히 발생한다. 이렇게 늘어난 시간은 공간 자체를 변화시킨다. 즉 이동하는 데 걸린 현실의 시간은 동일하지만 게임 속의 시간이 3배 정도 느리게 흐르기 때문에 결과적으로는 3배 더 빨리 이동한 셈이 되는 것이다. 이처럼 〈무쥬라의 가면〉은 컴퓨터게임의 시간 활용이 다른 매체와 어떻게 차별화될 수 있는지 잘 보여준다.

2) '나' 영역 : RP 구성^{Realtime+Pure Fictional Time}

RP 구성은 실시간 게임에 순수 허구 시간이 적용된 것이다. 기본적으로 같은 실시간 게임이 사용되기 때문에 RR 구성과 유사하지만 내러티브의 시간이 적용되는 방식에서 차이를 보인다. RR 구성에서는 플레이 시간과 이야기 시간이 대체로 일치되는 경향을 보여주는 반면 RP 구성은 두 시간이 이질적이기 때문에 서로 분리되어 있다. 즉 이야기 시간은 겉으로 드러나지 않은 채 플레이 시간이 게임 전체의 시간 흐름을 주도한다. 주로 이야기가 플레이 영역과 분리된 액션 게임이나 슈팅 게임에서 잘 나타난다.

슈팅 게임 〈건버드〉는 내러티브와 게임 플레이가 반복되는 구조를 가지고 있다. 〈건버드〉는 조각을 모두 모은 자에게 소원을 들어준다는 '아트라의 마법거울'을 찾는 것이 스토리의 주된 축을 이루고 있다. 이 이야기에서 거울 조각을 찾는 여정에는 시간성이 배제되어 있다. 해당 스테이지를 끝내야만 거울 조각이 모이고 이야기가 진행된다. 결국 모험 전체의 시간을 구성하는 것은 플레이어가 적을 피하고 싸우는 플레이 영역의 시간인 것이다(그림 7).

한편 FPS 게임 〈둠〉은 이야기 자체가 아예 생략되어 있다. 타이틀 화면에서 시작 메뉴를 선택하면 플레이어에게 아무 설명도 없이 게임이 시작된다. 낯선 공간에서 끝없이 몰려드는 괴물들과 곳곳에 숨겨진 무기와 실탄은 이 게임의 목적이 '생존'임을 어렴풋이 깨닫게 해준다. 〈건버드〉의 경우처럼 스테이지마다 삽입되어 직접 플레이어에게 전달하는 이야기가 생

---

23 〈무쥬라의 가면〉은 3일 동안 일어나는 모든 사건이 미리 정해져 있다. 몇 번을 반복해도 일어나는 사건은 오차 없이 동일하다. 모든 사건은 단 한 번의 의미만 존재하며 단지 게이머는 그 사건을 반복해서 체험할 수 있을 뿐이다. '시간의 노래'를 거꾸로 연주해 시간을 조작하면 이 모든 사건의 진행 자체가 느려지게 된다. 예를 들어 처음 게임을 시작하면 6시 10분경에 '카페이'라는 캐릭터가 우체통을 향해 걸어오는데 만약 시간을 느리게 가도록 하면 이 카페이가 걸어오는 속도까지 느려진다. 정상적인 속도로 움직이는 것은 주인공 링크 외에는 없다. 하지만 게임의 난이도가 하락하는 것을 방지하기 위해 몬스터는 정상적인 움직임을 유지하도록 되어 있다.

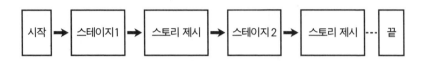

그림 7 〈건버드〉의 진행 구조

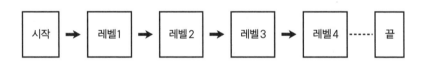

그림 8 〈둠〉의 진행 구조

략되어 있다. 실제로 이 게임의 엔진을 제작한 존 카멕은 게임에서의 스토리는 포르노 영화에서의 그것과 마찬가지라며 게임에서의 스토리 무용론을 피력하기도 했다. 〈둠〉의 진행 구조는 그림 8과 같다. 이 게임은 〈페르시아의 왕자〉와 유사한 진행 방식을 가지고 있지만 순수 허구 시간을 사용하여 전체 시간의 제약이 없다. 또한 죽었을 때에도 해당 레벨의 처음으로 돌아가 다시 시작할 수 있다. 〈건버드〉에 있던 컷신이 빠져 있어서 플레이 시간 전체가 게임의 진행 시간이 되며 내러티브는 게임 플레이가 진행되면서 부가적으로 형성된다.

　　이러한 RP 방식의 게임에서는 플레이 시간에 제한 시간을 두어서 게임의 내러티브에서 제시되지 않는 시간성을 간접 확보함과 동시에 게임의 긴장감을 높이기도 한다. 〈슈퍼 마리오〉는 각 스테이지마다 시간 제한이 있다. 이 시간은 그 스테이지를 통과할 때까지만 기능적으로 작동하며 '공주 구출'의 전체 내러티브와는 직접적인 연관성이 없다. 플레이어가 마지막 스테이지를 클리어할 때까지 소요된 시간이 전체 내러티브 시간을 대체할 뿐이다. 그럼에도 반복적으로 제시되는 시간의 감소는 주인공 마리오의 죽음과 연결되면서 간접적으로 내러티브의 긴장감까지 표현하게 된다. 대전 격투 게임 〈철권〉은 각 대결에 설정된 제한 시간이 게임의 플레이에 절대적인 영향을 끼친다. 자신의 라이프 게이지와 남은 시간을 고려해 방어 일변으로 버티는 등의 전략적인 플레이가 가능하기 때문이다. 하지만 이것 역시 내러티브와는 무관하다.

3) '다' 영역 : NR 구성 Non-realtime+Realtime-Induced Fictional Time

비실시간 게임에 현실 유인 허구 시간이 결합된 시간 구조다. RP 유형과 마찬가지로 이질적인 두 시간이 서로 분리되어 있으나 NR 구조에서는 플레이 시간보다 내러티브의 시간이 더 중요하다.

　　〈삼국지〉는 약 100년 동안의 역사적 시간을 게임 내적 시간으로 다루고 있는데 플레이 시간은 보다 짧게 축소되어 있다. 〈삼국지〉에는 각 국가마다 군주가 존재하며 이들은 1개월에 한 번씩 차례대로 명령을 내릴 수

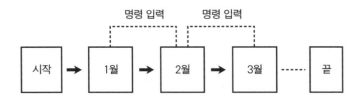

그림 9 〈삼국지〉의 시간 구조

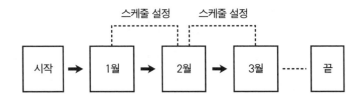

그림 10 〈프린세스 메이커〉의 시간 구조

가 있는데 플레이어는 자신의 장수들과 국가 정보를 살펴보면서 상황에 맞는 적절한 명령을 내려야 한다. 이때 플레이어의 명령을 기다리는 동안 게임 속 시간은 정지된다. 정지된 시간 동안 플레이어는 자신의 상황과 각종 정보를 확인하고 어떻게 하면 '삼국 통일'이라는 게임 목적에 좀 더 빨리 다가갈 수 있을지를 생각하게 된다. 명령은 해당 명령의 번호를 입력하는 것으로 완료된다. 명령을 내리는 조작 과정은 짧지만 그 명령을 내리기 위해 플레이어가 '사유'하는 시간은 길어진다. 플레이 시간과 내러티브의 시간이 분리된 상태에서 이런 행위는 게임 전체의 시간을 구성하는 데 별다른 영향을 끼치지 못한다. 오히려 내러티브에서 규정된 시간과 현실에서 차용한 시간, 즉 매 턴마다 흐르는 한 달 단위의 시간 흐름이 게임 전체의 시간 흐름을 결정한다(그림 9).

육성 시뮬레이션이나 연애 시뮬레이션 게임도 NR 방식이 사용되는 대표적인 게임들이다. 〈프린세스 메이커〉는 제목 그대로 딸을 키워 공주로 만드는 게임으로 육성 시뮬레이션의 장르를 개척한 게임이다. 딸의 각종 능력치는 수치로 표시되며 이 능력치를 균형 있게 발전시켜서 딸을 18세까지 성장시키는 것이 게임의 최종 목표이다. 즉, 이 게임은 시간에 따른 '성장'을 표현해야 하기에 내러티브 안에 현실 시간을 차용하여 사용하고 있다. 한 달 동안 딸이 해야 할 스케줄을 10일 단위로 설정해주면 그에 따라서 하루하루 시간이 흘러간다. 딸의 행동은 그래픽으로 간략하게 표시되며 다음 달이 되면 플레이어는 또다시 스케줄을 설정해야 한다(그림 10).

육성 시뮬레이션 장르에 사운드 노벨이 결합되어 발전한 연애 시뮬레이션 장르 역시 이와 비슷한 진행 방식을 보여준다. 〈프린세스 메이커〉가 딸아이의 성장에 초점을 맞췄다면 〈도키메키 메모리얼〉은 주인공의 성장 및 그 성장의 결과물로서 1년 후 좋아하는 여자로부터 고백을 받는 것에 초점이 맞춰져 있다. 사랑하는 여자에게 고백을 받기란 쉬운 일이 아니다. 그녀에게 부끄럽지 않을 만큼의 외모, 지성, 운동신경 등을 갖추어야 하며 데이트 신청이나 전화 통화에도 소홀함이 없어야 한다. 이런 활동들은 매달 플레이어의 스케줄 계획에 의해 이루어지며 게임은 1년 동안의 시간을 빠른 속도로 보여준다.

또한 NR 방식의 게임 중에는 시간의 흐름을 공간의 이동에 종속시킨 경우도 있다. 〈동급생同級生〉은 일정하게 시간이 흘러가는 것이 아니라 어떤 장소에 들어갈 때마다 그에 따른 시간이 흐른다. 아무리 마을 안을 돌아다녀도 게임 하단에 표시된 시계는 정지되어 있다. 캐릭터가 건물이나 공원에 들어가면 비로소 30분의 시간이 흐른다. 공원에서 어떤 캐릭터를 만났는지 혹은 얼마나 오랫동안 대화를 나눴는지는 중요하지 않다. 공간을 방문했다는 사실만으로 미리 설정된 시간이 흐르는 것이다. 이동 과정에서 턴방식을 사용한 것은 아니지만 〈동급생〉은 현실 유인 허구 시간을 사용한 비실시간 게임이라고 할 수 있다.

4) '라' 영역 : NP^{Non-realtime+Pure Fictional Time}

끝으로 비실시간 게임에 순수 허구 시간이 결합된 유형을 살펴보자. 내러티브가 표현된 게임 중에서 NP 유형은 비교적 초기부터 사용되었다. 텍스트 어드벤처 게임은 전형적인 NP 방식이라고 할 수 있다. 〈조크〉는 명령어를 입력해서 진행하는 비실시간 게임이다. 그리고 화면에서 표시되는 텍스트는 공간을 묘사할 뿐 시간에 대한 구체적인 묘사가 없기 때문에 내러티브에서 순수 허구 시간을 사용한다고 할 수 있다. 실시간 게임과 현실 유인 허구 시간이 서로 유사한 시간적 특징 때문에 융합되는 것처럼 비실시간 게임과 순수 허구 시간 역시 서로 유기적으로 맞물린다. NP 방식의 게임은 플레이 영역이 비실시간이기 때문에 게이머가 시간에 구속받지 않으며 내러티브 역시 순수 허구 시간을 사용했기 때문에 제작자 또한 다양한 공간과 퍼즐을 제시할 수 있다. 즉 게이머는 게임 속의 시간에서 해방되어 오로지 퍼즐 해결에만 전념할 수 있는 것이다. 이러한 시간의 활용은 그래픽 어드벤처까지 계속 이어진다. 대부분의 어드벤처 게임은 게임 내적 시간이 정지되어 있는데, 왜냐하면 이동의 자유가 생겼어도 여전히 플레이어에게는 '사유'를 통해 문제를 해결해야 할 심리적 시간이 필요하기 때문이다.

〈원숭이 섬의 비밀〉은 해적이 되고 싶어 하는 주인공 가이브러시의 모험을 그리고 있다. 이 게임은 마우스를 이용해서 캐릭터를 원하는 방향으로 자유롭게 움직일 수 있지만 플레이에 위협을 주는 적 캐릭터가 없고 주어진 퍼즐을 해결해야만 게임을 진행할 수 있기 때문에 비실시간 게임으로 분류할 수 있다. 또한 내러티브 영역에서 현실 시간 흐름을 배제하고 허구 시간 속에서 자유로운 공간의 이동을 제공하기 때문에 순수 허구 시간이 사용되었다. NP 방식의 이 게임은 시간성이 배제된 상태에서 공간의 이동과 퍼즐의 해결이 중심이 되는 게임 구조를 가지고 있다.

일본식 RPG의 시초라고 할 수 있는 〈드래곤 퀘스트〉 시리즈 역시 NP 형식을 취하고 있다. 이 게임은 미국식 RPG와는 달리 정해진 스토리에 따라 순서대로 해결해야 할 사건과 만나야 할 사람들이 정해져 있다. 예를 들어 〈드래곤 퀘스트 4〉의 제1장 '왕궁의 전사들'에서 알렉스와 부인을 서로 만나게 하지 못하면 게임은 더 이상 진행되지 않는다. 그러므로 이 게임도 〈원숭이 섬의 비밀〉과 같은 방식의 비실시간 게임이라고 할 수 있다. 다만 〈드래곤 퀘스트〉는 어드벤처 게임이 아니라 RPG의 형식을 취하고 있기 때문에 사건과 사건 사이에 항상 전투가 끊임없이 이어지며 이 전투를 통해 캐릭터가 성장해야 더 강한 몬스터가 있는 새로운 장소로 이동이 가능해진다. 그림 11은 〈드래곤 퀘스트〉의 전반적인 진행 구조를 나타낸 것이다.

위 그림을 보면 사건의 해결과 전투가 교직하면서 끝으로 치닫고 있음을 알 수 있다. 그런데 〈드래곤 퀘스트〉의 전투는 턴방식으로 진행되며 전투만을 다시 재구성하면 그림 12와 같이 나타낼 수 있다. 이 게임에서 전투는 플레이 시간의 단절이 발생하는 비실시간 방식이다. 커맨드의 선택을 기다리는 동안 게임의 시간은 정지된다. 아군과 적군이 한 번씩 공격을 주고받으면 다시 커맨드를 선택할 수 있는 상태가 되며 이 과정이 반복되면서 전투가 종료된다. 퍼즐의 연속과 같은 진행 방식과 턴방식의 전투가 이 게임을 비실시간 게임으로 만든다. 여기에 순수 허구 시간을 사용한 내러티브가 삽입되면서 〈드래곤 퀘스트〉는 NP 구성의 게임이 되는 것이다.

〈드래곤 퀘스트〉 시리즈가 순수 허구 시간을 사용하고 있음을 보여

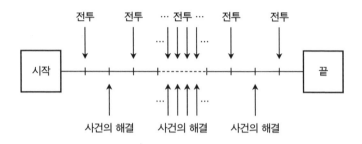

그림 11 〈드래곤 퀘스트〉의 진행 구조

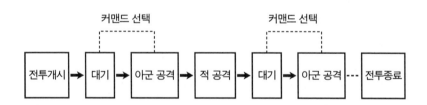

그림 12 〈드래곤 퀘스트〉의 전투 과정

주는 것 중의 하나가 바로 여관이다. 이 게임은 마을마다 여관이 있어서 골드를 지불하고 숙박을 할 수 있는데 자고 일어나면 하루가 지나면서 모든 캐릭터들의 HP와 MP가 회복된다. 화면상에는 하루가 지난 것으로 묘사되지만 이 게임은 내러티브 영역에서 현실 시간을 빌려오지 않았기 때문에 유저는 시간의 흐름을 인지할 수 없다. 앞에서 게임 시간의 흐름은 시간을 표시하는 도구나 개체의 위상 변화를 통해서 간접적으로 게이머에게 인식된다고 기술한 바 있다. 〈드래곤 퀘스트〉는 여관에서 하루를 보내도 게임 진행에 있어서 달라지는 것이 전혀 없다. 따라서 여관은 단지 회복의 기능만을 수행하며 이를 통해 묘사되는 시간의 흐름은 회복의 이미지를 플레이어에게 전달하기 위한 일종의 소품이라고 할 수 있다.

5) 정리

지금까지 살펴본 게임 시간의 네 가지 형태를 정리하면 표 2와 같다.

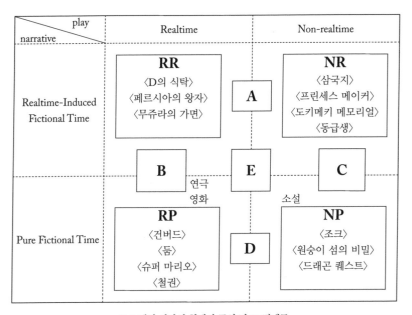

표 2 게임 시간의 형태적 구성 및 그 경계들

전통 예술 매체에서 사용하는 내러티브의 시간은 순수 허구 시간이다. 만약 수용자의 감상하는 행위를 플레이 영역으로 포함시킨다면 연극이나 영화는 RP 유형으로, 소설은 NP 유형으로 각각 분류할 수 있을 것이다. 그러므로 현실 유인 허구 시간을 사용한 RR 구성과 NR 구성은 다른 예술 장르에서 찾아볼 수 없는 게임만이 가지고 있는 독자적인 시간성이라 하겠다.

경계에 존재하는 게임들

지금까지 플레이 시간과 내러티브 시간의 상관관계에 따라 네 가지의 시간 구성 방식을 살펴보았다. 하지만 게임 시간은 이보다 훨씬 다양하기 때문에 앞서 언급한 네 가지의 틀에만 한정지을 수는 없을 것이다. 게임에서는 재미를 위해 여러 시간을 선택적으로 사용하기 때문에 앞의 네 가지 틀에 끼워 맞추는 것이 애매하며 역으로 한 게임 내에서 상황에 따라 서로 다른 시간성이 나타나기도 한다. 그러므로 우리는 각 시간들의 경계에 놓여 있는 게임들을 살펴볼 필요가 있을 것이다. 각 영역의 경계들은 표 2에서처럼 A~E의 형태로 나눠볼 수 있다. 실제로 각각의 경우를 구체적인 게임 텍스트를 통해서 고찰해보기로 하자.

1) 'A' 영역 : RR과 NR의 경계

현실 유인 허구 시간을 사용한 게임 중 실시간과 비실시간의 경계에 있는 게임이 이 영역에 포함된다. 앞서 실시간 게임과 비실시간 게임에 관한 정의에 따르면 실시간 게임은 유한한 세계를 보여주어야 하며 비실시간 게임은 플레이 시간의 단절이 존재한다. 하지만 이 두 가지 조건에 모두 해당되지 않는 애매한 게임도 있다.

〈동물의 숲Animal Crossing〉은 현실 유인 허구 시간을 도입한 게임 중에서 실시간과 비실시간의 경계가 모호한 게임이다. 이 게임에는 '끝'이 존재하지 않는다. 게이머는 자신에게 주어진 공간(마을)과 무한한 시간성 속에서 자신이 하고 싶은 것들을 자유롭게 해나갈 수 있다. 그런 측면에서 〈동물의 숲〉은 비실시간 게임이다. 하지만 내러티브에 적용된 현실 유인 허구 시간이 게임 밖의 현실 시간과 일치되면서 마치 실시간 게임의 모습을 갖추게 된다. 〈동물의 숲〉은 처음 시작할 때 현실 시간을 입력하도록 되어 있으며 처음 설정한 시간은 보존된다. 그래서 게임 속 시간이 현실 시간과 완벽하게 일치한다. 저녁에 게임을 하면 게임 속의 세계도 저녁이며 게임 속에 아침 해가 떠 있다면 현실 시간도 아침인 것이다. 바로 플레이어의 의지와 무관하게 시간이 흘러가며 이것은 화면의 시계와 배경을 통해 전달된다. 따라서 비실시간 게임인 〈동물의 숲〉은 RR 구성과 NR 구성의 경계에 놓이게 된다. 이것은 단순히 현실 시간의 흐름만을 빌려온 〈D의 식탁〉 같은 게임과는 또 다른 경험을 제공해준다.

〈동물의 숲〉은 시간대에 따라서 플레이어가 일종의 제약을 받는다. 게임 내의 시간 설정을 바꾸지 않는다면 가게의 영업 시간과 맞추지 못해서 쇼핑을 할 수 없게 되거나, 게임을 플레이할 수 있는 시간에는 대부분의 동물들이 자고 있는 사태가 발생한다. 또 동시에 플레이할 수는 없지만 이 게임은 한 사람이 플레이한 후에 다른 사람이 먼저 사람과 같은 마을에서 플레이할 수 있다. 편지를 쓰거나 친구가 묻어둔 아이템을 파낼 수도 있으며, 앞서 누군가가 가게에서 산 물건은 품절되어 있거나 남겨놓은 메시지를 전해 받는 것도 가능해진다. 이렇듯 게임에서 시간 때문에 발생되는 제약은 경미한 것이지만 각 시간대마다 서로 다른 의미가 발생하며, 그로써 게임의 내용은 풍부해진다.

2) 'B' 영역 : RR과 RP의 경계

내러티브 시간의 경계와 플레이 시간의 경계는 구분할 필요가 있다. 플레이 시간에서 실시간과 비실시간은 서로 섞일 수 있지만 내러티브의 시간은 서로 융합될 수 있는 성질이 아니다. 게임 속에는 현실 시간을 적용하거나 혹은 그렇지 않거나 한 가지 경우의 수만 존재한다. 따라서 내러티브 시간의 경계에 있는 B와 C의 영역은 게임 속에서 현실 시간을 선택적으로 사용하는 영역이다. 이런 시간 구성을 사용하는 게임들을 의외로 자주 접하게 되는데 그것은 앞서 언급했듯이 게임 시간이 재미를 위해 선택적으로 사용되기 때문이다.

실시간 게임에서는 특정 미션이나 구간에서만 선택적으로 순수 허구 시간이 사용되는 경우를 흔히 볼 수 있다. 예를 들어 〈스타크래프트〉에서는 기본적으로 각 미션의 내러티브에 시간 개념이 생략되어 있다. 하지만 테란의 세 번째 미션은 30분 동안 적의 공격에서 살아남아야 한다. 이 미션의 시간 제한은 게임의 플레이 영역과 내러티브의 영역 두 가지 모두에 적용된다. 따라서 〈스타크래프트〉는 RR 구성과 RP 구성의 경계에 있다고 할 수 있다.

또한 〈헤일로Halo〉나 〈바이오해저드〉 등 많은 액션 게임에는 마치 할리우드 액션 영화를 답습한 것처럼 마지막에 탈출 장면이 들어간다. 대부분 '곧 이곳이 폭발하니 몇 분 내에 여기서 탈출하라'는 식의 전개를 보여주는 것인데, 다시 말해 탈출 직전까지는 순수 허구 시간이 사용되다가 탈출의 순간 현실 유인 허구 시간이 되는 것이다. 〈바이오해저드 3〉에서 플레이어는 거의 마지막에 '5분 뒤에 폭격으로 전염병이 퍼진 도시를 공격하니 그 안에 탈출하라'는 메시지를 받게 된다. 앞에서 게임을 진행하는 동안 시간적인 요소가 전혀 없다가 특정 부분에만 시간적 제약을 두는 것은 게이머의 입장에서 쉽게 용납할 수 없는 부분이다. 하지만 이런 모순은 플레이어와 게임 사이의 연극적 계약에 의해 어느 정도 묵인된다.

고규흔은 게임이 스펙터클이 아닌 연극적 관약theatrical convention에 기반을 두고 있다고 설명한다. 예컨대 게임은 수용자가 목표를 완수할 수 있을 때까지 무한대로의 기회를 제공하는데 이것은 게임의 근간이 되는 '무한대의 반복성 계약'이다. 이 반복성은 내부 세계의 흥미로움과 함께 플레이어를 오랜 시간 게임 내부 세계에 머물도록 구속력을 발휘하는 동시에 플레이어가 게임 내부 세계의 비현실성을 자각하도록 부추기는 역할도 아울러 수행한다. 다시 말해 조작하는 캐릭터가 아무리 위험한 상황에 빠지더라도 그것을 관조하고 정서적 거리를 유지할 수 있는 이유는 이 무한 반복성의 계약이 작용하고 있기 때문이라는 것이다.[24] 기술의 발달에 힘입어 게임은 관객을 현혹시키는 환영주의가 더욱 발전했지만 게임으로서의 재미와 상상력은 수용자와 암묵적인 계약을 맺음으로써 증폭된다. 이것이 특수효과로 시각적인 스펙터클을 강화해서 관객을 몰입시키는 블록버스터 영화와 컴퓨터게임의 근본적인 차이점이다. 또한 내러티브에서 시간을 하나의 게임 속에서 선택적으로 사용하는 것이 가능한 이유가 된다.

3) 'C' 영역 : NR과 NP의 경계

현실 유인 허구 시간이 선택적으로 적용되는 것은 비실시간 게임에서도 흔히 나타난다. 가장 흔한 형태는 턴방식 전략 시뮬레이션이나 SRPG에서 '몇 턴 이내에 클리어'라는 형식으로 나타난다. 이때 각 턴은 스토리와 맞물리면서 현실의 시간 단위로 환치되는 경우가 많다. 〈슈퍼로봇대전〉 시리즈는 SRPG 게임으로 각 스테이지마다 승리 조건(주로 적의 전멸)을 만족시키면 클리어된다. 원칙적으로 이 게임에는 내러티브에 현실 시간이 개입되어 있지 않다. 하지만 특정 스테이지에서 '몇 분 안에'라는 대사와 함께 시간 제한이 주어지는 경우가 있다. 물론 비실시간 게임에서 이 시간 제한은 일반적인 현실 시간의 흐름이 아니라 턴을 주고받는 횟수로 환치되어 나타난다. 〈슈퍼로봇대전 알파〉의 제36화 '린 민메이'에서 플레이어는 마크로스가 변형하기 전까지 3분 안에 히카루의 유니트를 린 민메이라는 여가수가 있는 장소까지 이동시켜야 한다. 여기서 3분의 시간은 게임에서 3턴의 경과로 표현되며 3턴 이내에 민메이를 구했는가 혹은 그렇지 않은 가에 따라 게임의 숙련도에 변화가 생긴다. 그 밖에도 이 게임의 많은 부분에서 현실 시간이 개입되는데 주로 원작 애니메이션에 있던 스토리를 게임으로 옮겨오는 과정에서 많이 사용된다. 예를 들어 '스페이스 콜로니'를 지

---

24 고규흔, 「비디오게임에 대한 스펙터클적 관점에서 계약의 관점으로 이동: 비디오게임과 플레이어가 맺는 연극적 계약」, 한국게임학회 2004년 여름 컨퍼런스 발제문, 3쪽.

구에 떨어뜨리는 것은 건담과 관련된 스토리에서 자주 등장하는 내용인데 〈슈퍼로봇대전〉 시리즈에서는 이런 내용들이 주로 '몇 턴 이내까지 콜로니에 도착' 혹은 '몇 턴 이내까지 적 섬멸' 등의 형식으로 제시된다.

4) 'D' 영역 : RP과 NP의 경계

NP 형식의 〈원숭이 섬의 비밀〉은 플레이어가 주인공 캐릭터를 고정시켜 둔 채 '커서'로 배경을 여유롭게 살펴볼 수 있다. 이것은 게임 속에서 시간은 무한하게 주어져 있고 주인공을 위협하는 객체들 또한 존재하지 않기 때문에 가능하다. 플레이어는 다른 것에 신경 쓸 필요 없이 오직 퍼즐의 해결에만 몰두하면 된다. 시간의 제한과 그에 따른 죽음의 위협이 사라지면서 자연스럽게 놀이 요소에서 전달되는 게임의 긴장감은 감소한다. 반면 플레이어가 퍼즐과 내러티브에 집중할 수 있다는 측면에서 극적 긴장감은 높아진다고 할 수 있다.

〈바이오해저드〉를 비롯한 액션 어드벤처 게임에서는 적이 등장하면서 부분적으로 실시간 게임의 요소를 받아들이기 시작한다. 〈원숭이 섬의 비밀〉과 달리 〈바이오해저드〉의 캐릭터는 늘 적의 공격을 받아 죽을 수 있는(게임 오버가 될 수 있는) 위험에 노출되어 있다. 이런 상황에서 플레이어는 어떻게든 '생존'하면서 이야기를 진행시켜 나가야 한다. 늘 상대적이며 절대적 시간이란 존재하지 않는다. 주인공 혼자 있을 때 느끼지 못했던 시간은 좀비들의 공격이 시작되면서 현실감 있게 전달된다. 플레이어가 게임 속의 퍼즐 해결을 위해 생각할 여유를 갖기 위해서는 우선 적의 공격에서 자유로울 필요가 있다. 이 게임에는 별도의 시간 제한이 없기 때문에 적을 제거한 뒤에는 일반적인 어드벤처 게임처럼 여유롭게 관찰하고 생각할 수 있다. 이런 구조 때문에 〈바이오해저드〉는 RP와 NP 두 가지의 경계에 놓여진다. 다시 말해 적이 등장하는 동안에는 실시간 게임이다가 적을 모두 제압한 다음 비실시간 게임으로 바뀌는 것이다. 물론 적은 게임이 끝날 때까지 끊임없이 화면 속에 등장하기 때문에 플레이어에게는 두 가지 시간의 경계가 느껴지지 않는다.

RP와 NP 혹은 그 경계에 위치한 게임의 시간 구성과 스토리 형성의 관계를 같은 액션 어드벤처 게임 〈사일런트 힐 2Silent Hill 2〉를 통해 좀 더 구체적으로 살펴보자. 〈사일런트 힐〉 시리즈는 앞서 언급한 〈바이오해저드〉 시리즈와 유사한 방식의 액션 어드벤처 게임이지만 공포를 표현하는 방식에서 차이를 보인다. 〈바이오해저드〉가 끊임없이 등장하는 좀비를 통해 시각적·원초적 공포를 선사한다면 〈사일런트 힐〉은 안개가 자욱한 마을을 배경으로 보다 심리적인 공포를 유도한다. 특히 이 시리즈의 두 번째 작품은 주인공의 죄의식과 심리를 게임 분위기에 잘 녹여낸 수작이라고 할 수 있다.

이 게임에서도 표면상 시간의 흐름은 존재한다. 낮이었던 배경이 어느 순간 밤으로 바뀌는 것은 〈사일런트 힐〉의 세계가 마치 현실과 유사하게 시간이 흘러감을 보여준다. 많은 게임이 이처럼 배경화면에 낮이나 밤을 사용하고 있기 때문에 현실과 동일한 시간성이 존재하는 것처럼 여겨진다. 하지만 눈으로 보여지는 것과는 달리 이런 게임에 실제로 현실 시간 개념이 존재하는 경우는 드물다. 〈슈퍼 마리오〉나 〈사일런트 힐 2〉 역시 마찬가지다. 간단한 예로 게임을 시작한 직후 플레이어가 아무리 기다려도 화면은 밤으로 바뀌지 않는다. 이것은 현실의 시간과 게임 속의 시간이 서로 분리되어 있다는 증거다. 게임을 몇 차례 진행하다 보면 플레이어는 특정 장소를 지날 때만 강제적으로 밤낮이 바뀐다는 것을 알게 된다. 엄밀하게 말해 이것은 배경 그래픽이 변했을 뿐 게임 속의 시간이 흐른 것은 아니다. 마치 〈슈퍼 마리오〉에서 특정 스테이지에 밤을 배경으로 사용한 것과 마찬가지다. 하지만 플레이어가 그 특정 장소에 이르기까지 벌어졌던 일련의 사건들과 맞물리면서 단순한 배경의 변화가 '시간이 흐르고 있다'는 일종의 환영을 만들어낸다.

주인공은 이동하면서 크리처와 싸우거나 혹은 다른 등장인물과 만나게 된다. 이때 전투는 〈바이오해저드〉의 경우처럼 실시간으로 발생하고 제임스는 싸우거나 도망치게 된다.[25] 그러나 이때 경과한 시간은 게임 내적 시간이 아닌 플레이 시간의 영역이다. RP 구성에서 게임 내적 시간과 플레이 시간의 단절은 캐릭터의 행위를 스토리의 흐름과 분리시켜 자유롭게 만든다. 그 행위는 플레이 시간 속에서 게이머의 의지에 따라 다양하게 나타난다. 〈드래곤 퀘스트〉 같은 일본식 RPG를 플레이할 때 정해진 스토리에서 벗어나 레벨업 혹은 아이템 수집에 긴 시간을 투자할 수 있는 것도 이러한 비실시간 게임의 시간적 특수성 때문이다. 전통 서사 양식에서는 작품 속의 시간 흐름에 모든 인물이 종속되어 있었지만 RP 구성이나 NP 구성 혹은 그 경계에 위치한 게임들에서는 캐릭터가 이야기 시간에서 자유롭다. 그리고 스토리를 디자이너의 의도대로 이끌어가기가 용이해진다. 개발자는 플레이 시간에 영향 받지 않고 독립적인 이야기를 만들어낼 수 있다. 반대로 수용하는 입장에서도 게임 속에 숨겨진 퍼즐을 풀고 스토리를 이해하기가 편하다. 또한 언제 어디서 컷신이 등장하더라도 플레이어가 진행하던 상황에 영향을 주지 않는다. 다른 캐릭터를 만난다면 그들의 대화는 커트 장면에서 발생하며 플레이어의 컨트롤 바깥에 존재하기 때문이다.[26]

　하지만 앞서 언급한 것처럼 이러한 비실시간 게임은 플레이어가 시간의 구속을 받지 않기 때문에 자칫 게임이 느슨해질 수 있다. 거리 두기와 비실시간 방식 때문에 게임의 긴장감이 떨어지는 것을 〈사일런트 힐 2〉에서는 안개와 어둠을 이용한 시야의 제한과 음향효과를 통해 극복하고 있다. 특히 '라디오' 아이템은 크리처가 접근할 때 비정상적인 잡음을 들려준다. 이 효과음은 시야가 제한되어 있는 게임 환경에서 플레이어의 긴장감을 극대화시킨다. 이런 여러 요소는 〈사일런트 힐 2〉의 시간성이 제한되어 있는 것에 대한 일종의 대안이라고 볼 수 있다.

　〈사일런트 힐 2〉에는 많은 컷신이 있다. 이것들은 플레이어의 의지와 상관없이 특정 조건이 만족되면 발생하며 플레이 시간에 포함되지 않는 독립된 시간으로 구성된다. 게임의 전체적인 과정은 컷신의 조합으로 요약할 수 있지만 대부분의 플레이 시간은 컷신과 컷신을 이어주는 부분에서 소요된다고 할 수 있다. 즉 정지되어 있는 게임 내적 시간은 공간 탐색의 구조를 더욱 강화시킨다. 그리고 플레이어는 시간의 제약을 받지 않고 게임 속의 공간을 얼마든지 살펴볼 수 있기 때문에 심리적 시간을 충분히 확보하게 된다.

5) 'E' 영역 : RR, RP, NR, NP를 모두 포함

앞에서도 언급했듯이 게임의 장르는 다양하고 그 다양한 장르에 따라 다
양한 시간성이 존재한다. 한 게임에 모든 시간성이 골고루 섞여 있는 것도
가능하다. 〈시간의 오카리나〉는 그러한 복합적인 시간성을 보여주는 작품
이다.

게임의 제목에서도 나타나듯이, 이 게임에서 '오카리나'의 역할은 대
단히 중요하다. 게임을 진행하는 데 중요한 열쇠가 되는 아이템인 동시
에 게임 스토리에서도 큰 비중을 차지한다. 또한 오카리나 아이템을 단순
히 기호로 인식하고 '사용'하는 것이 아니라 플레이어가 직접 만지고 '연주'
할 수 있도록 디자인하여 게이머가 더욱 게임에 몰입할 수 있도록 하였다.
이 아이템은 단순히 어떤 장치를 작동시키는 것에서 시작하여 특정 지점
으로 워프하거나 어떤 경우에는 통행증의 역할을 하기도 한다. 그리고 이
세상을 구원하는 데 필요한 중요한 아이템으로까지 그 위상이 올라간다.
〈시간의 오카리나〉는 플레이에 있어서 자칫 지나치게 의존적이고 수동적
이 될 수 있는 요소를 상당 부분 배제시키는 데 성공했다고 볼 수 있다.

앞서 〈사일런트 힐 2〉가 같은 시간대에 존재하는 두 가지의 이질적
인 공간을 보여주는 것과 달리 〈시간의 오카리나〉는 같은 공간에 두 가지
의 시간대를 보여준다. 주인공 링크는 '시간의 신전'을 통해 시간을 여행할
수 있다. 플레이어는 소년 링크로 게임을 시작하지만 젤다 공주에게 '시간
의 노래'를 배운 후 어른 링크로 진행하게 된다. 어린이에서 어른으로 바뀌
게 되면 몸의 크기는 물론 사용하는 무기나 아이템도 변하게 된다. 그리고

25 Diane Carr, "Play Dead: Genre and Affect in Silent Hill and Planescape Torment",
        www.gamestudies.org, volume 3 issue 1, 2003, p.3.
26 Diane Carr, 앞의 글, p.3.

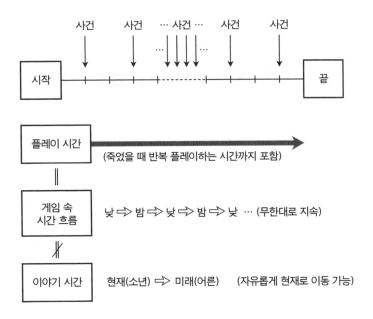

그림 13 〈시간의 오카리나〉의 시간 구조

게임의 이야기 시간은 7년 후의 세계를 보여준다. 시간의 신전은 두 시간
대의 매개 역할을 한다. 플레이어는 시간의 신전에서 다시 7년 전으로 되
돌아갈 수 있다. 이것은 게임을 진행하는 데 있어서 매우 중요한 요소인데
왜냐하면 어린 시절에만 가능한 일과 어른 시절에만 가능한 일이 각각 분
리되어 있기 때문이다. 예컨대 영혼의 신전에는 어린 상태로 갈 수 있는 곳
과 어른 상태로 갈 수 있는 곳, 이렇게 두 개가 있다. 어린 상태에서 가야
하는 영혼의 신전에서 '은의 글러브'를 얻지 않으면 어른의 신전을 가지 못
한다. 결과적으로 게임 속의 물리적 공간은 동일하지만 두 가지의 시간대
가 존재함으로써 플레이 공간은 더욱 넓어진다.[27]

　그런데 〈시간의 오카리나〉에는 하루하루 변하는 밤과 낮의 시간 개
념도 존재한다. 〈사일런트 힐 2〉의 경우처럼 특정 지역까지 이동해야 강제
적으로 변하는 단순한 배경화면 역할이 아니라 플레이어의 의지와 관계없
이 시간이 흐르고 낮과 밤이 교차하게 된다. 각 시간대마다 태양의 위치와
빛깔이 다르며 '카카리코 마을' 입구에 있는 병사에게 물어보거나 각 지역
에 위치한 석상을 검으로 때리면 정확한 현재의 시간을 알려주기도 한다.
밤이 되면 성문이 잠기거나 가게가 문을 닫기도 하는 등 〈동물의 숲〉과 마
찬가지로 시간에 따른 제약도 주어진다. 하지만 이런 게임 내 시간은 무한
대로 플레이어에게 주어지고 저장 역시 언제든 가능하기 때문에 〈페르시
아의 왕자〉와 마찬가지로 시간으로 인해 게임의 긴장감이 발생되지는 않
는다. 그럼에도 밤과 낮이 교차되는 게임 속 시간의 흐름은 게임 속의 세계
를 보다 현실에 가깝게 재현하는 요소가 된다. 혹자는 〈시간의 오카리나〉
를 플레이하던 중 가장 기억에 남는 것이 평원에 앉아 저녁 무렵 해가 지는
것을 바라보고 있을 때라고 한다. 이처럼 게임 속에서 흘러가는 시간은 플

27　시간 여행을 소재로 한 게임에서 동일한 공간을 서로 다르게 구성해 서로가 영향을
　　　주고받는 구조를 쉽게 찾아볼 수 있다. 캡콤의 〈귀무자 3Onimusha 3〉 역시 시간 여행을
　　　소재로 과거에 한 일이 미래에 영향을 끼치도록 디자인되어 있다.

레이어의 진행에 대립되는 시간이 아니라 현실 세계에서의 느낌을 재현함으로써 게임 속에 더욱 몰입하게 하는 역할을 하기도 한다.

7년이라는 거시적 시간의 변화가 게임의 내러티브에 작용하는 시간이라면 매일매일 변하는 시간의 흐름은 플레이 시간과 밀접한 관련이 있다. 게임 중에 나타나는 시간의 변화는 플레이 시간에 비례해서 움직인다.[28] 따라서 이 게임은 실시간 방식으로 분류가 가능하다. 하지만 스토리상 설정된 시간과 실제 게임 속의 시간 진행은 일치하지 않는다. 예를 들어 만약 낮과 밤이 7년 동안 바뀔 때까지 게임을 진행시킬지라도 주인공 링크는 결코 어른이 되지 못할 것이다. 이야기 시간은 게임 공간과 더불어 이미 설정되어 있고 여기에 맞춰서 플레이어가 엔딩까지 진행하면서 움직여야 할 동선 또한 큰 가닥이 이미 결정되어 있기 때문이다. 그렇다고 이러한 게임 내적 시간이 게임에서 절대성을 가지는 것은 아니다.

〈시간의 오카리나〉에서는 게임 중 언제든지 저장이 가능하고 불러낼 수 있다. 시간의 제약도 존재하지 않으며 이야기 시간으로 설정된 7년이라는 시간 역시 플레이어의 임의대로 왕래가 가능하다. 즉 〈시간의 오카리나〉에서는 게이머가 조작하는 플레이 시간이 게임 내적 시간보다 우위에 있다고 할 수 있다. 그렇다면 이 게임의 시간 구조는 그림 13과 같이 정리할 수 있을 것이다.

그림 13에서 알 수 있듯이 〈시간의 오카리나〉는 복합적인 시간을 사용하고 있다. 이 게임은 〈바이오해저드〉나 〈사일런트 힐〉 같은 액션 어드벤처 게임으로 실시간 게임과 비실시간 게임의 경계에 위치해 있다. 거기에다 게임에서 사용된 내러티브의 시간 역시 현실 유인 허구 시간과 순수 허구 시간이 복합적으로 나타난다. 낮과 밤의 변화를 반복하며 24시간의 시간 흐름이 존재하지만 한편으로는 현재와 미래를 왕복하면서 전개하는 순수 허구 시간의 내러티브 시간도 존재한다. 표면적으로는 현실 유인 허구 시간을 사용하고 있지만 이 게임은 순수 허구 시간 쪽에 더 많은 비중을 두고 있다. 그 까닭은 밤낮이 바뀌는 시간의 흐름이 사실 게임의 이야기 전개에는 거의 영향을 주지 않는 데서 쉽게 드러난다. 시간의 흐름은 게

임의 공간성을 더욱 현실적인 공간으로 만드는 데 기여한다. 하지만 이 시간이 〈동물의 숲〉처럼 현실 시간과 동일해지면 과거와 현재를 오가는 이야기 시간을 보여줄 때 모순이 생겨버린다. 그래서 〈시간의 오카리나〉는 24시간의 반복만 제시할 뿐 그것이 쌓여서 생성되는 보다 큰 시간(일주일, 한 달 단위의 날짜) 개념이 등장하지 않는 것이다.

플레이 시간은 게임 속 시간 흐름과 동일한 위상으로 전개되지만 이것이 이야기 시간과 일치하는 것은 아니다. 이야기 시간은 미리 설정된 스토리 상에 존재하는 시간이며 그것과는 별개로 게임 속의 시간이 설정되어 있다. 위 그림 13을 살펴보면 이 게임의 시간의 흐름이 결국 엔딩을 향한 일방향의 진행임을 알 수 있다. 하지만 마지막에 이야기 시간은 다시 게임을 처음 시작했던 시점으로 되돌아온다.

"당신의 힘으로 가논드로프는 암흑의 세계에 봉인되었습니다. 이것으로 이 세계도 다시 평화로운 시대를 맞게 되었습니다. (……) 하이랄의 평화가 돌아올 때…… 그때가 우리가 헤어질 때입니다. 자, 돌아가세요. 링크. 잃어버린 시간을 다시 찾으러. 당신이 있어야 할 곳으로…… 당신이 하고 있어야 할 모습으로…… 고마워요. 링크…… 안녕……."

위 인용문은 게임의 마지막 컷신에서 보여주는 젤다 공주의 대사다. 원래의 소년 모습으로 돌아온 링크가 하이랄 성에서 다시 젤다와 만나면서, 즉 게임 초반에 나타났던 장면이 다시 한 번 재현되면서 여운을 남긴 채 게임은 끝나게 된다. 두 가지 시간의 통로 역할을 하던 마스터 소드가 봉인되면서 링크는 소년 시절로 되돌아온다. 이것은 모든 영웅 서사가 그렇듯 고

28   이 게임의 시간은 〈동물의 숲〉처럼 현실 시간과 1:1 비율로 흐르는 것이 아니라 현실 시간보다 더 빨리 흐른다.

향으로 돌아왔음을 뜻한다. 하지만 〈시간의 오카리나〉는 일정한 시간 동안 여러 공간을 탐험하고 돌아온 신화 속 영웅들의 이야기와는 다른 감동을 플레이어에게 전해준다. 플레이어는 이미 링크와 함께 7년의 시간을 수없이 왕복했기 때문이다. 어린 공주는 녹색 타이즈의 작은 소년을 기억하지 못한다. 마지막에 그 둘을 바라보는 플레이어의 마음속에는 단순한 '모험의 완료' 이상의 정서가 자리 잡게 된다. 미래의 시간으로 돌아갈 수 없는 소년과 소녀. 그들의 마음은 과거의 시간으로 돌아갈 수 없는 노부부의 안타까운 마음과 흡사하다. 하지만 소년과 소녀에게는 새롭게 시작되는 시간이 펼쳐져 있다. 아쉬움과 희망의 상반된 이미지가 겹쳐지면서 게임은 막을 내린다.

게임 시간의 기능

지금까지 분류한 유형들을 종합해보면 게임의 시간은 현실 시간과 동일한 구조로 작동하지 않음을 알 수 있다. 다시 말해 게임 시간은 게임 속에서 필요에 의해 선택적·기능적으로 사용되며 게임의 재미를 위해 유저 역시 시간적 왜곡이나 비현실적 시간을 용납할 수 있게 된다. 현실 시간의 원리에 충실한 게임은 놀이 요소나 내러티브를 활용하는 데 있어서 제한적일 수밖에 없다. 오히려 게임의 무시간성은 플레이어에게 더 많은 기회와 자율성을 부여한다. 실시간 게임에 현실 유인 허구 시간을 결합한 RR 구성의 게임이 흔치 않은 것도 그 특유의 시간성이 플레이를 제한하기 때문이라고 할 수 있다. 그렇다면 게임에서 시간은 어떤 기능을 수행할까?

1) 구속의 기능

게임 시간의 가장 주된 기능 중 하나는 플레이 시간을 구속하는 것이다. 이것은 게임 속에서 '제약'의 역할을 수행한다. 시간에 제한을 두는 것은 게임에서 난이도를 조절할 수 있는 가장 손쉬운 방법 중 하나다. 〈카다시 Cadash〉는 원래 아케이드 버전에서는 인컴 수익 관계로 시간 제한이 있었지만 콘솔(PC엔진) 버전에서는 시간 제한이 사라졌다. 따라서 같은 게임이지만 게이머의 플레이 스타일에는 차이가 발생한다. 콘솔 버전에서는 필요한 만큼 경험치를 쌓으며 천천히 진행해도 되지만 아케이드 버전의 경우 늘 시간에 쫓기는 플레이어는 최소한의 레벨만 올리면서 되도록 빨리 진행하게 된다. 상점에서 구입하는 아이템도 아케이드 버전에서는 시간을 늘려주는 '모래시계'가 다른 아이템에 우선한다. 게임 진행에 직접 도움을 주는 아이템은 아니지만 플레이할 수 있는 시간을 늘려 시간 제한으로 인한 게임 오버의 위험을 줄여주기 때문이다.

초기 아케이드 게임 〈랠리XRallyX〉는 시간의 구속력이 자동차 '연료'로 표현되어 있다. '조금씩 소모되며 모두 소진되었을 때 게임이 끝난다'는 측면에서 이것은 시간 제한과 동일한 의미를 가지고 있다. 이렇듯 게임에서 시간은 은유적으로 표현되는 경우가 많다. 〈이코ICO〉 역시 겉으로 드러나는 시간 제한이 없지만 일정 시간이 지나면 소녀가 괴물에게 잡혀가기 때문에 플레이어는 빠르게 소년을 움직여서 퍼즐을 해결해야 한다. 이 경우 괴물의 등장은 시간 제한의 은유적 표현이며 역시 게임의 난이도 상승에 기여한다.

시간의 구속 기능이 크게 작용하는 영역은 실시간 게임이 포함된 RR과 RP 영역이라고 할 수 있다. 그리고 시간의 구속은 자연스럽게 게임의 종결을 도와준다.

2) 몰입의 기능

게임의 시간성은 플레이어가 게임에 더욱 몰입할 수 있도록 도와준다. FPS 장르가 극도의 몰입감을 제공하는 원인은 1인칭 시점에서 제공되는 3D의 공간만이 아니다.

영화에서 시간은 관습적으로 표현되기 때문에 상영 시간과 서사의 지속 시간이 일치하지는 않는다. 〈퀘이크〉나 〈미스트〉에서 허구 내의 시간은 플레이하는 시간과 어느 정도 공존하는데, 이는 게이머가 게임 안에서 활동하며 게임을 활성화하기 때문이다. 게이머가 바로 게임의 주인공인 셈이다. (……) 게임에서 게이머가 상대적으로 시간을 제어하며, 현재 시제가 관련되어 있다는 실제적인 의미(거기 존재하면서 반응하고 반응을 얻어낸다는 인상)가 이 장르의 중심이 된다.[29]

앤드류 달리가 언급했듯이 FPS 게임의 현존성은 1인칭 시점과 더불어 실시간적인 속성에 기인한다. 게이머가 게임 안에서 활동하며 게임을 활성화하는 것은 실시간 게임의 충분조건이자 필요조건이라고 할 수 있다. 그로말미암아 얻어지는 가장 직접적인 효과는 플레이어를 게임 속에 몰입시키는 것이다. 2시간 동안 진행되는 〈D의 식탁〉, 해가 뜨고 지는 〈시간의 오카리나〉, 현실과 같은 시간대에서 진행되는 〈동물의 숲〉 등은 시간의 묘사로 인해 몰입감이 증폭되는 게임들이다.

3) 이야기의 확장

최초의 영화들은 상영 시간과 스크린 시간이 일치했다. 이런 영화들은 한 쇼트로 구성되었는데, 카메라가 돌아가기 시작해서 수초 혹은 수분이 지나 작동을 멈추면 끝이었다. 처음부터 끝까지 시간은 단절되지 않았고 하나의 연속된 쇼트가 영사되었다. 간단히 말하자면 뤼미에르 형제, 에디슨 등이 만들었던 초기 영화는 시간과 공간을 조작할 수 있는 영화의 능력을 사용하지 못하고 있었다.[30]

영화에서 이루어지는 시간의 조작이 주로 감독에 의해서 이루어진다면 게임에서 이루어지는 시간의 조작은 주로 수용자에 의해 이루어진다. 〈페르시아의 왕자〉에서 플레이어가 데이터를 저장했다가 불러내는 것 역시 일종의 사용자에 의한 시간 조작으로 볼 수 있다(그림 6 참고). 이때 저장 기능으로 시간을 조작하는 것은 내러티브가 아닌 놀이 요소를 위한 것이다. 엔딩에서 공주가 만나게 될 사람은 죽음을 무릅쓰고 찾아온 왕자가 아닌 죽음의 고비마다 새로 태어난 왕자다.[31] 플레이어가 세이브를 몇 번 했는지 혹은 몇 번이나 데이터를 불러내 재도전했는지는 게임 스토리에 아무런 영향을 미치지 않는다. 단지 게임을 진행하는 과정에서 플레이 시간이 늘어날 뿐이다. 저장 기능은 간접적으로 플레이어에게 재도전의 기회를 제공해주며 시간을 제한하는 것은 게임에 긴장감을 더해준다. 이 긴장감은 플레이 시간이 부족해서 생기는 것이 아니라 오히려 플레이 시간이 쓸데없이 늘어나는 것에 대한 걱정 때문에 발생하는 것이다.[32] 즉 게임에서의 시간은 수용자가 플레이 시간을 재미있고 효율적으로 활용할 수 있도록 하는 데 그 목적이 있다.

하지만 기술적인 시간 조작이 놀이 요소뿐만 아니라 게임의 내러티브와 만날 때 훨씬 다양하고 새로운 이야기의 전개가 가능하다. 소설이나 영화의 수용자는 이야기를 감상하는 데 일정한 시간을 사용하며 그 시간은 내러티브와 독립된 별개의 시간으로 존재한다. 하지만 게임은 게임을 수용하는 데 필요한 시간, 다시 말해 플레이 시간이 게임 내적 시간에 영향을 끼칠 수 있다는 점에서 다른 매체와 구별된다. RR 형식에서 언급되었던 〈무쥬라의 가면〉은 게임 시간의 조작이 내러티브와 연결된 게임이다.

자신의 몬스터를 키워서 대결을 벌이는 게임 〈몬스터 팜Monster Farm〉은 캐릭터의 수명이 게임 속 시간을 기준으로 3~4년 정도다. 수명이 다한 몬스터는 게임에서 영원히 사라져버리고 게이머는 새로운 몬스터를 키워야 한다. 다시 말해 게임을 하는 동안 게임 속 몬스터는 서서히 죽음으로 치닫고 있는 존재다. 비록 가상공간의 캐릭터이지만 현실 시간의 구속을 받게 되면서 유한한 생명체로서의 현존성을 가지게 된다. 혹자는 자신의

29   앤드류 달리, 앞의 책, 204쪽.
30   토머스 소벅·비비안 소벅, 앞의 책, 104쪽.
31   죽어도 게임 속의 처음 주어진 60분의 시간에 변함이 없다는 것이 〈페르시아의 왕자〉의 핵심이다.
32   아무리 재미있는 게임이라도 같은 레벨을 무한정 반복하게 되면 흥미를 잃게 된다.

몬스터가 죽는 것을 보고 싶지 않아 게임을 두 번 다시 꺼내지 않는 경우도 있다.[33] 이 경우 게이머가 단지 게임을 플레이하지 않는 것만으로도 게임 속 시간은 조작되고 있다. 또한 그에 따라서 게임 속의 이야기 역시 바뀐다. 원래대로라면 수명이 다 되어 죽어야 할 캐릭터가 죽지 않고 살아 있기 때문이다.[34] 이것은 게임의 플레이 시간을 플레이어가 강제적으로 조작함으로써 서사의 양상이 달라지는 경우라고 할 수 있다. 비록 전원이 켜져 있을 동안만 시간이 흘러가지만 언젠가 몬스터가 죽음에 이른다는 점에서 〈몬스터 팜〉의 시간은 현실의 시간과 본질적으로 유사성을 지니고 있다.

4) 공간의 규정

게임의 시간은 게임의 공간을 규정하기도 한다. 〈이코〉는 소녀가 괴물에게 잡혀가는 은유적인 시간 제한이 존재한다. 이런 시간 제한은 소년이 움직일 수 있는 공간의 범위를 결정한다. 즉 괴물에게 잡혀가는 소녀에게 다시 돌아올 수 있는 시간적 여유를 확보해야 하기 때문에 플레이어는 공간의 이동에 제약을 받게 된다. 한편 시간은 공간을 더 확장시키기도 한다. 〈시간의 오카리나〉는 현재와 미래 두 가지의 시간대를 이용해 동일한 공간을 두 가지의 게임 공간으로 확장시켰다. 그리고 〈무쥬라의 가면〉은 시간을 천천히 흐르게 만들어 플레이어가 움직일 수 있는 공간을 확장한 게임이다.

게임의 시간 그리고 죽음

컴퓨터게임은 아직 자신의 가능성을 모두 표현하지 못하고 있다. 영화가 그랬듯이 아마도 시간이 흐르면서 자기 나름의 문법을 정립해나가며 발전할 것이다. 따라서 게임 연구는 이론으로 머무를 것이 아니라 현재 게임 패러다임을 바꿀 수 있도록 도와줘야 한다. 게임은 무시간성 속에서 무한히 반복되기 때문에 죽음이 의미를 상실하는 공간이다. 한 번 죽으면 영원히 살아날 수 없는 게임이 있다면 아마도 상업적으로 성공하기 힘들 것이다.

사람들은 현실을 벗어나기 위해 게임을 즐기는데 죽음이 플레이어의 발목을 잡는다면 그것은 이미 게임이 아니라 현실 그 자체이기 때문이다. 하지만 죽음을 회피하지 않고 극복했을 때 게임은 비로소 예술로의 첫발을 내딛게 될 것이다. 화면이 나오지 않고 오직 소리로만 플레이하는 게임 〈리얼 사운드-바람의 리그렛〉은 플레이어 마음대로 세이브를 할 수 없도록 되어 있다. 반복 플레이가 가능하기는 하지만 적어도 한 번의 플레이 속에서 이 게임의 시간은 일회적이다. 이 게임을 만든 이노 겐지는 "삶 자체가 맘대로 선택할 수 없는 것이고, 그래서 우리는 끊임없이 후회를 한다. 게임에서도 그런 기분을 느낄 수 있도록 해주고 싶었다"고 말한다.[35] 아마도 그에게 게임은 단순한 장난감 이상의 의미였을 것이다.

그리스 신화에는 나르시스라는 신이 등장한다. 나르시스라는 말은 그리스어의 나르코시스Narcosis, 다시 말하면 '마비'에서 유래했다. 물 위에 비친 거울이라는 수단에 의하여 성립된 자기 자신의 확장이 그의 감각을 마비시켰다. 나르시스는 자기 확장에 자기를 적응시키고 그것과 밀착하여 하나가 되고 말았다. 게임 속의 캐릭터는 화면 밖 플레이어의 확장이며 감각의 마비와 함께 하나가 된다. 즉 게이머는 현대판 나르시스의 다른 이름이다. 자신의 근원 위에서 수그리고 있던 나르시스 이래로, 지속하고 있는 생생함 그대로 위에서 실재성을 포착하려고 하는 것은 환상이다. 우리는 우리 자신을 통과하여 저 너머에 있고자 하는 꿈을 꾼다.[36] 연극, 소설, 영화에 이르기까지 인류는 그 꿈에 근접하기 위해 예술 작품을 만들고 각종 매체를 발전시켜왔다. 그리고 꿈은 이제 컴퓨터게임을 통해서 점차 완성되어가고 있다.

---

33   박상우, 『게임, 세계를 혁명하는 힘』, 씨엔씨미디어, 2000, 194쪽.
34   이것은 〈몬스터 팜〉에 '플레이어가 게임을 하는 중에만 시간이 흐른다'는 규칙이 있기 때문이다. 〈동물의 숲〉은 접속하지 않거나 전원이 꺼져 있어도 시간이 흐른다.
35   박상우, 앞의 책, 216쪽.
36   장 보드리아르, 『시뮬라시옹』, 민음사, 2001, 178쪽.

9 게임과 공간

— 게임 공간 그리고 움직임의 은유[1]

게임의 조작과 운동성의 관계

컴퓨터게임[2]에 관한 가장 흔한 오해 중 하나는 게임이 현실과 비슷한 가상 공간을 제공하며 그 속에서 플레이어가 무엇이든 자유롭게 할 수 있다는 것이다. 그리고 이런 게임 행위가 반복되면 급기야 게임과 현실을 구분할 수 없게 되고 중독에 이른다는 주장이다. 총기나 기타 흉기 관련 사망 사고가 발생할 때마다 빠지지 않고 등장하는 카피, "범인은 평소 게임을 즐겼던 것으로 밝혀져……"는 이런 게임에 대한 오해와 뿌리 깊게 연결되어 있다.

1983년 로프터스는 『Mind at Play』라는 책에서 심리학으로 게임 중독을 설명한 바 있다.[3] 당시 언급된 게임들은 〈팩맨〉, 〈동키콩〉, 〈사보티지 Sabotage〉 등 기술적인 진보가 없는, 현실과 다소 동떨어진 그래픽의 게임들이었다. 그럼에도 게임은 많은 사람을 열광시켰다. 두 저자는 '반응 강화', '지각의 불일치' 그리고 '유감'이라는 개념으로 게임 중독의 프로세스를 설명했다. 결국 게임 중독의 원인은 게임 자체의 사실성이 아니라 다양한 심리적 요인에 기인한다는 것이다. 사실 게임이라는 매체는 오늘날 기준에서 봐도 그다지 '리얼'하지 않다. 표현되는 이미지는 기술이 발전함에 따라 현실에 근접하고 있지만 게임에서 플레이어가 할 수 있는 일이란 극히 제한

---

1 이 글은 한국콘텐츠진흥원 주최 제1회 게임비평상 공모전 수상작임.

2 여기서 컴퓨터게임은 PC 플랫폼 게임뿐만이 아니라 컴퓨터 기술에 기반한 모든 전자 게임을 말한다. 본문에서는 '컴퓨터게임', '비디오게임', '게임'을 모두 같은 의미로 사용하였다.

3 Geoffrey R. Loftus · Elizabeth F. Loftus, *Mind at Play*, Basic Books, New York, 1983.

적이며 철저하게 룰과 시스템에 의해 규정된다. 그렇다면 심리학적인 요소를 제외하고 게임 그 자체로서 사람들을 몰입시키는 요소는 무엇일까?

논의를 쉽게 풀어가기 위해 다시 한 번 게임의 역사를 거슬러 올라가 보자. 〈스페이스 워〉나 〈퐁〉과 같은 단순한 초기 게임들은 어떻게 사람들로 하여금 동전을 넣게 만들었을까? 화려한 이미지가 배제된 흑백 화면 속에 남아 있는 것은 플레이어가 조작하는 작은 도트 혹은 패들뿐이다. 결국 화면 속의 어떤 개체를 직접 움직일 수 있다는 것. 그 놀라운 사실이 사람들의 마음을 움직이지 않았을까? 따라서 게임이 오늘날까지 플레이어에게 몰입과 현실감을 제공하는 기본 근저에는 '조작'이라는 것이 숨어 있다고 할 수 있다.

게임에서 조작 행위는 운동의 위상 변화다. 현실의 물리적인 운동이 화면 내의 이미지를 움직이고 변화시킨다. 아주 간단한 예로 〈갤러그〉에서 버튼을 누르는 행위는 미사일 발사로 구현되고, 〈스트리트 파이터 2〉에서 레버를 아래쪽으로 반 회전시키는 행위는 화면 속 캐릭터의 '파동권'으로 치환된다. 이러한 운동의 위상 변화에는 시스템적으로 미리 약속된 체계가 존재하며 모든 운동은 화면 속의 일정한 공간 안에서 발생한다. 즉, 현실의 운동은 현실 공간에서 발생하며, 게임의 운동은 게임 공간 안에서 발생하지만 둘은 하나의 인터페이스로 긴밀하게 연결되어 있다.

대체로 컴퓨터게임의 운동 및 조작은 최소한의 조작으로 최대한 많은 행위를 표현할 수 있도록 발전해왔다. 이른바 '경제성의 원리'가 적용되는 것이다. 예를 들어 〈철권〉에 100개의 버튼이 있고 각 버튼마다 하나의 기술이 대응된다면 유저는 결코 〈철권〉에서 흥미를 느낄 수 없을 것이다. 하나의 스틱과 네 개의 버튼으로 무수히 많은 기술을 구현함으로써 〈철권〉은 격투 게임의 은유를 충실히 구현한다. 따라서 조작이 최소화된 현실 세계의 운동은 게임 전체의 구조 속에서 그리 많은 부분을 차지하지 않았다. 하지만 최근에는 현실 세계의 물리적 운동이 게임 속에서 표현되는 운동보다 더 큰 비중을 차지하고 있다. 소위 'DDR' 같은 체감형 게임, 나아가 최근 닌텐도에서 발매한 콘솔 게임기 'Wii' 같은 경우는 게임 외부의 운동을 극대화시켜서 새로운 재미를 만들어낸 좋은 예다.

게임의 조작 체계는 플레이어가 그 게임 안으로 들어가는 가장 기본적인 통로다. 그리고 플레이어의 물리적 조작은 게임 안의 공간에서 매순간 새로운 모습으로 구현된다. 역으로 말해 공간의 성격이 달라지면 조작의 형태도 달라지고, 플레이어가 느끼는 재미의 본질 역시 변화한다. 여기서는 컴퓨터게임의 공간적 특징을 정리하고, 이런 공간과 캐릭터의 움직임이 어떤 상관관계를 만들어내는지 〈몬스터 헌터〉[4]를 통해 알아보고자 한다.

게임의 공간 – 분절에서 파생되는 은유들

들뢰즈는 『시네마』의 도입부에서 베르그송의 세 가지 운동에 관한 명제들을 제시한다. 베르그송은 운동과 공간의 차이를 다음과 같이 설명한다.

> 운동은 그것이 가로지른 공간과는 분명히 다르다. 가로질러진 공간은 과거이고 운동은 현재이면서 가로지름의 행위다. (……) 운동이 가로지른 공간들은 모두 하나의 균질적인 공간에 속하지만 운동들은 이질적이고 서로 환원될 수 없다.[5]

〈몬스터 헌터〉의 공간을 분석해보면 그것이 매우 중층적인 구조라는 것을 알 수 있다. 플레이어는 마을에서 출발하여 설산, 밀림, 사막, 늪지 등 다양한 장소로 이동할 수 있다. 하지만 각 맵은 독립적으로 존재하며 상호간 이동이 불가능하다. 마을에서 특정 퀘스트를 선택하면 플레이어는 자동으로 해당 맵에 도착하게 된다. 서로 가로지를 수 없는 공간들은 그래서 독

4　일본 CAPCOM에서 발매한 〈몬스터 헌터〉 시리즈는 PS2, PSP, PC용 온라인 게임 등 다양한 플랫폼으로 발매되었으며 각 플랫폼별로 다양한 시리즈가 존재한다. 이 글은 〈몬스터 헌터 포터블〉 시리즈를 기반으로 분석했음을 밝혀둔다.

5　질 들뢰즈, 『시네마 I : 운동-이미지』, 시각과 언어, 2002, 9쪽.

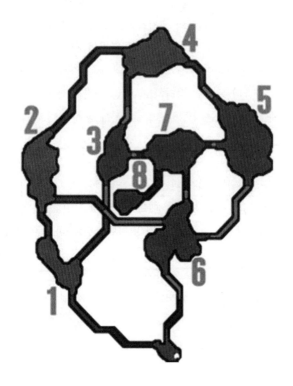

그림 1 〈몬스터 헌터〉의 미니 맵

립적이고 이질적이다. 이것은 단순한 배경 그래픽의 차이를 넘어서는 문제라고 할 수 있다.

개별 맵은 다시 번호가 매겨진 다양한 구역으로 구분되며 각 구역은 서로 연결되어 있다. 따라서 〈몬스터 헌터〉의 공간은 플레이어가 가로지를 수 있는 하나의 균질적인 공간인 셈이다. 그러면서도 각 공간 사이는 단절되어 있다. 게임 내에서는 보이지 않는 통로로 막혀 있고, 물리적으로는 '로딩'으로 막혀 있다. 그래서 플레이어는 공간과 공간 사이를 가로지른다기보다는 건너뛴다는 느낌을 받게 된다. 게임의 배경 역시 단절되어 있다. 넓은 야외를 표현하고 있지만 그 배경 속으로 플레이어는 결코 스며들 수 없다. 그런 의미에서 〈몬스터 헌터〉는 일종의 실내 게임이다. 제임스 뉴먼은 『비디오게임』에서 실내 게임과 실외 게임을 구분하는 기준이 단순히 배경이 되어서는 안 된다고 지적한다.[6] 이를테면 FPS 게임 〈둠〉은 많은 레벨이 실외에서 진행되지만 이런 외부 공간도 근본적으로는 실내에서 경험되는 것과 동일한 공간적 제약을 가지고 있다. 때문에 실내와 실외의 구분은 공간의 제약성이 우선시되어야 한다. 마찬가지로 배경만 따진다면 〈몬스터 헌터〉는 당연히 실외 게임의 범주에 포함될 것이다. 하지만 아무리 배경이 넓게 펼쳐져 있어도 플레이어가 갈 수 있는 공간은 미니맵에 표시된 공간이 전부다. 이렇게 다양하게 분절된 공간이 게임 내에서 수행하는 역할은 크게 두 가지다.

A. 분절된 구역에 몬스터를 배치하여 플레이어가 몬스터의 위치를 구체적으로 지각할 수 있도록 한다.
B. 각 공간을 시간적 차원으로 전이시키고, 나아가 과거의 공간으로 인식하게 만든다.

---

6   제임스 뉴먼, 『비디오게임』, 커뮤니케이션북스, 2008, 183쪽.

A 기능은 플레이어에게 특정 아이템의 사용을 강제한다. 〈몬스터 헌터〉
플레이의 기본은 몬스터를 찾아내서 페인트볼 아이템을 붙이는 것이다. 페
인트볼을 맞은 몬스터는 일정 시간 동안 미니맵에 그 위치가 표시된다.[7]
맵 어딘가 막연하게 존재했던 두려운 존재가 정확하게 미니맵에 포지셔닝
되는 것이다. 위치를 인식함으로써 일단 플레이어는 몬스터를 구체적인 대
상으로 파악할 수 있게 된다. 다시 말해 몬스터가 두려움의 대상에서 사냥
해볼 만한 대상으로 바뀌는 것이다. 마치 눈을 감고 걸어갈 때의 두려움이
눈을 뜨면 사라지는 것과 비슷한 현상이다. 또한 플레이어가 몬스터의 위
치를 확인할 수 없다면 대상을 찾기 위해 대부분의 시간을 소비할 것이다.
제한 시간 이내에 목표를 달성하기 위해서라도 플레이어는 늘 몬스터의
위치를 인지하고 있어야만 한다.

　　B 기능은 앞서 언급한 베르그송의 명제와 닿아 있다. 즉 "가로질러진
공간은 과거이고 운동은 현재이면서 가로지름의 행위"다. 현실 세계에서
주체가 지나왔던 공간은 원칙적으로 기억 속에만 존재한다. 이미 지나간
운동은 환원될 수 없다. 따라서 다시 그 공간에 진입한다고 해도 같은 공
간일 수는 없다. 하나의 몬스터를 사냥하기 위해 플레이어는 자신이 이미
가로질렀던 과거의 공간 속으로 몇 번이고 재진입해야만 한다. 만약 맵이
하나로 이어진 공간이라면, 다시 말해 한 덩어리의 균질적 공간이라면 몬
스터와 플레이어는 언제나 같은 장소에 존재할 것이다. 같은 장소에 존재
하는 한, 쉴 새 없는 공격과 방어가 어느 한쪽이 쓰러질 때까지 이어질 것
이다. 즉 게임이 마무리될 때까지 환원될 수 없는 운동과 현재성만 그곳에
존재할 것이다. 〈몬스터 헌터〉는 한 마리의 강한 몬스터를 잡는 것에 모든
시스템이 집중되어 있다. 재미의 포인트가 몬스터를 사냥하는 것이라면,
그것만을 위해서 단순하게 맵을 제작하는 것이 옳을 것이다. 마을에 위치
한 투기장은 바로 그런 목적에 특화된 장소다. 하지만 자의든 타의든 〈몬
스터 헌터〉는 맵의 분절을 선택했다.

　　맵이 분절되면 각 장소는 플레이어가 이동한 순서에 따라 시간 순
으로 재배열된다. 플레이어는 매 순간 과거의 공간으로 재진입하면서 기

억 속의 공간을 현실의 움직임 속에 끄집어내고 반추하게 된다. 그 과정에서 좀 더 효율적인 플레이가 만들어진다. 또한 공간의 시간적 위상 변화와 그 차이는 플레이어와 몬스터를 서로 다른 공간에 존재하도록 만든다. 그로 말미암아 자칫 지루하고 평범해질 수 있는 싸움에는 일종의 휴지 기간이 발생한다. 아울러 몬스터의 도주, 플레이어의 추격, 다시 플레이어의 도주 등 다양한 사냥의 리듬과 은유가 발생한다. 때문에 〈몬스터 헌터〉의 분절되고 닫힌 공간은 '수렵'이라는 게임의 목적을 효과적으로 뒷받침한다고 볼 수 있다.

게임의 운동과 현실의 운동 - 시선의 문제

운동이란 공간 안에서의 이동이다. 그런데 매번 공간 안에서 부분들이 이동할 때마다 전체 안에서도 질적인 변화가 있게 된다. 베르그송은 『물질과 기억』에서 다양한 예를 제시하는데, 이를테면 한 마리의 동물이 움직일 때는 그냥 움직이는 것이 아니라 먹기 위해서, 혹은 계절적 이동을 위해서 이동한다는 것이다. 운동은 잠재적 차이를 상정하며 스스로 그것을 메우는 것이다.[8]

〈몬스터 헌터〉를 플레이하는 과정에서 플레이어는 끊임없이 움직이게 된다. 움직임에는 일정한 목적이 있으며, 각 움직임은 게임 전체의 질적인 변화를 만들어낸다. 플레이어의 이동을 유형별로 분류해보면 다음과 같이 구분할 수 있을 것이다.

---

7 물론 자동으로 맵에 표시가 되는 스킬도 존재하지만 특정 아이템을 착용해야 하기에 여기서는 언급하지 않는다.

8 질 들뢰즈, 앞의 책, 21쪽.

A. 몬스터를 찾기 위한 이동

B. 몬스터를 공격하기 위한 이동

C. 몬스터에게서 도주하기 위한 이동

D. 아이템을 채집하기 위한 이동

하지만 〈몬스터 헌터〉에서는 몬스터 역시 이동을 수행한다. 이는 다음과 같이 구분할 수 있다.

A. 맵의 이곳저곳을 무작위로 이동(플레이어와 조우하지 않았을 때 취하는 행동)

B. 플레이어를 공격하기 위한 이동(플레이어와 조우했을 때 취하는 행동)

C. 플레이어로부터 도주하기 위한 이동(체력이 거의 떨어졌을 때 취하는 행동)

각 이동 유형이 서로 맞물리면서 〈몬스터 헌터〉는 '사냥'의 과정을 플레이어에게 전해준다. 몬스터는 지도 이곳저곳을 목적 없이 떠돌아다니고, 플레이어는 몬스터를 찾기 위해 이동한다. 두 개체가 만나면 자연히 전투가 벌어지고 불리한 쪽은 어떻게든 도망치려고 노력하며, 유리한 쪽은 추격하기 위해 노력한다. 그런 과정이 반복되면서 플레이어는 목표를 달성하게 된다.

특히 플레이어의 이동 B와 몬스터의 이동 B는 서로가 만났을 때 벌어지는 행위이며 게임 재미의 핵심이다. 이 과정에서 플레이어는 몬스터의 이동과 행동 패턴을 분석하고, 역시 적절한 행위와 이동을 수행한다. 하지만 이동 B를 수행하는 과정은 결코 쉽지 않다. 이것은 게임의 난이도와 자연스럽게 연결된다. 〈몬스터 헌터〉의 난이도에 관해서는 여러 가지 분석이 있을 수 있지만 운동이라는 관점에서 살펴보면 그것은 '시선'과 '이동'의 컨트롤에서 결정된다.

〈몬스터 헌터〉는 퀘스트당 평균 20~30분 정도의 시간이 소요된다. 그리고 동일한 시간 동안 다른 게임을 플레이했을 때보다 육체적 피로가 더 크다. 앞서 대부분의 게임은 조작을 최소화하여 많은 게임 속 행위를 만들어낸다고 언급한 바 있다. 하지만 〈몬스터 헌터〉는 '이동' 행위와 별 상관이 없는 조작을 이동 행위만큼이나 많이 수행해야 한다. 바로 시선의 이동이다. 그것은 물리적인 피로감으로 이어진다. 마치 사냥을 끝내고 돌아온 헌터의 고단함처럼 말이다.

〈몬스터 헌터〉는 이중적인 운동 체계를 가지고 있다. '시선'과 '이동' 이 그것이다. 시선은 전통적인 2D 게임에서는 큰 문세기 아니었다. 플레이어는 전지적 시점에서 언제나 적과 아군을 동시에 관찰할 수 있었고 아군의 움직임에만 주력하는 것이 가능했다. 그러나 3D 게임이 등장하면서 플레이어는 '본다는 것'에 대한 문제에 직면했다. 그리고 그것을 해결하기 위한 다양한 방법을 모색했다. 가장 대표적인 해결책은 FPS 분야에서 제시한 방법이다. 'WASD' 키로 캐릭터를 움직이고 마우스로 시선을 이동하는 방식은 이제 FPS 게임의 기본 인터페이스가 되었고 〈WOW〉 같은 MMORPG에서도 적극적으로 채용하고 있다.

하지만 PSP용 〈몬스터 헌터〉에는 마우스가 없다.[9] 그래서 십자키로 좌, 우, 위, 아래 시선을 전환하고 아날로그 패드로 캐릭터를 움직인다. 적의 공격력이 막강하다는 것을 알고 있는 상황에서 적이 보이지 않는다는 것은 극도의 공포감을 불러일으킨다. 그래서 플레이어는 늘 몬스터를 응시하고자 노력한다. 하지만 보고 있을 때 몬스터는 기다려주지 않는다. 그래서 이동과 동시에 시선을 몬스터 쪽으로 돌려야만 한다. 〈몬스터 헌터〉가 어려운 이유는 이런 시선과 이동을 동시에 컨트롤해야 하기 때문인데,

9   PC용 온라인 게임 〈몬스터 헌터 프론티어〉의 경우에는 마우스는 물론 다양한 키를 지원한다. 이런 인터페이스의 차이는 난이도는 물론 게임 전체의 재미에도 큰 영향을 미친다.

사실 하드웨어 구조상 두 가지를 동시에 수행하는 것이 여간 까다롭지 않다. 어쩔 수 없이 왼손 엄지로 아날로그 스틱을 움직이면서 같은 손 검지로 시선을 끊임없이 몬스터 쪽으로 돌린다. 대단히 부자연스러운 자세다. 만약 시선 이동을 L과 R키에 배치했다면 좀 더 쉽게 플레이가 가능했을 테지만 그러면 위, 아래의 시선 이동이 문제가 된다. 결국 플레이어의 불편함을 감수하고서라도 제작자는 십자키를 시선 이동키로 선택했다. 현실 세계에서는 시선 이동이 매우 간단하다. 고개를 돌리거나 눈동자를 굴리는 것으로 충분히 대상을 응시할 수 있다. 하지만 〈몬스터 헌터〉에서는 시선을 움직이는 것과 캐릭터가 움직이는 것이 모두 동일한 조작으로 발생한다. 그리고 자신이 사냥당하지 않기 위해 플레이어는 끊임없이 자신의 사냥 대상을 바라보아야만 한다. 대상을 응시하고자 하는 욕망과 움직이고자 하는 본능. 이 두 가지를 동시에 조작하는 과정에서 〈몬스터 헌터〉의 보다 근원적인 난이도가 결정된다고 할 수 있다.

새로운 예술적 화합물을 위해

오늘날 많은 사람이 게임의 새로운 매체적 가능성을 찾아내 기존의 예술 장르에 녹여내고자 한다. '상호작용성'이나 '스토리텔링' 같은 용어는 바로 그런 용해 과정에서 가라앉은 일종의 침전물이다. 그러나 침전물에만 집착해서는 새로운 화합물을 만들어낼 수 없다. 우리가 주목해야 하는 것은 원래 물질이 가지고 있는 성분과 가능성이다. 게임에는 다양한 공간이 존재하고 그 안에는 다양한 움직임이 존재한다. 공간과 이동의 적절한 조화로 게임은 기존 예술이 할 수 없는 독특한 은유를 만들어낼 수 있다. 또한 그 은유가 새로운 예술적 화합물을 만들어낼 것이다.

10 게임과 기억
— 컴퓨터게임의 사진 이미지에 대한 고찰[1]

〈사이런트 힐 2〉 - 사진을 줍는 사나이

게임 속에서 한 남자(제임스)가 바닥에 떨어진 사진을 줍는다(그림 1). 이 사진은 게임의 또 다른 등장인물(안젤라)의 가족 사진이다(그림 2). 가상의 캐릭터가 과거에 직접 사진을 찍었을 리는 없다. 이 사진은 게임 제작 과정에서 만들어진 컴퓨터 그래픽 이미지에 불과하다. 마치 저 게임 속의 남자처럼 말이다. 사진은 가공된 채 하나의 오브제로서 게임 공간 속에 놓여진다. 그리고 플레이어는 이 사진을 통해 안젤라의 과거 그 어느 시점과 연결된다. 이때 사진은 정보를 제공하는 수단이자 스토리를 이해하는 단서가 된다.

사진을 줍는 남자 뒤에는 커다란 거울이 놓여 있다. 거울 속 이미지는 마치 사진을 찍은 듯이 남자의 모습을 충실하게 모방한다. 남자를 포함해 카메라 앞에 있는 공간까지 함께 복제해서 보여준다. 카메라는 방의 절반만 보여주지만 나머지 반은 거울 속 공간을 통해서 드러난다. 결국 거울이라는 소품을 통해 플레이어는 전체 공간을 파악할 수 있다. 그런데 거울 속에 촬영하는 카메라의 모습은 보이지 않는다(아마 영화라면 카메라가 거울에 비치는 것을 피할 수 없었을 것이다). 이것은 위 이미지가 인위적으로 그려졌다는 명백한 증거다. 하지만 플레이어는 그런 사실을 인식하지 못한다. 컴퓨터 그래픽은 늘 그려진 시점에서 유예된 채 기계적으로 자동화되어 보인다. 그리고 이것은 일종의 사진 사실주의를 형성한다.[2]

마지막으로 아직 언급하지 않은 또 한 장의 사진이 남아 있다. 그것

1　이 글은 〈Korea Game Conference 2011〉에 발표했던 내용을 토대로 작성되었음.

그림 1 　게임 〈사일런트 힐 2〉의 한 장면

은 바로 캡처한 이미지 그 자체다. 게임 화면을 캡처한 이 이미지는 유저에
의해서 촬영된 게임 밖에 존재하는 또 하나의 사진적 이미지다. 즉, 플레이
어가 게임 플레이의 어느 시점을 그대로 보존한 것이다. 게임의 스크린샷
은 하나의 연속적 사건으로 지나가는 게임의 한순간을 붙잡아놓는다. 그
것은 현실의 사진이 자국을 남기는 것과 동일한 현상이다.

지금까지 언급된 세 장의 사진(혹은 그래픽)은 게임 이미지의 다양한
측면을 보여준다. 그리고 이 이미지들은 필립 뒤부아가 『사진적 행위』에서
언급한 사진의 세 가지 담론과 순차적으로 연결된다.

① 게임에서 현실의 사진적 형식을 제공하는 경우(실재의 변형으로
서 사진)
② 게임 안에서 사진적 복제가 발생하는 경우(실재의 거울로서 사진)
③ 게임의 장면 자체를 플레이어가 포획(캡처)하여 외부 세계에 드러
내는 경우(실재의 자국으로서 사진)

세 가지로 구분했지만 실제로 하나의 게임 장면에는 다양한 담론이 충첩
되어 나타난다. 엄밀하게 말하면 게임은 촬영된 이미지가 아니라 제작된
이미지다. 그것은 사진이라기보다는 회화에 가깝다. "사진은 자료적인 기
능, 지시, 구체적인 것, 내용물에 관련되는 반면, 그림은 형태의 연구, 예술,
상상적인 것에 관련된다."[3] 게임은 1차적으로 회화적 기법을 통해 상상력
을 표현한다. 하지만 동시에 그 창작된 이미지는 생산과 소비 과정에서 '사
진적(자동적)'인 그 무엇이 되며 자료적인 기능을 수행하기도 한다. 게임은
게임 안에 사진이라는 기존 미디어 양식을 재매개하는 동시에, 마치 현실
과 동일한 이미지(비매개)를 추구한다. 그리고 그 과정에서 일정한 효과를

2   제이 데이비드 볼터·리처드 그루신, 『재매개: 뉴미디어의 계보학』, 커뮤니케이션북스,
2006, 30쪽.
3   필립 뒤부아, 『사진적 행위』, 신구문화사, 2005, 35쪽.

얻는다. 나아가 유저들은 직접 게임의 장면을 촬영해 현실로 옮기고 새로운 의미를 생성해내기도 한다. 게임에는 세 가지의 사진적 담론이 동시에 녹아 있는 것이다. 여기서는 필립 뒤부아의『사진적 행위』와 볼터와 그루신의『재매개』에 기반하여 게임에 나타나는 다양한 사진 이미지들의 양상과 그로 인한 게임 매체의 의미 확장에 대해 논하고자 한다.

실재의 거울로서 사진

컴퓨터 프로그램과 사진의 공통점은 두 가지 모두 주체를 배제한 채 자동적으로 생성된다는 점이다. "일단 프로그램이 작성되고 로드되면 인간의 개입 없이도 기계가 작동한다." 이는 "사진의 생산에서 인간 주체가 지위"지는 것과 마찬가지다. 즉 "디지털 그래픽이 자동적이라는 사실은 사진과의 유사성을 보여주는 것이다. 지움의 테크닉은 다르지만 두 경우 모두 인간 주체는 지워진다는 점에서 마찬가지다."[4] 따라서 먼저 살펴봐야 할 것은 컴퓨터 그래픽이라는 재현 형식 자체가 어떻게 사진의 담론을 구성하느냐는 것이다. 그것은 필립 뒤부아가 "실재의 거울로서 사진"이라고 언급한, 그리고 퍼스가 "도상"이라고 언급한, 완벽한 재현의 담론과 닿아 있다.

"사진은 전반적으로 더 이상 완벽할 수 없는 실재의 모사로 간주된다."[5] 앞에서 제시한 게임 속의 거울은 '실재의 거울로서 사진'에 대한 하나의 은유다. 컴퓨터게임은 탄생 시점부터 지금까지 현실과 유사해지기 위해 노력했다. 현실과 유사한 세계를 재현하기 위한 노력은 그래픽 기술의 발달과 물리 엔진의 발전으로 나타났다. 그리고 단순히 기술적인 진보 이외에 미학적인 측면에서도 기존 미디어의 형식과 기법을 차용해왔다. 볼터와 그루신은 "컴퓨터 그래픽의 비매개를 이해하기 위해서는 회화, 사진, 영화 그리고 텔레비전이 이와 같은 욕망을 충족시켜온 방식을 살펴보는 것이 중요하다"고 지적한다.[6] 그 대표적인 것이 회화의 선형 원근법이다. 회화의 선형 원근법은 컴퓨터 그래픽에서도 그대로 활용되고 있다. 그림 1은 게임 그래픽 안에서 선형 원근법이 어떤 방식으로 사용되는지를 보여준다.

3D 기술이라는 것도 결국은 평면의 모니터가 표현할 수 없는 공간감까지 수용자에게 제공하려는 시도다. 하지만 사진이 본질적으로 해체된 화학입자의 재조합이듯이 아무리 정교한 컴퓨터 그래픽이라도 실재를 그대로 재현할 수는 없다. 원근법이 그렇듯이 그것은 마치 진짜 같은 현존감을 일으킬 뿐이다. "컴퓨터 그래픽이 실재성과 자연성을 주장할 경우, 그것은 수학을 이용해 자연을 적절히 묘사할 수 있다는 데카르트적 또는 갈릴레오적 입장에 의거하는 셈이다."[7]

그래서 게임은 진짜 현실을 충실하게 반영하고 있다는 것을 증명하기 위해 다양한 장치를 만들어낸다. 이 과정에서 중요한 것은 기술이 아니라 현실에서 흔히 볼 수 있는 소품들인데 사실 이런 것들은 이전의 미디어(예를 들어 회화)에서도 흔히 사용하던 것들이다. 그림 1의 거울도 그런 장치 중 하나다. 캐릭터와 거울에 비친 이미지, 이 둘의 관계는 인간 주체의 개입이 배제되어 있다는 점에서(플레이어가 캐릭터를 움직이면 거울에 비친 상이 자동으로 움직인다) '자동적'이며 '사진적'이다. 이때 거울은 가상의 이미지를 게임 속에서 다시 한 번 복제하여 둘을 하나의 동적 개체로 묶을 수 있는 근거를 마련한다. 현실의 거울이 가지고 있는 의미가 게임에 그대로 투영되었기 때문이다. 이미지가 가상 거울에 의해 복제되는 순간, 거울 밖의 이미지는 (그 자신도 인공물임에도) 실재의 지위를 얻는다. 유저에게는 이미 '거울에 비친 이미지는 가짜'라는 인식이 선험적으로 깔려 있다. 그것은 동시에 '거울 밖의 이미지는 진짜'라는 인식과 닿아 있다. 즉 거울에 의해서 복제된 자동 이미지는 이전에 없던 원본성(혹은 원본성에 대한 착시)을 획득한다. 게임 속의 거울은 유저의 인식을 바꾸는 장치라고 할 수 있다. 순수하게 이미지의 형태만 놓고 보면 거울 밖의 주인공과 거

4   제이 데이비드 볼터·리처드 그루신, 앞의 책, 29쪽.
5   필립 뒤부아, 앞의 책, 28쪽.
6   제이 데이비드 볼터·리처드 그루신, 앞의 책, 24쪽.
7   제이 데이비드 볼터·리처드 그루신, 앞의 책, 28쪽.

울 속에 묘사된 주인공은 서로 다른 이미지다(개체가 복제된 것이지 그 형태가 복제된 것은 아니다). 거울에 비친 것은 남자의 앞모습이 아닌 남자의 뒷모습이다. 형태적으로 전혀 다르지만 거울이라는 소품으로 인해 두 이미지는 플레이어에게 동일한 것으로 인식된다. 이는 거울이 복제하는 방 전체의 공간에도 동일하게 적용된다. 이런 과정을 통해 게임 속 공간은 현실 공간을 충실하게 재현한다. 영화로 치면 일종의 환영주의다. 게임이 이러한 특별한 장치를 사용하는 것은 아무리 그래픽 기술이 발전해도 실재를 완벽하게 모사하는 것은 불가능하다는 반증이기도 하다. 게임은 기술을 통해 실재에 다가가려 하지만 언제나 실재에 닿지 못하고 미끄러진다. 필립 뒤부아가 말했듯이 "극단적인 근접성은 결코 동일성이 되지 않는다."[8]

컴퓨터게임에서 이처럼 거울과 유사한 역할을 하는 소품 중 하나가 '물'이다. 물에 비친 가상의 이미지는 거울처럼 완벽한 복제는 아니지만 또 하나의 복제된 가상을 만들어내면서 실재감을 극대화시킨다. 또한 물을 실감나게 표현하기 위해서는 엄청난 그래픽 기술이 필요하다. 게임 업체들은 자신들의 그래픽 기술을 자랑하기 위한 수단으로 의도적으로 물을 표현하기도 한다. 〈파이널 판타지 10〉은 모험을 하는 세계가 대부분 물로 표현되었으며, 〈바이오 쇼크〉 또한 수중도시 '랩처'를 무대로 진행된다. 이렇게 사용된 물의 이미지는 게임의 공간 전체를 마치 사진처럼 '자동적'으로 복제함으로써 더욱 실재에 근접하게 된다.

게임에서 간혹 등장하는 카메라 아이템 역시 이러한 복제 기회를 제공하는 소품이다. 〈메탈기어 솔리드〉는 게임 아이템으로 디지털 카메라를 제공한다. 플레이어는 게임 중에 언제라도 게임의 화면을 카메라로 촬영할 수 있다. 촬영된 이미지는 메모리카드에 저장되어 나중에 게임을 하지 않더라도 별도의 메뉴창에서 앨범을 보듯이 감상할 수 있다. 카메라 자체가 게임에 영향을 주는 것은 아니지만 '화면의 이미지와 동일한 사본을 남긴다는 사실' 자체가 화면에 대한 실재성을 확보하는 데 기여한다. "사진은 해석하지 않고, 선별하지 않고, 우열화하지 않는다는 결론에 도달한다. 사진은 유일하게 광학과 화학의 법칙에 의해 지배되는 기계이며, 자연의 장면을 정확하게 그리고 분명하게 전달할 뿐이다."⁹ 동시에 유저가 이미지의 특정 시점을 포획하여 외부 세계로 꺼낸다는 점에서 이것은 뒤에 언급할 '실재의 자국으로서 사진'과도 연결된다.

　앞서 언급한 〈바이오 쇼크〉 역시 카메라 아이템을 제공한다. 촬영하는 그 순간이 그대로 한 장의 사진에 담긴다. 이런 사진은 1차적으로 플레이어가 찍은 대상을 기억하게 해준다. "사진은 존재했던 것의 단순한 증거물로서 기억의 보조물(시녀)이다."¹⁰ 하지만 〈바이오 쇼크〉의 카메라는 단순히 이미지를 촬영해서 저장하는 용도가 아닌, 게임의 플레이를 보다 원활하게 만드는 데 영향을 미친다. 〈바이오 쇼크〉는 카메라로 적을 성공적으로 촬영하면(프레임 안에 피사체를 정확하게 담으면) 해당 적에 대한 정보를 습득한 것으로 처리되어 연구 진척도가 상승한다. 연구가 모두 완료되면 해당 적에 대해 플레이어의 공격력이 향상된다. 즉 〈바이오 쇼크〉의 카메라와 촬영 기능은 사진의 '자료적인 기능'을 충실하게 수행한다. 그리고 이러한 기능적 재현은 사진이 실재를 충실하게 모방한다는 담론과 맞닿아 있다. 하지만 보관이나 감상의 목적이 아니기 때문에 〈바이오 쇼크〉의 촬영 사진은 리얼하게 재현되지는 않는다. 그것은 1960년대를 묘사한 게임 전체의 분위기에 맞춰서 세피아 톤의 빛바랜 사진으로 묘사된다. 이러한 빛바랜 사진은 '실재의 변형으로서 사진'으로 이어진다.

　실재의 변형으로서 사진
게임은 사진(혹은 사진이라고 여겨지는 형식)을 직접적으로 제공하기도 한다. 볼터와 그루신은 "한 미디어를 다른 미디어에서 표상하는 것"을 재

8　　필립 뒤부아, 앞의 책, 122쪽.
9　　필립 뒤부아, 앞의 책, 35쪽.
10　필립 뒤부아, 앞의 책, 32쪽.

그림 2 〈사일런트 힐 2〉에서 바닥에 떨어진 사진

매개라고 정의하면서, 뉴미디어가 과거의 미디어를 어떻게 재사용하는지를 보여준다. 게임에서 사진을 등장시키는 것은 과거 미디어를 새로운 미디어에서 재사용하는 것이라고 볼 수 있다.

그림 2는 그림 1에서 주인공이 바닥에서 발견한 안젤라의 가족 사진이다. 사진은 반으로 찢겨져 있으며, 아버지가 안고 있는 남자아이의 얼굴 부분은 심하게 훼손되어 있다. 왼쪽의 엄마가 안고 있는 아이가 게임에 등장하는 안젤라다. 이 사진은 안젤라가 어렸을 때 찍은(찍었다고 설정된) 사진이다. 게임은 이 한 장의 사진 이외에 다른 어떤 정보도 제공하지 않는다. "사진에서 사건은 결코 그 자체 이상 다른 것으로 나타나지 않는다." 하지만 이 한 장의 사진에서 게이머는 많은 것을 읽어낸다. 아버지와 아들, 어머니와 딸이 절묘하게 찢겨져 있다는 것으로 보아 안젤라의 가족 관계가 순탄하지 않다는 것, 안젤라는 아버지를 싫어하고 어머니와 좀 더 가깝다는 것, 그리고 안젤라에게 동생(혹은 오빠)이 있었지만 그 존재를 확인할 수는 없다는 것 등을 말이다. 즉 이 이미지는 비록 단순하지만 스토리 제공을 위해서 치밀하게 코드화되어 있다. 이 사진은 과거 어느 시점의 사진이다. 따라서 현재의 성인이 된 안젤라의 모습을 그대로 모방하지 않는다. 과거 특정 시점의 사건을 드러내기 위해 게임에서는 사진을 활용한다. 위의 그림처럼 인물의 예전 모습을 제시하거나 게임 세계에서 역사적으로 있었던 과거의 사건을 제시하기도 한다. 이때의 사진은 대부분 '실재의 변형으로서'(그리고 일부는 실재의 자국으로서) 사용되며, 현재의 이미지를 의도적으로 배제한다. 그것은 현재를 모방하기보다는 과거(혹은 과거의 정보)를 드러낸다.

이처럼 사진에 대한 두 번째 담론은 사진이 현실을 반영할 수 없다는 인식에서 출발한다. "사진은 후각적이거나 촉각적인 다른 모든 감각을 배제하면서 시공간의 정확한 한 점을 떼어내 순수하게 시각화시킨다."[11] 따

11   필립 뒤부아, 앞의 책, 45쪽.

라서 어차피 같을 수 없다면 "사진에서 중요한 것은 만들어진 이미지가 아니라 이미지의 구성 방식인 생성이다."[12] 그림 2는 자연스럽게 이 가족 사진이 찍혔을 가상의 시점(실제로 찍은 사진이 아니다)을 환기시킨다. 그것은 게임의 디에게시스 세계에 존재하는 과거의 어느 시점이다. 비록 게임에서 재현된 이미지는 찢겨지고 훼손된 상태이지만 적어도 디에게시스 내부에서 사진이 찍혔을 시점에는 가족 모두가 화목했을 것이다. 이때 게임의 사진이 제시하는 것은 단순한 인물의 과거가 아니라 그 인물이 맺고 있던 특정 시점의 관계들이다. 즉 그림 2에서 중요한 것은 사진이 안젤라의 가족을 사실적으로 재현했느냐가 아니다. 그보다는 사진 이미지가 생성될 당시의 맥락을 묻고 있는 것이다. 그런 점에서 이 사진은 실재의 변형인 동시에 실재의 자국이다.

이처럼 사진을 사용해 코드화된 정보를 전달하는 것은 영화에서도 익숙한 장면이다. 영화는 인위적인 창작물이기 때문에 사진 속 인물 또한 인위적으로 생산된다. 예를 들어 어떤 인물이 자신의 어린 시절 사진을 보면서 상념에 잠길 수도 있다. 하지만 영화의 소품으로 사용된 그 사진은 실제 배우의 사진이 아닐 것이다. 관객은 사진이라는 매체적 형식에서 이미 배우와 사진 속 인물을 동일 인물로 인지한다. 필립 뒤부아에 따르면 "사진적 자료는 '세상을 충실히 보고해야 한다'는 어떤 원칙적인 합의가 있다. 바로 이러한 암묵적 합의 때문에 아주 특이하고 실제적인 느낌을 강하게 주는 어떤 신빙성이 부여된다"고 말한다.[13] 사진은 실재를 모방하지만 굳이 같아야 할 필요는 없다. 아니 어쩌면 영원히 동일한 이미지란 존재할 수 없다. 모든 실재는 시간성 아래 셔터가 깜빡이는 그 순간 변해버리기 때문이다. 이때 사진에 남는 것은 실재의 모방이 아니라 그것이 존재했었다는 흔적(자국)일 뿐이다. "중요한 것은 모방의 효과에 있는 것이 아니라 이미지와 그 지시 대상 사이의 순간적인 인접성에 있다."[14]

게임에서 제공되는 사진은 촬영된 것이 아니라 만들어진 것이기 때문에 대체로 게임에서 맡은 '역할'이 있으며, 따라서 기호적으로 구성된다. 이는 앞서 게임 안에서 대상을 촬영해 만들어진 이미지와는 다른 의미

를 갖는다. 예를 들어 주인공 제임스는 죽은 아내의 편지를 받고 '사일런트
힐'을 찾게 되는데 인벤토리 창에는 그의 아내 사진이 들어 있다. 호수를
배경으로 촬영한 이 한 장의 사진은 게임의 공간과 중첩되면서 게임 안에
시간성을 부여한다. 사진에 찍힌 것은 주인공의 아내이지만 이 사진은 사
진을 찍은 사람(주인공)까지도 함께 같은 공간에 있었다는 것을 암시한다.
"사진에서는 사물이 거기에 있었다는 것을 결코 부정할 수 없다. 거기에는
중첩되는 이중적인 것이 있는데 그것은 실재성의 과거다. 그리고 이러한
구속력은 유일하게 사진에만 존재하는 것처럼 보이기 때문에 이것을 요약
해 본질 자체, 즉 사진의 노에마로 간주해야 할 것이다"[15] 따라서 이 사진
은 '사일런트 힐'이라는 공간이 두 사람의 추억의 공간임을 암시적으로 보
여준다. 즉 게임의 사진은 가상 이미지이지만 사진의 매체적 형식으로 인
해 이미지가 거기에 있었다는 사실과 맥락이 강조된다.

　　추리 게임에서 사용되는 증거 사진은 사진이 코드로서 사용되는 단
적인 예다. 〈역전재판〉은 현장 사진이 게임 진행의 중요한 아이템으로 사
용된다(그림 3). 플레이어는 사진에서 어떤 '모순'을 찾아내고 사건의 진실
을 밝혀내야 한다. 이 이미지 또한 과거의 어느 시점을 담고 있으며, 이미
지는 사건을 풀기 위한 단서를 제공하기 위해 코드화되어 제공된다. "사진
의 어둠 상자는 중성적인 생산의 작용물이 아니라 의도된 효과를 내는 기
계다. 사진은 언어와 같이 관습적인 문제며 실재의 해석과 분석을 위한 도
구다."[16] 또한 제작진에 의해 만들어진 이미지임에도 플레이어가 이 장면이
과거의 어떤 사실을 담고 있다고 생각하는 것은 사진이라는 매체에 대한
믿음에 기인한다. "사람들이 사진을 가시 세계의 사실적이고 객관적인 완

12　필립 뒤부아, 앞의 책, 46쪽.
13　필립 뒤부아, 앞의 책, 25쪽.
14　필립 뒤부아, 앞의 책, 40쪽.
15　필립 뒤부아, 앞의 책, 62쪽.
16　필립 뒤부아, 앞의 책, 49쪽.

그림 3   〈역전재판 2〉의 증거 사진

벽한 기록으로 여기는 것은 (원래 처음부터) '사실적'이고 '객관적'인 것을 위해 선택된 사회적 용도를 사진에 부여했기 때문이다."[17]

　그림 3에는 범인의 발자국이 없다. 하지만 다른 단서들이 모이면서 결국 이 사진의 비밀이 밝혀진다. 사진에는 자살처럼 재현되어 있지만 결국은 다양한 코드의 조합을 통해서 타살이라는 것이 밝혀지는 것이다. 따라서 이 사진 이미지는 현실을 그대로 드러내는 것이 아니라, 적극적으로 해석을 요구하는 이미지다. 이를테면 "진실은 더 이상 실재성이 아니라 메시지 그 자체에 근거를 두게 된다"는 말이 성립한다. 그리고 "사진이 함축하는 행위(코드 작용)를 통해 사진은 내적 진실의 폭로자 역할을 한다. 사진이 그 자체로 진실이 되고, 그 고유의 내재적 실재성에 이르게 하는 것은 바로 인위성 그 자체 안에서다. 가상은 실재성에 결합되고 더 나아가 실재성을 넘어선다."[18]

실재의 자국으로서 사진

　결국 이미지는 그 지시 대상에 의해서만 이해되는 '어떤' 실재의 자국이다.[19]

지금까지 게임 속에 나타나는 사진적인 표현들을 통해서 게임이 재현을 추구하는 동시에 코드화된 이미지를 제공한다는 것을 알 수 있었다. '실재의 거울로서 사진'이 비매개(투명함)를 지향한다면, '실재의 변형으로서 사진'은 재매개나 하이퍼매개(불투명함)를 지향한다. 볼터와 그루신이 지적

17　필립 뒤부아, 앞의 책, 49쪽.
18　필립 뒤부아, 앞의 책, 53쪽.
19　필립 뒤부아, 앞의 책, 57쪽.

했듯이 "새로운 디지털 미디어는 비매개와 하이퍼매개 사이를, 즉 투명성과 불투명성 사이를 진동한다."[20] 하지만 게임의 이미지는 여기서 멈추지 않는다. 게임 내의 사진 이미지는 게임의 플레이 과정에서 나타나는 것이며, 그렇기 때문에 플레이어의 플레이 시간 및 과거 경험과 연결된다. 이런 과정에서 사진은 도상이나 상징에 머무르지 않고 지표index로서 기능하게 된다.

대부분의 게임은 퍼즐을 제공하며, 그 퍼즐을 풀기 위한 '단서'를 제공해야 한다. 게임에서 대부분의 단서는 사건의 흔적으로서 제공된다. 메모, 일기, 사진 등이 그런 흔적들이다. 굳이 이미지가 아니더라도 시간은 기억의 형태고 보존될 수 있다. 〈바이오해저드〉와 같은 액션 어드벤처 게임에서 수많은 사건 파일과 신문, 메모, 일기 등을 제공하는 것은 플레이어가 조각난 시간(기억)들을 모아서 전체 스토리를 재구성하도록 만드는 것이다. 실제로 필립 뒤부아도 장 루이 코르니의 연구를 언급하며 "사진적인 것과 서한문과의 밀접한 관계는 연구되어야 할 과제"라고 지적했다.[21]

〈바이오 쇼크〉는 '오디오 다이어리'라는 아이템으로 이런 서사 구조를 효과적으로 활용한다. 이것은 기존 게임에서 텍스트로 제공되던 메모나 일기를 음성 형태로 제공하는 아이템이다. 기존 텍스트에는 단순히 정보만 들어 있었다면, 이 오디오 다이어리에는 그때의 현장이 그대로 보존되어 있다. 이것은 사진이 이미지를 보존하는 것과 유사하다. "사진은 예술과 같이 영원을 창조하는 것이 아니라 시간을 방부 처리하여 그 고유의 부패로부터 보호할 뿐"이기 때문이다.[22]

오디오 다이어리는 〈바이오 쇼크〉 게임 세계의 배경과 전체 스토리를 이해하는 열쇠를 제공한다. 중요한 것은 재생되는 사운드가 '설명'이 아닌 '묘사'라는 것이다. 오디오 다이어리는 연극적인 상황만을 제시한다. 플레이어는 아이템으로 획득한 오디오를 몇 번이고 반복해서 재생할 수 있다. 다시 돌아오지 않는 순간이 기계적으로 반복된다는 점에서, 레코딩이라는 복제 기술을 사용한다는 점에서 이 오디오 다이어리는 사진과 유사한 성질을 갖는다. 그러나 이 오디오 다이어리는 현실을 모사하거나 변형시키지 않는다. 그것은 사건이 있었던 순간을 그대로 드러낼 뿐이다. 이것은 목소리의 주인공을 사진으로 함께 제시함으로써 효과가 극대화된다.

앞서 카메라 아이템으로 적을 찍을 때와 마찬가지로 이 사진들 또한 게임의 1960년대 분위기를 반영하고 있다. 게다가 사진들은 몹시 훼손된 상태로 재현된다. 오디오 다이어리를 남긴 사람들 대부분이 이미 '사망한 상태'라는 점을 상기해볼 때, 사진과 녹음 기록은 '이중적인 자국'이다. 하나는 사진과 레코더라는 매체 자체의 자국, 즉 지나간 과거의 자국이며, 또 하나는 실존적 자국, 즉 다시 돌아올 수 없는 삶의 자국이다. 오디오 다이어리는 별도의 독립적인 세션으로 진행되지 않는다. 그것은 플레이어가 치열한 전투를 벌이는 그 순간, 실시간으로 재생된다. 재밌는 점은 그 적들이 감염된 랩처의 시민들, 즉 녹음에서 흘러나오는 목소리의 주인공일 수 있다는 것이다. 현재(전투를 벌이는 감염된 사람)와 과거(살아 있을 당시의 목소리와 사진)는 이렇게 하나의 장소에서 만난다. 플레이어는 현실 안에서 이미 사라진 것들을 만난다. 필립 뒤부아는 이렇게 자문한다.

> 대상과 그 이미지 사이의 시간적인 편차 때문에, 또한 내가 이미지를 보는 순간 그 대상이 필연적으로 사라졌기 때문에, 거기에 작용하는 환상적인 무엇이 있는 것은 아닐까?[23]

〈바이오 쇼크〉는 사진과 레코드라는 과거의 매체를 활용해서 플레이어에게 그 어떤 과거 순간의 자국을 전달한다. 그 자국의 감정은 플레이어마다 다르게 느껴질 것이다. 따라서 이때의 사진은 지표로 이해될 수 있다. "지

20   제이 데이비드 볼터·리처드 그루신, 앞의 책, 18쪽.
21   필립 뒤부아, 앞의 책, 110쪽.
22   필립 뒤부아, 앞의 책, 108쪽.
23   필립 뒤부아, 앞의 책, 125쪽.

그림 4   게임 이미지의 전달 과정

표에서 중요한 것은 신호가 그 대상과 닮든 닮지 않든 대상이 실제로 존재하고 그것으로부터 방출된 신호와 인접하고 있다는 것"이다.[24] 컴퓨터게임은 이렇듯 가상의 인물을 실재의 자국으로 만들어낸다.

한편 게임은 텍스트뿐만 아니라 플레이 과정까지 포함하는 개념이다. 게임은 반복이 가능하다. 하지만 플레이 경험은 환원 불가능성을 갖는다. 이런 특성은 게이머가 지나간 과거의 기억에 접근하기 어렵게 만든다. 책은 앞 페이지를 들춰보는 것으로, 영화는 DVD 플레이어의 되감기 버튼을 눌러서 지나간 텍스트에 접근할 수 있다. 하지만 게임 플레이는 현존하는 시간 속에 던져져 있다. 과거의 장소로 되돌아간다고 해도 그것은 이미 변해버린 시공간에 불과하다(또한 되돌아가는 길은 대체로 막혀 있다). 게임의 이미지를 촬영(캡처)하는 것은 이렇게 지나가는 게임 플레이를 붙잡아서 일종의 방부 처리를 하는 것으로, 현실에서 사진을 남기는 행위와 본질적으로 동일한 행위다. 그리고 이것은 다른 매체에서 볼 수 없는 게임만의 독특한 행위이기도 하다.

이런 캡처 이미지는 다른 플레이어의 기억을 건드린다. 예컨대 '맞아, 나도 저 게임을 할 때 저 장소에서 꽤 힘들었지'라는 생각과 함께 의도하지 않았던 느낌을 전달한다. 그것이 사진적 인덱스의 힘이며, 이것은 "환유적 확장의 힘"이다. 사진은 "모든 코드와 인위성을 넘어 포착된 지시적 대상인 '모델'이 어쩔 수 없이 응시자로 하여금 무언가를 회상시킨다."[25] 이때 게임의 캡처 이미지는 사진이 그렇듯 손가락으로 지시할 뿐이다. '나 이거 플레이했어요'라고 말이다. "사진은 손가락으로 마주하는 어떤 것을 가리키고 또한 이러한 순수 지시 언어로부터 이탈할 수 없다."[26]

---

24   필립 뒤부아, 앞의 책, 81쪽.
25   필립 뒤부아, 앞의 책, 58쪽.
26   필립 뒤부아, 앞의 책, 102쪽.

게임, 그 기억의 자국

컴퓨터게임의 이미지는 어떤 특정한 담론에만 머무르지 않는다. 이미지는 위의 세 가지 사진적 담론이 충첩된 형태로 나타난다(그림 4). 게임 이미지는 일차적으로 현실의 그 무엇을 재현한다. 그렇지만 그것은 한편으로 치밀하게 코드화되어 있다. 게이머는 과거의 게임 경험을 통해서 그 코드를 학습하고 있다. 따라서 현실이 충실하게 재현된 이미지는 게이머에게는 기호로 인식된다. 여기, 게임 안에 사과 하나가 있다고 가정하자. 게임은 사과를 충실하게 재현할 수 있지만 게이머에게는 사과의 재현적 가치보다 기호적 가치(체력이 회복된다는 의미)가 보다 중요하다. 동시에 게임 이미지는 기억이자 흔적, 즉 지표로서 기능하기도 한다. 던전에서 체력이 닳아서 죽기 직전에 먹었던 사과는 특별한 의미를 갖는다. 그 사과는 먹는 순간 어떤 기억의 자국으로서 인화된다. 그리고 이런 자국이야말로 게임 이미지의 가상성을 실재와 유사한 것으로 만들어준다. "사진은 자동 생성에 의하여 그 지시 대상의 존재를 환원 불가능한 증거로 보여준다. 그렇지만 이 사실은 사진이 그 지시 대상과 닮았다는 것을 우선적으로 의미하는 것은 아니다. 사진을 특징짓는 실재에 대한 강한 믿음은 사진이 모방이 아닌 하나의 자국이라는 사실에서 나온다."[27]

플레이어는 게임 이미지에서 다양한 경험을 한다. 하지만 최종적으로 가장 강하게 자리매김하는 것은 도상과 상징을 넘어선 지표의 영역이다. 그것은 게임이라는 매체 자체가 시간과 경험의 축적물이며, 그 안에서 새로운 의미가 지속적으로 발생하기 때문이다. 기술 과잉의 시대에 이미지의 사실적 재현은 한계에 도달했다. 기술은 인간의 시각적 인식 능력을 뛰어넘는다. 따라서 게임 제작사는 사실적인 재현이 아닌, 게이머의 축적된 경험에 어떤 의미 있는 자국을 남길 것인가를 고민해야 할 것이다.

---

27   필립 뒤부아, 앞의 책, 41쪽.

11 시적 게임의 가능성[1]

— 게임 〈저니〉를 중심으로

시와 게임, 그 거리에 관해

'시적 게임poetic game'이라는 말에는 '시'와 '게임'이라는 두 가지 상반된 개념이 섞여 있다. 둘의 가장 큰 차이점은 작품의 전달 방법이다. 시의 표현 수단은 언어로 한정된다. 책으로 출간되든 행사장에서 낭독을 하든 시가 언어로 전달된다는 사실에는 변함이 없다. 반면 게임의 표현 수단은 이미지, 소리 등으로 매우 다양하다. 언어도 함께 사용되지만 필수적인 것은 아니다. 〈지뢰찾기〉나 〈테트리스〉는 언어 없이도 게임 텍스트가 성립한다는 것을 보여준다. 외형적인 모습만 놓고 보면 시와 게임 사이에는 건널 수 없는 큰 강이 존재하는 것만 같다. 하지만 가만히 강 주위를 산책하다 보면 이곳저곳에 놓여 있는 다리를 발견할 수 있다.

첫째, 시와 게임은 수용자에게 감각적인 경험을 전달한다. 시는 비록 언어로 표현되지만 그 내부에서 끊임없이 이미지[心象]와 리듬을 만들어낸다. 시의 언어는 궁극적으로 우리의 감각기관을 향해 날아간다. 독자에게 읽혀지는 순간 언어는 영상, 소리, 촉감 등의 신체적 감각으로 바뀐다. 비록 표현 수단은 다르지만 시와 게임은 모두 감각적인 경험 전달을 지향한다.

둘째, 시와 게임은 수용자의 적극적인 해석을 요구한다. 게임은 게이머의 참여에 의해 완성되며, 시는 독자가 채워 넣을 공간을 그 어떤 문학작품보다 많이 제공한다. 다만 이 두 가지 인터랙션에는 근본적인 차이가 있다. 『게임의 교과서』에서는 이 차이를 '상태의 인터랙션'과 '해석의 인터랙션'으로 구분한다. 전자는 입력 행위를 통해 매체의 상태가 물질적으로

---

1   이 글은 『시인수첩』 2012년 가을호에 연재되었던 것을 수정·보완한 것임.

변하는 것을 말하며, 후자는 물질적인 변화는 없지만 해석에 의해서 의미가 달라지는 것을 말한다.[2] 게임이 주로 상태의 인터랙션으로 작동한다면, 시는 해석의 인터랙션으로 작동한다.

셋째, 시와 게임은 모두 경제성의 원리를 따른다. 시는 언어를 최대한 절제하는 한편 그 절제된 언어 안에서 최대한 많은 의미가 생성되도록 한다. 이런 경향은 게임에서도 나타난다. 대표적인 것이 게임의 인터페이스다. 게임은 게이머가 쉽게 조작 방법이나 규칙을 배울 수 있도록 인터페이스를 단순화한다. 하지만 그 단순한 인터페이스를 통해서 유저는 많은 것을 시도할 수 있고 표현할 수 있다.

'시적 게임'이라는 용어는 일반적인 상업 게임과 대비되는 개념으로서 영화 장르에서 형성된 '시적 영화poetic film'에서 차용한 것이다. 시적 영화는 말 그대로 시와 같은 느낌을 전달하는 영화다. 즉, 시적 영화는 마치 시처럼 "독특한 질감의 심미적 경험을 나타내는 가운데, 인간에의 심원한 성찰과 세계에 대한 심오한 내적 통찰을 진지하게 드러내야" 한다.[3] 마야 데렌은 내러티브가 배제된 전위 영화를 시적 영화라고 불렀으며, 주로 구조적인 관점에서 할리우드 상업 영화와 구별했다. 그녀의 견해에 따르면, 시적 영화는 서정시처럼 어떤 주제나 상황에 대한 '수직적' 고찰이며, 무엇이 일어나고 있는지보다는 그 상황에 대한 느낌이나 의미에 보다 관심을 갖는다. 또한 시적 영화는 주어진 '순간'의 의미에 대한 깊이를 탐구하는 데 관심을 기울이며 동작 자체에 관심을 갖는 것이 아니라 동작이 갖는 형이상학적 내용에 관심을 가진다. 이처럼 전위 영화가 시라면, 일반 극영화는 소설이나 연극에 해당한다. 극영화는 본질적으로 그 전개에 있어서 '수평적'이고 서술적이다. 극영화는 상황에서 상황으로, 느낌에서 느낌으로 오로지 전진해야만 하는 선적인 구조를 갖는다. 특히 극영화에서는 매 순간 주어진 의미를 탐험할 시간이 많지 않은데, 이는 플롯이 '계속 앞으로 나아가도록' 강제하기 때문이다.[4]

이러한 시적 영화에 관한 구조적 정의를 통해서 우리는 시적 게임이라는 새로운 용어에 다가갈 수 있을 것이다. 여기서는 '시적 영화'에 대한 내용을 토대로 시적 게임을 '순간'의 의미에 관심을 갖는 '수직적-비서술적' 구조의 게임으로 설정하고자 한다. 아울러 시와 게임이 공통적으로 갖는 요소들, 즉 '감각의 전달', '적극적인 해석', '표현의 절제'를 보다 극단적으로 추구하는 게임을 시적 게임으로 정의할 것이다.

시적 게임의 수직적-비서술적 구조

우선 게임의 일반적인 구조를 살펴보지. 통상 게임을 만드는 것은 게이머가 경험할 수 있는 세계(환경)를 구성하는 일이다. 그 세계는 〈그랜드 테프트 오토GTA〉처럼 현실적인 도시일 수도 있고 〈월드 오브 워크래프트〉처럼 판타지 세계일 수도 있다. 아니면 〈비주얼드〉처럼 도형만으로 이뤄진 추상적인 공간도 가능하다. 이렇게 형성된 세계는 일정한 세계관을 갖는다. 박근서는 세계관을 "게임이 부여하는 조건의 총체"로 정의하는데, 이것은 게임의 규칙보다 높은 차원에서 게임을 규정하는 기본 원리로 작동한다.[5] 그리고 무엇보다 세계관은 게이머의 행위에 '의미'를 부여한다.

> 게임 안에서 플레이어의 행위에 의미가 부여된다는 것은 매우 중요한 문제다. 이는 플레이어의 행위를 임의적인 것, 단지 게임에서 승패를 가르기 위해 주어진 규칙에 따라 행하는 일이라는 단순한 차원을 넘어서 그것에 필연성과 당위성을 부여하고, 그런 행위를 해야 하는 까닭을 납득시키기 때문이다.[6]

---

2   바바 야스히토·야마모토 타카미츠, 『게임의 교과서』, 비즈앤비즈, 2012, 21~22쪽.
3   송희복, 『문학과 영화와의 만남』, 월인, 2009, 70쪽.
4   루이스 자네티, 『영화의 이해』, 현암사, 1999, 356~357쪽.
5   박근서, 『게임하기』, 커뮤니케이션북스, 2009, 84쪽.
6   박근서, 앞의 책, 89쪽.

226

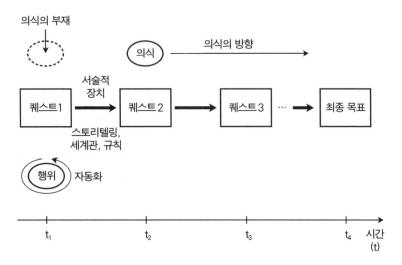

그림 1 일반적 게임의 구조

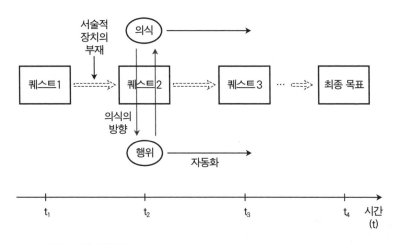

그림 2 시적 게임의 구조

위 인용문에 따르면 세계관은 게임에 '필연성'과 '당위성'을 부여하는 긍정적 기능을 한다. 세계관에서 파생되는 스토리텔링 역시 같은 기능을 수행한다. 전통적으로 게임의 스토리텔링은 게이머에게 규칙을 납득시키기 위한 방법으로 활용되었다. 막연히 '~을 해야 한다'고 강제하는 것보다는 '~한 상황이니 ~을 해야 한다'고 얘기해주는 것이 훨씬 설득력 있기 때문이다. 한편 스토리텔링에서 파생된 규칙은 게이머가 해야 할 것과 하지 말아야 할 것은 정해준다. 이런 세계관, 스토리텔링, 규칙 등은 게임에서 '서술적 장치'로 기능하며, 게이머를 게임의 내적 논리에 따라 최종 목표로 나아가게 만드는 원동력이 된다. 물론 그냥 앞으로 전진만 해서 되는 것은 아니다. 게임은 게이머에게 학습을 요구하며, 게이머는 자신이 배운 능력을 활용해 게임 세계가 제공하는 여러 장애물을 극복해야 한다. 게임 재미의 많은 부분은 사실 이 과정에서 생성된다.

다양한 서술적 장치는 게이머가 이런 프로세스에 쉽게 몰입할 수 있도록 돕는다. 하지만 세계관 자체의 완결성, 즉 끝맺음을 하려는 경향은 게이머를 시간축의 특정 '순간'에 머물지 못하도록 만든다. 이는 극영화에서 플롯이 영화를 계속 앞으로 나아가게 만드는 것과 유사하다. 게임의 서술적 장치는 게이머의 의식을 항상 미래의 어느 시점으로 유도한다. 예를 들어 〈스타크래프트〉에서 매 순간 게이머가 생각하는 것은 '미래의 상황'이다. 게이머는 '이 건물을 짓는다면, 이 유닛을 생산한다면 앞으로 어떤 일이 벌어질까'를 고민한다. 게이머의 행위는 반복을 통해 '자동화'가 되어 의식과 분리되어 있다(그림 1). 따라서 행위는 '현재(t_1)'에서 발생하지만 의식은 언제나 '미래(t_2)'에 머무른다. 잠시 후 행위가 시간축을 따라 이동해도(t_2) 의식은 또 다른 미래의 어느 시점(t_3)에 머무르게 된다. 이렇게 의식과 행위는 게임이 종료될 때까지 만나지 못한다. 게이머는 강제로 흘러가는 시간의 수평적 구조 안에서 자신의 행동과 의식의 끝없는 불일치를 경험하게 된다.

〈저니〉, 빛을 찾아 떠나는 존재의 여행

〈저니〉는 댓게임컴퍼니에서 2012년에 플레이스테이션 3 플랫폼으로 발매한 게임이다. 이 게임에는 특정한 세계관이나 이야기 구조가 존재하지 않는다. 언어로 규칙을 장황하게 설명하지도 않는다. 게이머는 모래바람이 부는 사막에서 멀리 보이는 산 정상의 빛을 향해 '그저 걸어갈 뿐'이다. 여행을 하는 과정에서 네트워크를 통해 낯선, 하지만 자신과 같은 모습의 여행자를 만나기도 한다. 하지만 〈저니〉는 기본적으로 광활한 대지에서 홀로 구도자의 길을 걷는 게임이다. 물리쳐야 할 적도 없고 특별히 해야 할 임무도 없다. 게임의 서술적 장치, 즉 세계관, 스토리텔링, 규칙, 목표 등이 부재하는 상황에서 게이머는 꽤 낯선 느낌을 받게 된다. 과거의 게임 문법에 익숙한 사람이라면 너무 밋밋하다고 느낄지도 모르겠다. 하지만 서술적 장치의 부재는 게이머로 하여금 현재의 상황을 '수직적'으로 관찰할 수 있도록 돕는다. 게이머는 게임을 진행해야 한다는 강박에서 벗어나 지금 눈앞에 펼쳐지는 풍경과 주위에서 들려오는 소리에 더욱 집중할 수 있다.

〈저니〉는 타이틀 화면에서 산 정상의 빛과 주인공 캐릭터를 함께 보여준다. 따라서 게이머는 이 게임의 목표가 산 정상의 빛나는 지점까지 도착하는 것이라고 어렴풋이 생각하게 된다. 나라를 구하라거나 악마를 무찌르라는 것에 비하면 매우 추상적인 목표다. 이 목표는 다시 작은 목표로 나뉜다. 넓은 사막을 돌아다니다 보면 군데군데 반짝이는 작은 빛을 발견할 수 있다. 이 빛에 접근하면 캐릭터의 스카프가 길어지면서 보다 멀리 날 수 있게 된다. 게이머는 이렇게 빛을 모으는 과정에서 자신이 갈 수 있는 영역을 조금씩 넓혀간다. 일반적인 게임에서는 이런 목표를 인위적으로 달성하기 어렵게 만든다. 도전 과정 자체가 재미의 핵심이라고 생각하기 때문이다. 하지만 〈저니〉에서는 각 세부 목표들이 특별히 힘을 들이지 않아도 자연스럽게 달성된다. 무엇보다 길을 헤맬 일이 별로 없다. 예컨대 게임 초반에 천 조각이 흩날리면서 가오리연으로 바뀌는 장면이 있는데 이 연들은 게이머의 길잡이가 되어준다. 따라서 게이머는 목표를 위해 의식을 미래에 둘 필요가 없다. 지금 갈 수 있는 곳에 가서 지금 할 수 있는 것을 하면 어느새 게임은 진행되어 있다. 플레이 '하는' 느낌이 아니라 플레이 '되는' 느낌이다. 다시 말해 자동화되는 것은 게이머의 행동(그림 1)이 아닌, 게임의 진행 그 자체(그림 2)다.

그 밖에도 〈저니〉는 시와 게임이 공유하는 몇 가지 특성들이 강조되어 있다. 일단 그래픽과 사운드가 매우 서정적으로 다듬어져 있다. 이 게임은 서술적 장치를 최소화하는 대신 게이머가 순간순간 마주치는 '감각'적인 부분을 극대화했다. 사막에는 항상 모래바람이 분다. 게이머는 바람에 맞서서 천천히 걷거나 반대로 바람에 몸을 싣고 마치 스노보드를 타듯 모래 위를 미끄러질 수도 있다. 간혹 사막의 모래 폭풍 때문에 지나갈 수 없는 장소가 존재하기도 한다. 이런 모래의 이미지와 캐릭터의 운동, 그리고 사운드 효과가 결합되면서 〈저니〉의 바람은 독특한 질감을 획득한다. 게다가 사막의 모래에 적용된 광원 효과는 게임에 환상적이고 몽환적인 느낌을 더한다. 흔히 여행은 인생의 은유로 사용된다. 따라서 여행의 배경이 되는 사막과 모래바람은 놀이를 위한 배경의 차원에 머무르지 않는다. 그것은 인생의 고독, 역경, 행복 등 다양한 감정을 환기시킨다. 그리고 〈저니〉는 서술적 장치를 배제함으로써 매 순간 이러한 감각적 오브제에 집중할 수 있도록 유도한다.

다음으로 해석의 차원이다. 〈저니〉는 게이머가 무엇을 해야 하는지 명확히 알려주지 않는다. 게이머는 변하는 상황을 관찰하고 그것을 해석하며, 이것저것 시도해보는 과정에서 자연스럽게 자신이 해야 할 것들을 알아간다. 물론 대부분의 게임이 이런 과정을 거치게 되지만 〈저니〉처럼 언어가 철저하게 배제된 경우는 드물다. 게임은 '상태의 인터랙션'과 '해석의 인터랙션'이 함께 사용된다. 게임 화면의 물리적인 변화를 통제하는 것이 상태의 인터랙션이라면 스토리를 해석하고 전개해나가는 것은 해석의 인터랙션이다. 기존의 게임은 상태의 인터랙션과 해석의 인터랙션이 분리되어 있었다. 전자는 주로 플레이의 영역에서, 후자는 주로 내러티브의 영역에서 사용되었다. 시적 게임은 이렇게 구분된 두 가지 인터랙션을 통합한다. 다시 말해 게임의 이미지나 소리와 같은 순수한 플레이의 영역에 해

그림 3 〈저니〉

석의 인터랙션을 적용하는 것이다. 〈저니〉는 언어의 개입 없이 이미지 그 자체에 대한 적극적인 해석을 요구한다는 점에서 이 둘 사이의 균형점을 찾는 게임이라고 하겠다.

또한 〈저니〉는 '절제'를 통해 시적 가치를 극대화시킨다. 절제란 불필요한 요소를 제거하는 것을 의미한다. 황동규 시인은 시가 "언어 절제를 통한 체험의 극화"라고 얘기했다.[7] 만약 시적 게임이 가능하다면 우리는 그것의 속성을 "게임 요소의 절제를 통한 체험의 극화"라고 바꿔 말할 수 있지 않을까? 〈저니〉는 그래픽, 사운드, 규칙 등 게임의 전 분야에서 불필요한 요소를 제거했다. 배경에는 주인공을 제외하면 어떠한 생명체도 보이지 않는다. 게임에서 강조되는 오브제는 대부분 배경 이미지의 일부다. 사막, 모래, 빛, 구름, 그리고 바람……. 사실 이것들 하나하나가 서정시의 소재들이다. 〈저니〉의 절제된 이미지들은 하나하나가 시적 이미지들이며, 비록 언어로 표현되지는 않았으나 그것은 언제라도 언어로 환원될 준비가 되어 있다. 이러한 표현 수단의 '절제'라는 측면에서 2001년 출시된 〈이코〉 역시 시적 게임으로 볼 수 있을 것이다. 이 게임은 머리에 뿔이 달린 소년 '이코'가 마녀의 성에 제물로 바쳐지면서 시작된다. 마녀의 성에서 이코는 '요르다'라는 소녀를 만난다. 게이머는 이 소년을 조작하여 소녀와 함께 마녀의 성을 탈출해야 한다. 〈이코〉에서 가장 돋보이는 절제미는 사운드다. 이 게임은 배경음악이 없으며, 바람 소리만 간간이 들려오는 정도로 음악을 최소화했다. 덕분에 거대한 성에 둘만 있다는 적막함이 강조되었고, 결과적으로 보다 서정적인 느낌을 전달할 수 있었다.

시적 게임을 넘어서 예술로
지금까지 살펴본 시적 게임의 속성을 정리하면 다음과 같다.

7   황동규, 「시, 언어 절제를 통한 체험의 극화」, 『시의 이해』, 민음사, 1983, 103쪽.

① 서술적 장치의 제거를 통해서 게이머의 의식과 행동이 현재의 시점에 머무를 수 있도록 한다.
② 게이머가 매 순간 마주치는 감각적 부분(이미지, 소리 등)에 더 많은 비중을 둔다.
③ 이미지와 같은 물리적 변화를 게이머가 다양하게 해석할 수 있도록 유도한다.
④ 표현 요소가 넘치지 않도록 다듬고 절제하여 제시한다.

시적 게임의 객관적 근거란 사실 무의미하다. 왜냐하면 시 장르 자체가 하나로 규정할 수 없는 것이기 때문이다. 게임에서 시적인 어떤 것을 발견할 수 있다면 무엇이든 시적 게임이 될 수 있다. 한 가지 분명한 것은 모든 시가 효율성과 합리성에 저항한다는 사실이다. 언어는 정확한 정보를 전달하는 것이 제1의 목표다. 시는 이 언어의 원래 목적에서 벗어나는 것에서 출발한다. 비효율적이고 비합리적이지만 결과적으로 거기서 언어의 다른 가치를 발견하도록 하는 것, 그것이 시다. 이런 시 문학의 보편적 속성은 시적 게임에도 반영된다. 게임은 재미를 전달하는 것이 제1의 목표지만 시적 게임은 재미에서 벗어나 삶은 본질적인 가치를 전달하고 느끼게끔 만든다. 그렇게 보면 시적 게임이란 시리어스 게임serious game[8]의 또 다른 진화 형태인지도 모르겠다. 시 문학의 영향력은 분명 과거에 비해 축소되었다. 하지만 시의 본질은 다양한 매체에 스며들면서 사람들에게 전해지고 있다.

8 시리어스 게임serious game이란 재미 이외에 다른 목적을 갖는 모든 게임을 지칭하는 말이다. 한국에서는 교육용 게임의 담론과 맞물리면서 흔히 '기능성 게임'으로 번역되지만 원래 개념은 '기능적'인 목적에만 국한되지 않는다. 여기서는 시적 게임이 교육용 게임의 맥락에서 사용된 것이 아니기 때문에 원어를 그대로 표기했다.

12 자본과 시간의 교환

— 한국의 게임 문화와 MMORPG

MMORPG가 제공하는 콘텐츠

게임의 종류가 다양해지고 게임을 즐기는 유저층도 넓어졌지만 여전히 한국 게임 산업의 주류는 온라인 게임이다. 그중에서도 MMORPG^{Massive} Multi-player Online Role Playing Game의 인기는 독보적이다. MMORPG는 수많은 유저가 하나의 서버에서 모험을 즐길 수 있는 RPG 게임이다. 굳이 게임을 해보지 않더라도 〈리니지〉나 〈WOW〉 같은 이름은 한 번쯤 들어보았을 것이다. 캐릭터를 만들어서 게임 세계에 진입하면 NPC^{Non-player character}들은 플레이어가 무엇을 해야 할지 상세하게 알려준다. 대부분은 마을 주변의 몬스터를 몇 마리 잡아오라는 간단한 사냥 퀘스트다. 이런 퀘스트를 통해 레벨을 올리고 아이템을 모은다.

시간이 지날수록 플레이어가 성장하는 구조는 일반적인 RPG와 동일하다. 처음에는 혼자서도 충분히 퀘스트 수행이 가능하다. 하지만 시간이 지날수록 혼자 수행하기 어려운 퀘스트가 등장한다. 플레이어는 온라인상의 다른 사람들과 팀을 이루어 함께 공통의 퀘스트를 수행하고 아이템을 나누게 된다. 소위 '만렙(최고 레벨)' 유저에게 제공하는 최종 콘텐츠는 각 게임에 따라 조금씩 차이가 있지만 크게 PVP^{Player VS Player}와 PVE^{Player VS Enemy}로 구분된다. 전자는 플레이어들끼리 서로 싸우며 경쟁하는 것을 말하며, 후자는 유저들이 서로 힘을 모아 강한 몬스터를 함께 공략하는 것을 말한다. 〈리니지〉의 공성전이 PVP의 대표적인 예라면, 〈WOW〉의 인스턴트 던전은 PVE의 대표적인 예라고 하겠다. 물론 대부분의 MMORPG는 이 두 가지를 함께 제공하며, 유저는 자신의 취향에 따라 콘텐츠를 선택할 수 있다.

MMORPG는 업데이트를 통해서 끊임없이 새로운 콘텐츠를 제공한다. 그러다 보니 전체 플레이 시간이 길고, 함께 플레이하는 게임의 특성상 사람들 간의 커뮤니티도 강하다. 그래서 MMORPG는 다른 그 어떤 장르보다 충성도 높은 유저층을 많이 확보하고 있다. 〈바람의 나라〉, 〈뮤〉, 〈리니지〉 등 초기 한국 온라인 게임 시장을 견인한 것은 MMORPG 장르라고 해도 과언이 아니다. 그래서인지 혹자는 MMORPG를 가장 한국적인 온라인 게임이라고 얘기한다. 여기서 '한국적'이라 함은 게임의 내용적 측면이 아닌 게임의 환경적 측면을 의미한다. 사실 한국의 MMORPG는 통신 인프라의 확장과 불법복제 등 다양한 이슈들 사이에서 우연치 않게 탄생했다. 하지만 무엇보다 우리나라의 플레이어들이 MMORPG를 수용하지 않았다면 결코 성장할 수 없었을 것이다. 아무리 씨앗을 뿌려도 토양이 그에 맞지 않았다면 발아하지 못하는 것과 마찬가지다. 왜 하필 MMOR-PG일까? 어쩌면 MMORPG의 확산과 한국적 상황 사이의 어떤 인과관계가 있는 것은 아닐까? 이를 알아보기 위해서는 우선 한국에서 게임 문화가 형성된 과정을 살펴볼 필요가 있다.

전자오락실 - 한국 게임 문화의 출발점

우리나라에 컴퓨터게임 문화가 뿌리내리는 과정은 다른 나라와 조금 차이를 보인다. 가장 큰 변별점은 과거 아케이드 게임이나 비디오게임 시장이 합법적으로 성숙하지 못했다는 점이다. 미국의 경우 1970년대부터, 일본의 경우 1980년대부터 아케이드 및 비디오게임 시장이 크게 성장했다. 하지만 동시대의 한국은 컴퓨터게임에서 멀리 떨어진 변방에 불과했다. 단절될 수도 있었던 그 시대의 게임 문화를 그나마 이어주던 곳이 바로 '오락실'이었다. 비록 불법적으로 자생한 산업이지만 오락실은 한국 컴퓨터게임 문화의 출발점이라고 할 수 있을 것이다. 당시 한국의 아케이드 게임장이 합법적으로 운영될 수 없었던 이유 중 하나는 '일본 문화'에 대한 법적 규제 때문이었다.

한국에서 수입된 오락기의 거의 대부분은 일본 회사들의 기판이었다. 정식으로 수입을 원한다고 해도 일본 문화에 대한 법적 족쇄 때문에 일본 제품 수입은 애초에 불가능했다. 일본에 등장한 게임기의 기판은 한국으로 옮겨졌고, 당시 청계천 세운상가를 중심으로 한 한국의 기술자들은 리버스 엔지니어링reverse engineering을 통해서 기판의 프로그램을 복제해 이를 시중에 유통했다.[1]

과거 오락실의 기계들은 정식 유통이 되지 않고 대부분 불법복제를 통해 유통되었다. 생산단계부터가 불법이었으니 사회적으로 정착되기가 더욱 어려웠을 것이다. 이러한 일본 게임의 비공식적인 불법복제 유통은 훗날 일본산 비디오게임이 국내에 유입될 때도 똑같이 재현되었다. 물론 이런 현상은 게임뿐만 아니라 당시 만화나 애니메이션 등 일본에서 유입된 다른 엔터테인먼트 산업 역시 마찬가지였다.

　1970년대의 한국은 경제적 성장을 강요받는 시기였다. 일반적으로 게임은 노동과 반대되는 지점에 놓인다. 당시 정권에게 게임이란 열심히 일해야 할 사람들을 놀게 만드는 좋지 않은 물건으로 여겨졌을 것이다. 하지만 1980년대에 들어 한국은 성장의 시대에서 소비의 시대로 이동하기 시작했다. 여기에 전 세계적으로 아케이드 게임 산업이 확산되면서 한국에서도 오락실이 폭발적으로 늘어나게 되었다. 허나 전자오락은 다른 오락에 비해 여전히 비주류였다. 한국의 오락실은 마치 당구장처럼 불건전한 곳으로 인식되었다. 오락실은 일을 하지 않는 백수 혹은 한량들이나 출입하는 곳이었고, 그러다 보니 주 소비층은 아이들에 한정될 수밖에 없었다.

　한국에서 아케이드 게임은 특히 아이들에게 높은 소구력을 지녔다.

1　허준석, 「오래된 기억-전자오락실의 미친 열정은 온라인에서도 지속되는가」, 『시각 문화의 내밀한 연대기』, 디플, 2008, 163쪽.

그림 1   1980년대 전자오락실의 풍경

오락실 주인들 역시 이를 알아챘는지 오락실 밖 간판은 언제나 '지능개발'—정확히 썼다면 '지능계발'이었겠으나—을 앞세웠다. 지능을 증진시키는 건전한(?) 장소라면 한 점 부끄러움이 없어야 하겠지만, 그 문구가 붙어 있는 전자오락실 전면의 유리창은 언제나 진하게 코팅되어 있어서 밖에서는 안의 모습을 제대로 보기 힘들었다.[2]

위 인용문에서 묘사한 것처럼 당시 아케이드 센터는 지극히 폐쇄적으로 운영되었다. 공간의 폐쇄성은 그곳을 출입하는 사람의 행동을 부자연스럽게 만든다. 게임을 하러 가는 행위가 마치 금지된 곳에 출입하는 은밀한 행위로 치환되는 것이다. 또한 당시 오락실은 주로 청소년들이 모이는 공간이었고, 폐쇄성은 청소년 문제를 유발시키기도 했다. 사실 이것은 폐쇄적인 공간의 문제이지, 게임 콘텐츠의 문제라고 보기는 어렵다. 이를테면 오락실의 공간적 특성은 1970년대 당구장과 크게 다르지 않았다. 상황이 이렇다 보니 한국의 전자오락실은 관리의 대상일 뿐 문화적인 공간이 될 수 없었다. 심지어 당시 전자오락실의 주무부서는 보건사회부, 즉 오늘날의 보건복지부였는데 이는 오락실이 육체적·정신적으로 나쁜 영향을 주는 곳이라는 인식이 그대로 반영된 것이었다.[3]

　지금까지 살펴본 것처럼 한국의 첫 번째 게임 문화는 주류에서 벗어난 음지의 문화였다. 전자오락실은 그저 불법적인 것이었고, 규제의 대상일 뿐 문화의 대상이 될 수는 없었다. 전자오락실 안에 어떤 게임들이 있는지, 그곳에서 아이들은 어떤 경험을 공유하는지는 관심 밖이었다. 이는 미국에서 전자오락실 문화를 둘러싼 학문적 담론이 나오던 것에 비하면 대조적인 현상이었다. 허준석은 한국의 전자오락실 게임이 엄밀한 의미에서 '아케이드 게임arcade game'이 아닌 '언더그라운드 게임underground game'이라

2　허준석, 앞의 책, 160쪽.
3　허준석, 앞의 책, 164쪽.

고 말한다. "원래 아케이드 게임이란 말은 식당 선술집, 그리고 가족용 오락 공간에 놓인 기기라는 맥락에서 유래했다. 따라서 그 단어 자체는 공간의 개방성을 품고 있다. 오며 가며 가볍게 즐길 수 있는 게임, 온 가족이 즐겨도 무방하다는 뜻이 그 단어에 담겨 있다." 주로 지하실에서 폐쇄적으로 운영되던 전자오락실은 개방성을 전제로 한 '아케이드 게임'의 맥락에서 벗어나 있다는 것이 그의 생각이다. 결국 한국의 전자오락실은 대중을 위해 개방되어 있었으나 한편으로는 규제해야 할 폐쇄적인 공간이었다. 즉 한국의 게임 문화는 그 시작부터 개방성과 폐쇄성의 경계에서 불안하게 출발했던 것이다. 그리고 이러한 불안함은 현재의 PC방으로 대표되는 게임 문화, 그리고 게임을 바라보는 이중적 시선으로 이어지고 있다.

비디오게임 - 거실 TV의 재발견

1980년대 중반, 또래 아이들이 가장 받고 싶은 선물 1위는 대우전자의 가정용 게임기 '재믹스'였다. 이름부터 꽤 재밌어 보이는 재믹스는 그야말로 환상의 머신이었다. TV에 연결하면 오락실에 가지 않아도 집에서 전자 게임을 즐길 수 있었으니 말이다. 다소 비싼 제품이긴 했지만 문제는 가격이 아니라 부모님을 설득하는 일이었다. 이 땅의 부모들에게 전자 게임은 공부를 방해하는 고약한 물건이었으니 말이다. 이 재믹스라는 게임기의 태생 또한 묘한 구석이 있다. 겉은 분명 한국에서 만든 오리지널 제품이지만 그 속은 MSX라는 일본의 8비트 컴퓨터 부품으로 채워져 있는 탓이다. 그리고 유통되는 소프트웨어 역시 당시 아케이드 게임과 마찬가지로 일부 소프트웨어 하우스에서 불법복제된 것이 대부분이었다. 당시 전 세계적으로는 닌텐도의 NES[Nintendo Entertainment System]가 공전의 히트를 기록하고 있었지만 일본 문화가 원천 봉쇄된 한국에서는 독특한 가정용 게임기 문화가 펼쳐졌던 것이다.

TV에 연결하는 최초의 가정용 게임기는 1968년 랄프 베어가 발명한 '마그나복스 오디세이'라는 게임기다.[4] 플레이어는 컨트롤러와 전자총을 사용해서 몇 가지 내장된 게임을 즐길 수 있었다. 혁신적인 아이디어였지만 이 게임기는 마그나복스사의 TV에서만 작동했기 때문에 상업적으로는 실패한 게임기가 되었다. 상업적인 성공을 거둔 최초의 TV 게임기는 아타리의 '홈 퐁'이다. 아케이드 센터의 히트작 〈퐁〉을 가정에서 즐길 수 있도록 만든 제품으로 원작과 마찬가지로 큰 성공을 거두었다. 다만 하나의 게임만 즐길 수 있었기 때문에 인기가 오래 지속될 수는 없었다. 이런 단점을 보완한 것이 카트리지 교환 방식의 게임기였다. 소프트웨어만 바꾸면 다양한 게임을 즐길 수 있었고, 이런 방식은 게임기의 수명을 비약적으로 늘려주었다. 최초의 카트리지 교환 방식 게임기는 페어차일드의 '채널 F'였지만 대중화시킨 것은 역시 아타리의 VCS^{Video Computer System}였다. 그리고 아타리의 비즈니스 모델을 더욱 정교하게 다듬은 기업이 닌텐도였다.[5] NES는 1980년대 수많은 가정의 거실 TV를 장악했다. 그리고 이후 거실의 주인 자리를 놓고 소니, 닌텐도, 세가, 마이크로소프트 등 많은 기업이 치열한 접전을 펼쳐왔다.

어쨌든 다른 나라에 비해 조금 늦긴 했지만 한국에도 1980년대 후반부터 해외 게임기들이 수입되기 시작했다. 삼성전자는 세가의 게임기를 수입했고, 현대전자는 닌텐도의 게임기를 수입해 판매했다. 아마도 대우전자가 재믹스로 재미를 보는 것을 배 아파했던 것 같다. 문제는 이들이 대우전자와 똑같이 하드웨어만 판매했을 뿐 소프트웨어에는 거의 관심을 기울이지 않았다는 것이다. 그래서 게이머들은 용산 전자상가에 가서 보따리상이 들여온 값비싼 카트리지를 구입해야만 했다. 당연히 불법복제된 카

---

4   1968년에 개발된 첫 시제품의 이름은 '브라운 박스'였으며, 마그나복스 오디세이가 발매된 것은 1972년이었다.

5   아타리의 비즈니스 모델이란 오늘날 비디오게임 시장에서 일반화되어 있는 플랫폼 비즈니스 모델을 말한다. 쉽게 말해 게임기를 판매한 뒤, 이후 게임 소프트웨어 판매를 통해 수익을 더 거둘 수 있는 사업 방식이다. 질레트가 면도대를 싸게 보급하고, 이후 면도날 판매로 수입을 올리는 것과 비슷하다.

트리지가 유통되었고, 심지어 카트리지 안에 있는 콘텐츠를 저렴한 공디스켓에 복사할 수 있는 기계도 있었다.

한글화가 된 게임이 거의 없었기 때문에 RPG나 어드벤처같이 스토리가 중요한 게임은 언어적인 장벽에 가로막히기도 했다. 이런 장벽을 그나마 낮춰준 것은 당시 출간된 다양한 비디오게임 잡지였다. 1990년 국내 첫 비디오게임 전문지 『게임월드』가 소개된 이래 많은 비디오게임 잡지들이 출간되었다. 이러한 잡지들은 새로운 소식이나 특집 기사 외에도 '게임 공략' 코너를 개설해 게임의 진행 방법을 알려주거나 일본어 대사를 번역하여 소개했다. 인터넷이 대중화되면서 많은 잡지가 모습을 감추었지만 이러한 잡지 문화는 국내의 비디오게임 문화를 이끌어온 원동력 중 하나였다.

초기 비디오게임의 콘텐츠 품질은 아케이드 게임보다 결코 좋다고 할 수 없었다. 같은 게임이라도 비디오게임 버전은 그래픽이나 사운드가 아케이드 게임보다 떨어졌다. 하지만 집이라는 사적 공간에서 TV로 매개되는 게임 경험은 오락실과 다른 새로운 즐거움을 전해주었다. 아케이드 게임은 개인이 소유할 수 있는 물건이 아니었다. 플레이어는 아케이드 센터라는 공공장소에서 돈을 주고 일정 시간 동안 게임을 할 수 있는 권리를 얻는 것에 불과했다. 하지만 비디오게임기는 하드웨어와 소프트웨어를 개인이 소유할 수 있었고, 그 소유로 인해 자유로워지는 것은 다름 아닌 '시간'이었다. 게임은 이제 내가 원하는 시간에 원하는 시간만큼 플레이할 수 있었다. 덕분에 비디오게임은 아케이드 센터와는 다른 방식으로 콘텐츠를 제공할 수 있었다.

아케이드 게임은 기계를 구입한 업주의 수익을 보장해줘야만 한다. 수익을 극대화하기 위해서는 기계의 회전율을 높여야 한다. 즉 게임은 되도록 빨리 끝나야 하며, 코인을 지속적으로 집어넣도록 만들어야 한다. 그래서 대부분의 아케이드 게임은 난이도가 꽤 높은 편이었고, 엔딩을 보는 데 오랜 시간이 걸리지 않았다. 반면 비디오게임의 소비자는 업주가 아닌 게임을 즐기는 플레이어다. 개발사는 높은 비용을 지불하고 소프트웨어를 구입한 플레이어가 가급적 오랫동안 게임을 즐길 수 있도록 배려해야만 했다. 때문에 같은 액션 게임이라고 해도 아케이드 게임과 비디오게임은 그 진행 방식이 사뭇 다르다. 예컨대 아케이드 게임은 대부분 강제 스크롤 방식이며, 스테이지 단위로 끊어지는 방식을 취한다. 그렇지 않은 경우에는 시간 제한을 적용해 어떻게든 게임이 강제로 '종료'되도록 디자인되었다. 하지만 비디오게임은 넓은 공간을 자유롭게 탐험할 수 있도록 하며, 특별한 제한 시간을 두지 않는 경우가 많았다. 비디오게임은 엔딩을 보는 데도 꽤 오랜 시간이 필요하며, 일부 게임은 플레이어의 게임 내용을 물리적인 매체에 저장할 수도 있었다. 아마도 닌텐도에서 발매한 〈젤다의 전설〉이 이런 비디오게임의 특성을 잘 보여주는 사례라고 하겠다.

PC 게임 – 국산 게임의 등장

PC 게임은 아케이드 게임 및 비디오게임과 함께 게임 시장의 중요한 축을 차지했다. 미국에서는 1980년대에 애플 컴퓨터가 발매되면서 개인용 PC 시장이 호황을 이뤘고, 그와 함께 PC 게임 시장이 본격적으로 열렸다. 일본에서도 PC-9800, MSX 등 독자적인 규격의 PC가 발매되면서 관련 게임들이 발매되기 시작했다. PC는 비디오게임기와는 달리 범용기계다. 문서나 스프레드시트 같은 작업에 화려한 그래픽은 불필요했기에 초기 PC는 그래픽보다 연산 기능에 더 특화된 하드웨어였다. 그래서 당시 PC 게임은 아케이드 게임이나 콘솔 게임처럼 화려한 그래픽이나 빠른 움직임을 보여주지는 못했다.[6] 그 대신 RPG나 어드벤처 장르처럼 텍스트를 활용해(키보드 인터페이스) 오랜 시간(플로피 디스크 장치를 활용한 게임 기록 저

---

6   일본에서 발매된 PC들은 주로 업무용보다 비디오게임기를 대체하는 성격이 강했다. 그래서 콘솔 게임과 거의 차이가 없거나 일부 게임의 경우 오히려 콘솔보다 뛰어난 성능을 보여주었다.

장) 즐길 수 있는 게임이 인기를 얻었다.

　한국에서는 1980년대 중후반부터 애플과 MSX 컴퓨터가 보급되면서 PC 게임을 즐기는 게이머들이 등장하기 시작했다. 당시에는 집에 어떤 PC를 보유하고 있느냐에 따라 문화적으로 다른 혈액형을 수혈 받았다고 할 수 있다. 예를 들어 애플을 가지고 있던 유저들은 주로 미국에서 개발된 어드벤처 게임이나 RPG 게임을 즐겼고, MSX를 보유하고 있던 유저들은 일본에서 발매된 액션 게임이나 일본식 RPG 게임을 주로 즐겼다. 이런 게임 디바이스에 따른 원체험의 차이는 이후 한국의 1세대 게이머들의 게임 소비 패턴에 지속적으로 영향을 미쳤다. 그리고 이들이 훗날 한국 온라인 게임의 생산자로 성장했다는 점에서 하드웨어에 따른 게임 경험의 차이는 중요한 의미를 갖는다.

　국내에서 자체적으로 게임이 개발되기 시작된 것은 애플이나 MSX와 같은 8비트 컴퓨터가 대중화되면서부터였다. 1987년 '미리내소프트', 1990년 '소프트액션' 등 국내 게임개발사들이 등장한 것이다. 미리내소프트가 1990년 최초의 PC 상용화 게임 〈그날이 오면〉을 출시한 이후 차츰 개발사들이 늘어나게 되고 성공작도 나오게 된다.[7] 특히 1990년대에 교육용 PC가 16비트 컴퓨터로 결정된 이후 PC 보급률이 증가하면서 국산 게임 개발이 활성화되었다. 한편 하드웨어만 정식으로 유통되던 비디오게임 시장과는 달리 PC 게임 시장에는 꽤 많은 유통사들이 해외 게임들을 정식으로 소개했었다. 하지만 내부 구조가 오픈된 PC는 비디오게임보다 복제가 더 쉬웠고, 불법복제 문제는 여전히 숙제로 남아 있었다. 이 문제는 초고속인터넷 보급 이후 한국 게임 시장이 급격하게 온라인 게임으로 선회하는 이유가 되었다.

초고속 인터넷과 PC방의 등장

한국 게임 산업의 진화 과정에서 결정적인 사건 중 하나는 IMF였다. 보다 구체적으로 말하면, IMF로 인한 전국적인 PC방 창업 열풍이라고 할 수 있겠다. PC방은 원래 인터넷 서비스를 즐길 수 있는 넷카페의 개념으로 출발했다. 인터넷을 이용하면서 게임'도' 즐길 수 있는 시설, 그것이 PC방이었다. 그런데 이것이 어느 순간 게임을 즐기면서 인터넷'도' 이용할 수 있는 개념으로 바뀌었다. 특정 시점에서 주객이 전도된 셈이다. 한국에서는 'PC방=게임방'이라는 등식이 성립했고, PC방이 늘어날수록 또 다른 게임방인 전자오락실은 점점 사라져갔다.

한국에는 1990년대 중반부터 인터넷의 확산과 함께 전국에 초고속 인터넷 망이 깔리기 시작했다. 이는 다른 나라보다 시기적으로 좀 더 빠를 뿐 그렇게 특별한 일은 아니었다. 하지만 PC방 열풍은 다른 나라에서 좀처럼 볼 수 없는 한국만의 문화였다. 여기에는 당시의 사회적인 맥락이 맞물려 있다. 1990년대 후반 IMF의 여파로 대량의 실직자가 발생하면서 창업 붐이 일기 시작했다. PC방은 특별한 경험 없이 비교적 적은 자본으로 시작할 수 있는 창업 아이템이었다. 이러한 사회 분위기에 더하여 PC방 성장의 기폭제가 된 두 개의 킬러 콘텐츠가 있었다. 〈스타크래프트〉와 〈리니지〉가 바로 그것이다.

국내에서 비디오게임 시장이 본격적으로 열린 것은 2002년 SCEK를 통해 플레이스테이션 2가 정식 발매되면서부터다. 즉 한국에서 온라인 게임이 인기를 얻기 시작한 1990년대 후반은 비디오게임이 아직 정식으로 유통되지 않았던 시점이었다. 비디오게임은 콘솔과 소프트웨어를 구입하기 위해 높은 초기 비용을 지불해야 했고, 일본어라는 언어적인 장벽도 존재했다. 그에 비해 언제 어디서나 저렴한 가격에 접속할 수 있는 온라인 게임은 사람들에게 보다 편한 접근성과 언어적 친숙함을 제공했다. 이런 과정에서 많은 사람은 아케이드 게임이나 비디오게임에 대한 경험 없이 곧바로 온라인 게임으로 게임을 접하기 시작했다.

7   「인물로 읽는 한국 게임사 1 - 김창배」, 『GAME CULTURE』, 제1권, 2012년 3월, 게임문화재단, 25쪽.

온라인 게임은 과거의 게임 형식에 여러 사람이 함께 즐길 수 있는 네트워크 기능을 추가한 것이다. 온라인 게임은 업데이트를 통해서 게임의 수명을 연장할 수 있으며, 때문에 이전의 비디오게임과는 달리 끝나지 않는 세계를 구현할 수 있었다. 시작과 끝이 분명한 비디오게임을 즐겼던 유저라면 그런 구조가 낯설게 느껴졌을 것이다. 하지만 이전의 비디오게임 경험이 없었던 사람들은 온라인 게임에 선입견 없이 접근할 수 있었다. 아울러 중요한 것은 접근성의 문제였다. 일본 문화가 아직 개방되지 않은 상태에서 비디오게임은 언어적인 장벽, 금전적인 장벽이 높았고 접할 수 있는 기회 또한 적었다. 하지만 온라인 게임은 초고속통신망과 PC방의 확산 덕분에 접근성이 뛰어났고 가격 또한 저렴했다.

물론 앞서 언급한 두 개의 킬러 콘텐츠가 한국 유저들의 성향과 잘 맞았다는 점도 배제할 수 없다. 하지만 어디까지나 이것은 접근성이 확보된 이후에 나타난 현상이기에 다른 층위에서 살펴봐야 할 것이다. 시간이 지날수록 온라인 게임의 인기는 한국만의 현상이라고 보기 힘들어졌다. 네트워크 인프라는 시간이 지날수록 확장되고 있으며 블리자드의 〈WOW〉 같은 해외 게임이 전 세계적으로 인기를 얻었기 때문이다. 하지만 아직도 한국은 전체 인구 대비, 온라인 게임 유저의 비율이 높은 편이다. 따라서 한국의 온라인 게임 소비는 기술이나 산업적인 요소 이외의 문화적인 부분과도 연계해서 살펴볼 필요가 있다.

한국의 놀이 문화와 온라인 게임

일단 온라인 게임의 범주를 명확히 해두어야 할 것 같다. 온라인 게임에도 많은 하위 항목이 있겠지만 여기서는 MMORPG에 한정짓고자 한다. 한국에 온라인 게임 붐을 일으킨 게임은 누가 뭐래도 〈리니지〉라고 생각한다. 〈WOW〉가 전 세계적인 성공을 거두면서 지금은 온라인 게임의 유형이 꽤 다양해졌지만 과거 많은 게임이 〈리니지〉를 벤치마킹하기 위해 노력했다. 최초에 〈리니지〉는 매우 간단한 형태에서 출발했다고 한다. 이 게임은 몬스터를 사냥하면서 플레이어들끼리 싸울 수 있었고, 채팅이 가능했다. 이를테면 게임에다가 채팅 기능을 붙였다기보다는 채팅을 할 수 있는 프로그램에 게임을 붙였다고 보는 게 더 정확할 것이다. 그만큼 커뮤니케이션 속성이 강한 게임이며, 미리 제공되는 콘텐츠보다 유저들이 만들어가는 경험적 콘텐츠의 비중이 컸다. 아즈마 히로키는 게임 자체가 이미 "커뮤니케이션 지향적 미디어에 가깝다"고 주장했다. 〈리니지〉는 이런 게임의 커뮤니케이션 특성을 보다 강화한 게임이라고 할 수 있다. 유저들은 〈리니지〉라는 커뮤니케이션 도구를 통해 수많은 이야기를 만들어낸다. 혹자는 이를 새로운 스토리텔링의 가능성으로 보기도 한다. 하지만 아즈마 히로키는 이것은 기존 일방향 미디어의 스토리텔링과는 전혀 다른 생산 방식을 갖고 있다고 말한다.

> 콘텐츠 지향적 미디어는 하나의 패키지를 하나의 이야기로 점유하고 그것을 수용자에게 전달한다. 커뮤니케이션 지향적 미디어는 하나의 패키지 혹은 플랫폼에서 우선 커뮤니케이션을 조직하고 그 부산물로서 복수의 이야기를 만들어낸다. 전자에서는 이야기가 미디어의 내용(콘텐츠) 그 자체였던 것에 비해, 후자에서 이야기는 미디어의 내용(커뮤니케이션)의 효과로서 만들어지는 것에 불과하다.[8]

〈리니지〉에서 유저들이 만들어내는 무수한 작은 이야기들. 그것들을 하나하나 구체적으로 제시하기는 어려우나 개인의 체험을 일반화된 하나의 게임 경험으로 환원시킬 수는 있을 것이다. 그렇다면 그 이야기는 대체 한국의 어떤 문화적 경험에 기반하고 있는 것일까?

진중권은 『호모 코레아니쿠스』에서 한국은 전근대, 근대, 탈근대가 정리되지 않은 채로 뒤섞인 국가라고 지적한다. 전근대는 유교사상의 전

8 아즈마 히로키, 『게임적 리얼리즘의 탄생』, 현실문화연구, 2012, 113쪽.

통이라면, 근대는 군사정권으로 대표되며, 탈근대는 급속한 자본주의의 도입을 의미한다.[9] 뒤섞인 시대의 지층을 하나씩 들춰보면 그 속에 한국을 지배하는 삶의 지형도가 드러난다. 수직적 관계, 명령과 규율, 성장 중심, 목표 지향적 삶 등이 바로 그것이다. 우리나라는 한국전쟁 이후 경제성장을 제1목표로 두고 급속하게 성장했다. 시민의식이나 개인주의가 제대로 성숙할 틈이 없었다. 노동과 일을 중시하는 문화 속에서 여가문화 역시 제대로 정착되지 못했다. 사람들은 자신의 삶을 위해 시간을 쓰는 방법을 배우지 못했다. 하지만 놀이는 인간의 보편적 관심사며, 이는 억압된 한국 사람들에게도 예외는 아니다. 결국 그 모순은 왜곡된 놀이 문화로 나타난다. 폭탄주와 고스톱으로 대표되는 우리나라의 놀이 문화에는 다양성이 들어설 자리가 없어 보인다. 놀이는 주변 사람들의 놀이에 나를 맞추는 행위에 불과하며, 우리는 다음 날 이어질 노동을 위해 효율적으로 빨리 놀아야만 한다. 한국에서 놀이는 일종의 강박이 된다. 놀면 경쟁에서 뒤처진다는 생각과 놀고 싶다는 욕망이 뒤섞이면서 기묘한 한국적 놀이들이 만들어지는 것이다.

온라인 게임은 대개 중세적 세계관을 배경으로 한다. 그것은 일종의 설화 혹은 신화적 세계다. 레벨이 있고, 위계가 있고, 서열이 있다. 이성적인 대화보다는 강자가 약자를 일방적으로 공격하는 세계다. 어떻게 보면 야만적 세계지만, 한편으로 그것은 자연 세계의 법칙을 설명하는 이야기, 즉 신화 본연의 모습이기도 하다. 민주주의와 개인주의가 성숙된 유럽이나 미국에서 온라인 게임을 하는 것은 현실에서 즐기지 못하는 신화적 세계, 전근대적 세계관을 즐기고 싶기 때문일 것이다. 하지만 한국은 이미 전근대적 세계에서 살아가고 있기 때문에 온라인 게임이라도 그 세계를 구성하는 시스템 자체가 크게 위화감이 없다. 때문에 대안 세계를 경험하는 것에 만족하는 서구와는 달리, 다른 지점에서 만족을 찾는다. 즉 한국의 온라인 게임은 현실에서 패배했던 경험을 뒤집는 장소로 기능한다. 이는 세계의 구성 원리가 현실과 같기 때문에 가능한 일이다. 진중권에 따르면, "컴퓨터게임에는 '설화'라는 전근대적인 요소와 IT라는 탈근대적 요소가 필요하다." 그런데 한국은 이 조건을 동시에 갖췄다. 선진국은 IT는 있되 일상 속에 신화가 없고, 후진국은 일상 속에 신화가 있지만 IT가 부족하다. 한국은 1990년대 후반 이 두 가지를 절묘하게 갖췄고, 거기서 태어난 것이 온라인 게임이라는 것이다.[10]

한국인의 기질과 온라인 게임

국민성으로 게임의 성공 여부를 판단하고 싶지는 않지만 일정 부분 연관성은 보이는 것 같다. 한국에는 이른바 끝맺음을 분명히 하려는 문화가 있다. '시작했으면 끝을 봐야지'라는 말이 언어 습관에 남아 있을 정도니 말이다. 한국 사회에서 시작과 끝은 하나의 끈으로 묶여 있다. 이것은 끝이 있는 미션에는 어느 정도 긍정적으로 작용할 수도 있다. 하지만 애석하게도 온라인 게임에는 끝이 존재하지 않는다. 만들어진 콘텐츠를 어떻게든 오래 유지하는 것이 온라인 게임 산업의 속성이기 때문이다. 사람들은 끝나지 않은 세계에서 쉽게 빠져나가지 못한다. '끝장을 보는 문화'에서 시간이 지날수록 이용자는 점점 늘어나고, 게임은 비약적으로 성장한다.

유저가 어떤 게임을 떠나는 것은 게임이 지겨워지는 순간이다. 하지만 다른 게임으로 떠난다고 해도 온라인 게임인 이상 그곳에서 기다리고 있는 세계는 본질적으로 다르지 않다. 그리고 잘 만든 게임일수록 이러한 '빠져나갈 틈'을 내주지 않는다. 유저는 결국 세계 속에 포획된다. 게임의 품질과 성공이 유저의 시간 투입에 따라 결정된다는 것, '잘 만든' 게임이라는 것이 '잘 붙잡아두는' 게임이라는 것. 이것이 게임을 바라보는 이중적 잣대를 만든다. 산업적 담론에서 게임은 부가가치를 창출하는 첨단 IT 산업으로 묘사된다. 하지만 문화적 담론에서는 사람들을 중독시키는 마약으

9   진중권, 『호모 코레아니쿠스』, 웅진지식하우스, 2007, 287~288쪽.
10   진중권, 앞의 책, 199쪽.

로 묘사된다. 그렇다면 게임 회사는 마약을 만들어서 수익을 남기는 기업인가? 게임이 삶을 위한 긍정적인 여가 활동이 되기 위해서는 끝장을 보려는 소비자와 이를 이용하려는 생산자의 인식이 동시에 바뀌어야 할 것이다. 그러기 위해서는 정부의 이중적인 잣대 역시 보다 합리적으로 개선되어야만 한다.

또한 한국은 전범典範을 지키려는 성향이 강하다. 어떤 기준을 만들고 모두가 그것을 따라야 한다는 문화가 있다. 한국인은 불균형을 견딜 수 없어 한다. 이것은 남이 하는 것은 나도 해야 한다는 것, 남이 가진 것은 나도 가져야 한다는 것을 의미한다. 우리는 지는 것에 익숙하지 않다. 이기거나 최소한 비겨야 한다. 이는 경쟁하는 게임에서 순환의 고리를 만든다. 게임에서 모두가 이길 수는 없다. 승자가 있으면 패자가 있다. 이를 인정하지 않고, 패자가 승자가 되려고 하는 순간, 끝나지 않는 전쟁이 벌어진다. 온라인 게임의 세계가 바로 그렇지 않은가?

대체로 한국 사람은 수평적 관계보다 수직적 관계에 익숙하다. 낯선 사람을 만날 때 나이나 직업부터 물어보는 것은 관계를 수직적으로 규정하려는 무의식이 작동하기 때문이다. 그런데 〈리니지〉 같은 MMORPG는 이런 수직적 관계를 명확하게 구현한다. 플레이어들은 '혈맹'이라는 관계로 뭉쳐져 있고, 군주의 명령에 복종한다. 이것은 전근대 사회의 풍경이다. 한국에는 아직도 전근대적 요소가 강하게 남아 있고, 그것은 온라인 게임의 세계를 구성하는 문법과 크게 다르지 않다. 오히려 그런 수직적 관계를 극단적으로 느낄 수 있는 세계다.

이처럼 한국에서 가상과 현실은 중첩된다. 이곳과 저곳이 다르지 않다. 놀이는 일종의 판타지다. 현실과 다른 세계, 다른 문법으로 현실에서 할 수 없는 것을 해내기 때문에 즐거움을 얻는다. MMORPG는 형식적으로 판타지를 표방하지만 적어도 한국 사회에서 그것은 판타지가 아닌 현실의 연장선상에 있다.

아이템 현거래의 그림자

온라인 게임에서 사람들은 서로 아이템을 거래한다. 하지만 본질적으로 거래되는 것은 '시간'이다. 온라인 게임은 레벨이 높고 좋은 아이템을 가진 사람이 강하다. 그리고 레벨과 아이템은 투자한 시간에 비례한다. 즉 초기에 게임 세계로 진입해서 많은 시간을 투자한 사람이 그렇지 않은 사람에 비해 강하며, 이는 하나의 시간 축에서 발생하기 때문에 늦게 진입한 사람은 아무리 노력해도 먼저 진입한 사람을 따라잡기가 어렵다. 더욱이 여건에 따라 게임에 시간을 많이 투자할 수 없는 사람들 역시 존재한다. 아이템 현거래의 수요는 바로 이런 사람들로부터 발생한다. 즉 현실의 재화로 많은 시간이 필요한 게임 아이템을 구입해버리는 것이다. 당연히 이들에게 아이템을 공급하는 자는 게임에 초기 진입하여 많은 시간을 보낸 사람들이며, 현실의 재화가 필요한 사람들이다.[11] 게임에서 사용된 시간과 현실의 돈이 자연스럽게 시장에서 교환된다. 이것은 시장경제의 논리에서 아이템 현거래를 바라본 것이다. 하지만 그 이면에는 문화적인 현상도 깔려 있다.

게임에서 이기고 싶어 하는 것은 모든 플레이어의 내재된 욕망이다. 하지만 누구나 1등이 될 수는 없다. 승자가 있으면 패자도 있다. 그러나 우리나라 유저들은 모두 승자가 되고 싶어 한다. 아이템 현거래는 우선 빠르고 효율적인 플레이를 위해 존재하지만 게임에서 부족한 힘을 현실의 재화를 활용해 얻는다는 의미도 포함되어 있다. 게임에서 지는 것은 한국인에게 분명 참기 힘든 고통인 것 같다. 그리고 이런 문제는 1등만을 전범으로 인정하는 심리 때문에 나타난다. 우리는 피라미드의 가장 윗부분만을 인정하고 모두가 그곳을 지향한다. 현실에서 피라미드 끝에 올라가기 위해서는 본인의 노력 이외에 수많은 요소가 필요하다. 그러나 온라인 게임의 세계는 게임에 시간을 많이 투입한 사람이 1등이다. 현실보다 지극히 간단하고 명료하다. 어떻게 보면 인생에서 겪었던 그 어떤 미션보다 1등이

---

11   당연하겠지만 이런 유저는 청소년층이 될 확률이 매우 높다.

되기 쉬운 세계일지도 모른다. 하지만 과연 그럴까? '지존'이라는 말이 한 때 유행했던 적이 있다. 지존은 온라인 게임 세계에서 최고의 자리에 올라선 사람을 뜻하는 말이다. 지존에게는 충분한 시간이 필요하다. 혹은 그만큼의 현금이 필요하다. 이미 현실의 경제원리가 적용되는 순간, 순수한 놀이적 세계는 붕괴된다. 지존이 되는 법은 간단하고 명료하다. 그리고 현금에 의해 언제든 지존은 바뀔 수 있다. 이것이 지존이 영원한 지존일 수 없는 이유다.

게임 문화의 다양성을 위해

한국에서 게임은 돈을 버는 수단이 되기도 한다. 아이템 판매를 통해 이익을 얻을 수 있기 때문이다. 사실 이것은 한국만의 일이라고 보기는 어려우며 아이템 거래는 다른 국가에서도 흔히 나타나는 현상이다.[12] 하지만 재미보다 돈이 1차적인 목표가 된다는 점에서 차이가 있다. 수익을 극대화시키려면 짧은 시간에 많은 양을 생산해야만 한다. 그러다 보니 국내 유저들의 게임 플레이는 주로 효율성에 초점을 맞춘다. 어떻게 하면 가장 짧은 시간에 레벨업을 할 수 있을까? 이것이 주된 관심사다. 이러다 보니 게임 플레이가 대부분 비슷하다. 온라인에는 최적의 공략 루트가 공개되고 사람들은 이것을 보면서 자신의 플레이 스타일을 만든다. 게임에 경제 논리가 적용되기 시작하면 놀이가 지니고 있던 창의적인 힘, 자유로운 힘이 파괴된다. 카이와는 규칙 이전에 놀이에 있는 원초적인 힘을 '파이디아'라고 지칭했다. 목표만을 향해 규칙을 최적화하는 놀이에서 이런 놀이의 근원적인 즐거움은 파괴된다.

게임은 결과에 이르는 길이 다양하다. 하지만 동시에 모든 게임에는 최적화된 길이 존재한다. 길은 여러 개라도 가장 빨리 가는 길은 분명 존재한다. 한국의 유저들은 이런 효율적 플레이를 지향한다. 집단에 소속되더라도 개인의 취향은 다를 수 있다. 놀이적인 취향도 마찬가지다. 하지만 한국에서는 집단의 취향은 효율로 귀결되고 모두가 그것을 따라야만 한다. 이는 도태된 개인을 용납하지 않는다는 얘기다. 빨리 게임에서 승리하기 위해서는 최적화된 루트로 공식화된 루트로 행동해야 한다. 이를 따르지 않으면 길드원 전체가 전멸한다. 그래서 실력이 미숙한 사람, 자기 개성이 강한 사람은 길드에 남아 있을 수가 없다. 모두 같은 길을 걸을 것을 암묵적으로 강요하고 그 속에서 편안함을 느낀다. 이것은 한국적 상황과 정확하게 일치한다. 다만 그로써 얻게 되는 보상이 현실과 비교할 수 없을 정도로 강할 뿐이다. 온라인 게임의 혈맹(길드) 시스템도 한국의 문화적인 요소를 어느 정도 반영한다. 길드는 자신이 집단의 울타리에 있다는 느낌을 준다. 위협을 받으면 곧바로 나보다 더 센 길드원이 와서 도움을 준다. 그러다 대규모 싸움이 발생하기도 한다. '우리'라는 문화가 있기 때문에 외부의 침입에 집단 구성원이 당하는 것을 용납하지 않는다. 이 과정에서 집단의 결속력은 보다 강해진다. 온라인 게임은 함께해야 더 효율적인 플레이가 가능하고, 재미를 느낄 수 있다.

　어쩌면 한국 사회의 온라인 게임 열풍은 현실과 게임 사이의 이질감이 적다는 점에서 비롯되는 것이 아닐까? 온라인 게임의 사건은 사람들이 모이는 공간에서 발생한다. 허구의 캐릭터들은 가상의 육체와 현실의 영혼을 동시에 가지고 있다. 그렇기 때문에 게임 속 모든 현상은 사회를 투영한다. 하지만 게임은 현실의 의미망 속에서 만들어지는 동시에 현실의 의미망을 끊임없이 벗어난다. 그것이야말로 게임이 가진 탈주의 힘이다. 사람들은 게임의 가상공간이 현실을 망각하게 만든다며 그 위험성을 경계한다. 그러나 한국의 온라인 게임은 아직 현실을 벗어나지 못했다. 앞서 설

12　아무리 사소한 일이라도 효율과 이윤을 추구하다 보면 결국 사업이 된다. 게임 아이템 역시 마찬가지다. 소위 '작업장'이라고 해서 아이템을 대량 생산하는 곳도 있다. 매크로 명령에 따라 자동으로 사냥하는 '봇'은 마치 공장에서 기계가 인간을 밀어내는 산업시대의 한 단면을 보는 것 같다. 그리고 심지어 아이템은 국가간 교역이 이뤄지기도 한다. 중국의 작업장에서 생산된 아이템이 국내에서 소비되는 것은 이제 상식이 되었다. 마치 글로벌 기업들이 제3국에 생산공장을 세워서 아웃소싱하는 개념이랄까? 온라인 게임의 경제는 현실의 경제를 무섭도록 닮았다.

명했듯 한국의 게임 문화는 개방성과 폐쇄성의 경계에서 출발했다. 한국의 온라인 게임도 여전히 개방성(가상)과 폐쇄성(현실)의 경계에 놓여 있다. 오늘도 한국의 게이머들은 현실의 기둥에 쇠사슬을 묶은 채 가상의 광장으로 달려간다. 이 쇠사슬은 우리에게 구원인가? 아니면 저주인가?

13 SNG는 과연 사회적인가?

― 게임의 사회성과 소셜 게임

"우리는 차세대 히트 게임을 만들려고 하는 회사가 아니다. 그보다 더 광범위한
무언가를 하려고 한다. 플레이를 위한 플랫폼 구축이다. 페이스북이 게임에서
하고 있는 것처럼 의미 있는 방식으로 사람들을 연결하고자 한다."
― 마크 핀커스 징가 대표이사

SNG와의 첫 만남 - 〈스머프 빌리지〉

소셜네트워크 게임Social Network Game, SNG들은 모두 비슷한 형태를 갖추
고 있다. 텅 빈 공간에 아이템(이를테면 농작물 같은 것)을 심어서 경험치
와 자금을 얻고 그것을 밑천 삼아 새롭게 공간을 꾸미거나 확장시켜나가
는 형태다. 그리고 이것을 수행하는 과정에서 게임 바깥에 있는 소셜네트
워크 친구들과 도움을 주고받게 된다. 징가의 〈팜빌Farm Ville〉이나 엔지모
코의 〈위룰We Rule〉 같은 게임이 대표적인 SNG들이다. 어쩌면 이런 종류
의 게임이 너무나 큰 성공을 거두었기 때문에 하나의 전범처럼 굳어졌는지
도 모르겠다. 하지만 가끔 '이것이 SNG에 가장 어울리는 형태일까?'라는
의구심이 든다. 뭔가 다른 것이 있을 것 같지만 아직까지 그 누구도 성공
적인 대안은 제시하지 못했다. 내가 플레이했던 첫 번째 SNG, 〈스머프 빌
리지Smurfs' Village〉 또한 마찬가지였다. 이 게임도 일반적인 SNG에서 크게
벗어나지 않는 매우 '평이한' 게임이었다. 그런데 돌이켜 생각해보면 그 '평
이함'이야말로 〈스머프 빌리지〉의 '특별함'이 아니었나 싶다. 이 게임에는
어렸을 적 애니메이션에서 보던 스머프들의 일상이 충실하게 묘사되어 있
다. 스머프들의 삶에는 분명 '소셜'한 측면이 있다. 실제로 이 만화가 사회
주의socialism의 이상향을 그렸다는 주장도 있으니 말이다. 어쨌든 마을에서
공동생활을 하면서 스머프 딸기를 수확하고 익살이, 주책이, 똘똘이 등 다

양한 특징을 가진 스머프들이 저마다의 에피소드를 펼쳐나가는 모습은 그 자체로 흥미로웠다. 그냥 마을이었다면 식상했겠지만 스머프 마을이기 때문에 모든 시스템이 '원작의 충실한 재현'으로 용서가 된다. 그러나 이것은 '스머프'라는 소재가 주는 힘이지 SNG 자체의 힘은 아니다. 단순한 퀘스트와 보상이 반복되는 게임 구조는 언젠가 한계를 맞이하게 된다. 그리고 그 순간 게임은 자신의 수명을 다하게 된다.

딸기와 시간 사이에서

나는 〈스머프 빌리지〉를 오래 플레이하지는 못했다. 조금이라도 빨리 진행하기 위해 현금을 지불하고 스머프 딸기까지 구매했지만 역부족이었다. 스머프 딸기는 게임을 원활히 진행하는 데 필요한 핵심 아이템이자 제작사의 수익 모델이다. 이 소모성 아이템은 건물 짓는 시간이나 농작물 재배 시간을 줄여준다. 뿐만 아니라 스머페트, 화가 등 특별한 능력을 지닌 스머프를 구입(?)해서 자신의 마을로 데려올 수도 있다. 딸기는 레벨이 오를 때마다 조금씩 얻을 수 있지만 그것만으로는 턱없이 부족하기 때문에 빠른 진행을 위해서는 현금을 주고 필요한 만큼 구입하게 된다. 처음에는 빨리 레벨을 올려야 한다는 압박감에 스머프 딸기를 남용하며 빠르게 농작물을 수확했다. 순식간에 50개였던 딸기가 절반으로 줄어들었다. 이러다가는 가진 돈 전부를 스머프 마을 재건에 쏟아부을 판이다. 정신을 차리고 나는 꼭 필요할 때만 효율적으로 딸기를 사용하기로 마음먹고 게임을 재개했다. 어라? 그런데 이렇게 플레이 방식을 바꾸자 게임이 이전보다 흥미로워졌다. 현실의 돈과 게임에서의 보상 그리고 소요 시간을 저울질하면서 내 나름대로 최적의 전략을 짜기 시작한 것이다. 농작물의 경우에는 내 현실의 라이프 사이클을 생각한 뒤 수확 가능한 시간, 그러니까 다시 게임에 접속할 수 있는 시간을 계산해서 파종을 했다. 다만 어쩔 수 없이 모자라거나 애매한 시간은 스머프 딸기로 보충하는 식이다. 건물을 짓거나 추가적인 스머프를 마을로 데려오는 것도 마찬가지였다. 조금만 부지런하면 딸기를 조금만 사용하고도 꽤 효율적으로 레벨을 올릴 수 있었다. 이러다 보니 자연스럽게 〈스머프 빌리지〉가 내 일상의 일부가 되었다. 큼직한 아이패드를 들고 다니며 수확에 열중하는 모습은 마치 게임이 짜놓은 스케줄대로 움직이는 노예를 연상시킨다(제때 수확하지 않으면 애써 키운 작물이 썩어버린다). 나중에는 게임을 위해 현실의 스케줄을 조정하는 역전 현상이 벌어지기도 했다. 물론 오랜 시간 인내하면 현금을 쓰지 않고도 충분히 플레이가 가능하다. 하지만 즐겁게 몰입했던 경험이 갑작스럽게 중단되어버린다. 가령 하나만 더 수확하면 레벨업인데 그 농작물 수확까지 하루가 걸린다면? 아마도 자신이 현재 느끼고 싶은 즐거움과 스머프 딸기의 가격 사이에서 갈등하게 될 것이다. 과거의 게임들은 돈을 받고 서비스하는 대신 어떻게든 몰입이 중단되지 않도록 만들어졌다. 하지만 SNG는 무료로 제공하는 대신 이 몰입을 인위적으로 끊어버린다. 게임의 템포 조절을 통해 유저에게 조바심을 일으키게 한다는 점, 그리고 이를 통해 수익 모델을 만들어낸다는 점에서 SNG는 게임 비즈니스의 새로운 진화 형태를 보여준다.

본격적인 SNG와의 만남 - 〈캐슬빌〉

〈스머프 빌리지〉를 통해서 SNG의 기본 문법을 학습한 나는 2011년 가을 무렵 징가의 SNG 〈캐슬빌Castle Ville〉을 접하게 되었다. 다른 사람에 비하면 꽤 늦게 입문한 셈이다. 〈캐슬빌〉은 징가에서 2011년 10월에 발표한 SNG다. 이미 〈캐슬빌〉 이전에 징가는 〈팜빌〉이나 〈시티빌〉 같은 SNG를 서비스하면서 큰 성공을 거둔 바 있다. 〈캐슬빌〉은 징가에서 발매했던 모든 SNG의 장점을 집대성한 게임이다. 즉 〈팜빌〉의 농장 관리 및 선물하기 시스템과 〈시티빌〉의 친구 고용 시스템을 결합하고, 여기에 탐험을 통해 왕국을 확장하고 악의 세력에 맞서 싸운다는 판타지 요소를 더했다. 이미 페이스북에 가입해 있던 나는 너무나 쉽게 〈캐슬빌〉을 플레이할 수 있었다. 이 게임을 시작하게 된 것은 내 친구들이 페이스북을 통해서 아이템을 선물했기 때문이다. 지속적으로 타임라인에 올라오는 아이템들을 계속 외면하다가 어느 날 시간이 남아서 클릭한 것이 나의 〈캐슬빌〉 첫 방문이었다. 다른 SNG처럼 이 게임 역시 별도의 설치 과정이 필요 없었고, 페이스북에 접속하기만 하면 어디서나 내가 종료했던 그 시점부터 게임을 진행할 수 있었다. 처음에는 페이스북에 들어갔다가 남는 시간에 게임을 플레이했지만 머지않아 게임을 위해 페이스북을 여는 나를 발견할 수 있었다.

〈캐슬빌〉은 전체적으로 〈스머프 빌리지〉와 크게 다르지 않았다. 빈 땅에 캐릭터만 덩그러니 놓여 있지만 뭘 해야 할지 몰라서 헤맬 일은 없다. 화면 속 캐릭터들은 내가 해야 할 퀘스트를 분명하게 알려준다. 퀘스트는 주로 어떤 액션을 취하도록 유도하거나 특정 아이템을 가져와 달라고 요구하는 것이 대부분이다. 그들이 시키는 것을 하나둘 하다 보면 어느새 농장이 늘어나고 왕국은 제 모습을 갖춰가기 시작한다. 농장이나 건물을 지으면 아이템을 생산할 수 있다. 이렇게 생산된 아이템을 다시 조합해서 또 다른 아이템을 만들 수 있고 이것은 퀘스트를 해결하는 열쇠가 된다. 어느 정도 레벨이 오르면 자금과 크리스털 아이템을 사용해 새로운 땅을 탐험할 수 있다. 플레이어의 영토는 넓어지고 더 많은 농장과 건물을 지을 수 있게 된다. 새로운 영토에서 캐릭터를 구출하면 수행할 수 있는 퀘스트도 더 많아진다.

게임은 기본적으로 이런 패턴의 반복이다. 그리고 이런 단순한 게임이 엄청난 인기를 모을 수 있는 것은 아이러니하게도 그 단순함 때문이다. 〈캐슬빌〉은 그리 많은 시간을 들이지 않고(물론 이것은 순전히 플레이어의 착각이다) 퀘스트를 진행할 수 있으며 확실한 보상을 받는다. 또한 이 게임은 분기점 없이 하나의 방향으로 이야기가 진행된다. 따라서 플레이어는 심각하게 고민하지 않고 '클릭'만 하면 된다. 미션에 실패하거나 캐릭터가 죽는 일도 없다. 왕국 바깥에 악의 세력이 있고 이따금 플레이어의 왕국에 침입하기도 하지만 그다지 위협적으로 보이지 않는 이유는 이 때문이다. 플레이어가 해야 할 임무는 명확하며, 보상을 받는 즉시 새로운 미션이 주어진다. 물론 게임을 진행하다 보면 고민해야 할 것들이 생기긴 한

다. 앞서 〈스머프 빌리지〉에서 경험했던 것과 마찬가지로 농장물의 수확이
나 아이템의 획득과 관련된 것들이다. 그러나 이것은 빠르고 효율적으로
플레이를 하기 위한 고민일 뿐 게임 자체의 난이도가 높아지는 것은 아니
다. SNG의 난이도는 시간으로 결정된다. 어려운 미션은 결국 오래 걸리는
미션일 뿐이다. 많은 재료가 투입되고 재료 하나하나를 생산하기 위한 시
간도 만만치 않다. 어쨌든 게임 초반에는 그다지 문제될 것이 없다. 문제는
게임에 어느 정도 익숙해지는 순간 나타나기 시작한다. 게임이 더 이상 진
행되지 않는 사태가 발생하는 것이다.

　〈캐슬빌〉 게임 화면 상단에는 에너지 게이지가 있는데 뭔가 액션을
취할 때마다 이 에너지 게이지가 줄어든다. 에너지가 0이 되면 플레이어
는 게임 내에서 아무것도 할 수 없다. 에너지를 채우는 가장 간단한 방법
은 그저 기다리는 것. 현실 시간 5분마다 1씩 에너지가 찬다. 그렇다고 마
냥 무한대로 채워지는 것도 아니다. 최대치가 정해져 있어서 그 이상은 회
복이 불가능하다. 다만 플레이어의 레벨이 오르면 그 순간 에너지가 최대
치까지 회복된다. 이러한 〈캐슬빌〉의 에너지 시스템은 게임을 강제적으로
중단시키는 기능을 한다. 모든 게임은 시작과 끝의 프로세스가 있다. 아케
이드 게임은 코인을 넣으면 게임이 시작되고 모든 캐릭터가 아웃되어 게임
오버가 되는 순간 게임이 종료된다. 반면 MMORPG의 세계는 시작과 끝
이 명료하지 않다. 그 세계는 서비스가 종료될 때까지 영원히 지속되는 구
조를 갖고 있다. 종료되지 않는 세계에서 게임의 시작과 끝을 결정하는 것
은 플레이어의 의지에 달려 있다. 결국 게임은 플레이어의 의지에 따라 시
작과 끝이 결정된다. 그런데 SNG는 이러한 일반적인 게임 문법과는 다른
패턴을 갖는다. 〈캐슬빌〉에서 에너지가 0이 되는 순간 게임이 더 이상 진
행되지 않는 것처럼 말이다. 게임을 시작하는 것은 분명 플레이어의 의지
로 결정된다. 하지만 게임을 종료시키는 것은 게임의 시스템이 결정한다.
캐릭터가 죽거나 실패를 한 것도 아닌데(대체로 그런 개념 자체가 없다)
게임이 종료되는 것은 일반적인 게임 규칙에서는 납득하기 어려운 일이다.
어째서 SNG는 기껏 유저를 게임 세계로 불러놓고 게임을 하지 못하게 방

해하는 것일까?

SNG의 진행 구조

온라인 게임, 그중에서도 MMORPG 장르는 일단 게임에 들어온 사람이
쉽게 나갈 수 없도록 어떻게든 잡아두려고 한다. 어떤 게임이든 초반에는
레벨이 빨리 오른다. 게임을 잘 모르는 사람도 손쉽게 성취감을 느끼게 하
여 게임을 지속적으로 이용하도록 만들기 위해서다. 시간이 지날수록 조
금씩 난이도가 높아진다. 중요한 것은 유저가 지속적으로 도전할 수 있도
록 하되, 절대 포기하지 않도록 만드는 것이다. "너무 쉽지도 어렵지도 않
게!", "배우기는 쉽지만 끝내기는 어렵게!" 이런 구호는 게임 디자이너들이
항상 주문처럼 외우는 것들이다. 유저를 게임 세계에 묶어두기 위한 노력
은 퀘스트를 수행하는 과정에서도 드러난다. 보통 MMORPG에서 퀘스
트를 수행할 때는 많은 퀘스트를 한꺼번에 수락한 다음 가능한 짧은 동선
으로 해결하곤 한다. 그런데 NPC들은 하나의 퀘스트를 끝내면 곧바로 다
음 퀘스트를 준다. '오늘은 퀘스트를 세 개만 해야지'라고 마음먹어도 조금
만 지나면 퀘스트는 두 배로 늘어나 있다. 퀘스트를 수행하는 과정에서 새
로운 퀘스트가 발생하고 이렇게 퀘스트가 중첩되어 배치되면서 게임의 종
료 시점은 모호해진다. 출구로 다가갈수록 출구는 멀어진다.
　유저가 게임 세계를 떠날 수 없는 이유는 비단 디자인만의 문제는 아
니다. 여러 사람이 함께 플레이하는 온라인 게임의 사회적 속성도 게임을
쉽게 그만둘 수 없는 이유가 된다. 흔히 동시 접속자가 많을수록 게임은
성공한 것으로 평가받는다. 실제로 서버 내에 사람이 많아야 온라인 게임
의 재미가 극대화된다. 끝나지 않는 하나의 세계 속에서 게이머들은 서로
협력하고 경쟁한다. 이때 협력은 협력대로 경쟁은 경쟁대로 서로를 구속하
기 마련이다. MMORPG는 수십 명의 플레이어가 함께 거대한 몬스터를
잡는 협력 콘텐츠가 준비되어 있다. 이를 위해서는 약속된 시간에 모여서
일정 시간까지 함께 플레이를 해야만 한다. 목표를 위해 팀이 된 이상 혼자

만 게임 세계에서 빠져나오기는 어렵다. 술자리에서 빠져나갈 때 눈치 보이는 것과는 비교가 안 되는 민폐다. 누군가 실수를 하면서 공략이 생각대로 되지 않으면 채팅창에는 벌써 욕설이 남발한다. 또한 MMORPG는 타인과 경쟁하는 콘텐츠도 함께 제공한다. 이럴 경우에는 상대방보다 더 강해지기 위해서 게임 세계에 계속 머물기도 한다.

이처럼 끝나지 않는 게임 세계에 유저를 묶어두려는 MMORPG와는 달리, SNG는 인위적으로 게임이 중단되도록 디자인된다. 앞서 언급한 〈캐슬빌〉의 에너지 시스템이 대표적이다. 뭐 좀 하려면 에너지가 없다. 계속 진행하기 위해서는 현금을 주고 에너지를 구입해야 한다. 게임이 중단되는 이유는 에너지 말고도 더 있다. 농작물을 키우기 위해서는 시간이 필요한데 작물에 따라 적게는 몇 분 많게는 며칠의 시간이 걸린다. 아이템을 만들려면 특정 농작물이 필요한데 원하는 것을 얻으려면 작물이 다 자랄 때까지 무작정 기다려야만 한다. 또한 퀘스트 중에는 페이스북 친구를 고용하여 건물 안에 집어넣어야 하는 것도 있다. 만약 친구가 채워지지 않으면 퀘스트는 더 이상 진행되지 않는다. 이처럼 게임을 진행하다 보면 플레이어의 의지와 관계없이 인위적으로 중단되는 구간이 존재한다. 일반적인 MMORPG와 SNG의 시간 구조를 그림으로 표현하면 다음과 같다.

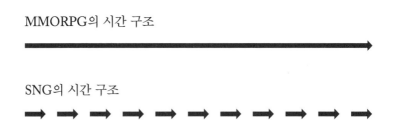

MMORPG의 시간 구조

SNG의 시간 구조

MMORPG가 플레이어의 의지와 관계없이 그 세계가 하나의 선으로 이어지는 구조라면, SNG는 짧은 세션이 반복되는 구조로 이뤄진다. 물론 이것은 유저의 페이스북 사용 패턴, 즉 다른 일을 하다가 가끔 들어가서 확인하는 사용 패턴에 맞춰서 디자인된 것이다. 어쨌든 이러한 SNG의 구조는 플레이어로 하여금 마치 게임 시간이 짧다고 느끼게 만든다. 그리고 게임에 많은 시간을 투자할 수 없는 사람들은 이런 짧은 플레이 시간에 오히려 매력을 느낄지도 모르겠다. 하지만 SNG의 플레이 시간 전체를 모아 보면 그 시간은 결코 적지 않다. 예스퍼 율은 그의 저서 『캐주얼 게임』에서 캐주얼 게이머에 관한 통념들을 깨뜨린다. 일반적으로 캐주얼 게임 유저들은 게임에 대해 잘 모르고, 쉬운 게임을 선호하며, 게임에 많은 시간을 쓰지 않을 것 같지만, 그들은 어려운 게임을 선호하고, 게임에 꽤 많은 시간을 투자한다.[1] 이러한 캐주얼 게이머에 대한 정의는 소셜 게임에도 적용된다. SNG는 캐주얼 유저들이 많은 비중을 차지하며, 이들은 꽤 많은 시간을 잘게 쪼개서 게임에 투자하고 있다. 아울러 현실 시간과 연동되는 SNG의 특성은 게임을 현실 생활의 한 부분으로 인식하게 만든다.

돈으로 시간을 구입하다

에너지를 모두 소비하거나 특별히 더 할 수 있는 것이 없으면 게임은 중단된다. 게임은 끝나지 않았지만 더 이상 게임을 진행할 수 없는 상태가 된 것이다. 이럴 때 게임은 유저에게 계속 진행하기 위해서는 '왕관'을 구입하라고 권한다. 이미 눈치챘겠지만 왕관은 당연히 현금으로 결재해야 한다. 아무리 여유가 있는 사람이라도 〈캐슬빌〉에 아무 생각 없이 돈을 썼다가는 파산을 면치 못할 것이다. 게임은 끝이 없고 달성해야 할 퀘스트는 무한하며, 이를 위해서는 천문학적인 '왕관'이 필요할지도 모른다. 돈이 있는 사람이든 없는 사람이든 왕관은 절제하며 요령껏 써야 한다. 시간적인 여유가 있고 기다릴 자세가 되어 있는 사람이라면 왕관 없이도 충분히 플레이할 수 있다. 반면 금전적으로 넉넉하거나 기다릴 여유가 없는 사람은 좀 더 많은 왕관을 사용하게 될 것이다.

게임의 시간은 일반적으로 현실보다 압축되어 표현된다. 긴 이야기를 비교적 짧은 시간에 즐길 수 있는 것이야말로 게임의 장점이다. 하지만 앞서 살펴본 것처럼 SNG에서는 철저하게 현실 시간이 연계되어 있다. 매

5분마다 에너지가 증가하는 것은 물론이요, 작물이 성장하는 기간도 현실 시간의 기준으로 설정된다. 농작물은 실제로 그만큼의 시간이 흘러야 수확이 가능하며 수확 시기를 놓쳐버리면 해당 작물은 썩어버린다. 그 밖에도 SNG의 게임 시스템은 유저가 주기적으로 게임에 접속하도록 유도한다. 실제로 게임을 떠나 있더라도 농작물의 수확 시점을 늘 생각하고 있어야 하기 때문에 실제로는 게임이 현실 생활의 일부로 들어와 있는 듯한 느낌을 준다.[2]

플레이어는 항상 현실의 시간 소요와 왕관(현금) 사이에서 저울질하게 된다. 돈이 아까워서 버티다가도 결정적인 순간에는 왕관을 사용하게 된다. 예를 들어 석괴 하나만 있으면 아이템이 완성되고 아이템이 완성될 경우 레벨업이 가능하다고 가정하자. 하지만 이 석괴는 완성까지 20시간 이상이 걸린다고 치자. 이 경우 플레이어는 20시간을 기다려서 석괴를 완성해 레벨업을 하는 것과 왕관을 써서 지금 즉시 레벨업을 하는 것 사이에서 고민하게 된다. 필요한 왕관은 상황마다 다르다. 만약 왕관을 사용하는 것이 20시간을 기다리는 것보다 더 가치 있다고 생각한다면 유저는 즉시 레벨업 하는 것을 선택할 것이다. SNG는 무료로 쉽게 접근할 수 있다. 하지만 유저가 게임에 익숙해질 때쯤 게임은 유저를 조금씩 불편하고 귀찮게 만든다. 원활하고 쾌적한(끊어지지 않는) 플레이를 위해서는 현금을 쓰도록 유도한다. 결국 문제는 유저의 조바심이다. 유저는 자신이 받을 수 있는 보상과 시간 사이에서 갈등하게 되고, 결국 끊어진 시간의 단층을 견디기 어렵다고 느낄 때 현금 결제를 하게 된다. 결국 플레이어는 현금으로 끊어진 시간과 경험을 봉합하는 셈이다.

이처럼 SNG는 현실 시간의 흐름을 바탕으로 게임의 템포를 조절하

1   예스퍼 율, 『캐주얼 게임』, 커뮤니케이션북스, 2012, 11~12쪽.
2   예를 들어 특정 농작물이 수확까지 10시간이 걸리는데 10시간 후에 현실에서 중요한 약속이 있다면 다른 작물을 파종하는 식이다. 이때 게임 행위는 게임 세계에 별개로 존재하는 것이 아니라 현실 세계와 맞물려서 작동한다.

고, 여기서 유저의 조바심을 유발시킨 뒤 수익을 창출한다. 마치 차를 타고 빠른 속도로 달리다가 정체 구간에 들어서면 답답함을 느끼는 것과 비슷하다. 단지 다른 점은 돈을 내면 길을 뚫어준다는 점이랄까? 기존의 온라인 게임은 아이템 현거래를 통해서 자신이 플레이하지 못한 현실 시간의 차이를 채우고, 플레이 시간을 단축시킬 수 있다. 이러한 아이템 현거래를 통한 시장 형성은 게임 세계가 하나의 시간 축에서 이어지는 구조 안에서만 원활하게 작동한다. 내가 접속을 끊어도 세계는 멈추지 않으며, 내가 게임을 하지 않을 때에도 그 안에서 누군가는 열심히 레벨업을 한다. 그것이 유저 간의 차이를 만들어내고, 아이템의 수요와 공급을 만들어낸다. 만약 온라인 게임이 SNG처럼 각자의 플레이 영역에서 중단 가능한 세계라면 전체 유저 수는 점점 줄어들 것이다. 그리고 유저의 수가 줄면 게임의 재미도 반감되기 때문에 연쇄적인 이탈 현상이 나타날 것이다. 하지만 SNG는 시간은 물론 공간 역시 분리되어 있기 때문에 다른 차원의 수익 모델이 가능하다.

SNG의 분리된 시공간

〈캐슬빌〉은 페이스북을 플랫폼으로 사용하는 SNG다. 페이스북과 SNG는 그 발전의 궤적이 비슷하다. 페이스북 전체 유저 수에 대한 통계자료를 보면 징가의 〈팜빌〉이 성장을 거둔 시기와 페이스북의 이용자가 급증하기 시작한 시기가 거의 일치함을 알 수 있다. SNG가 페이스북의 성장을 상당 부분 견인했다는 얘기다. SNG는 원래 페이스북에 있는 친구들끼리 놀수 있는 일종의 도구로 등장했다. 그런데 이것이 어느 순간 주객이 전도되어 시간이 지날수록 게임을 위해서 친구를 모으는 사태가 발생한다. 〈캐슬빌〉을 플레이하던 나 역시 마찬가지였다. 다른 SNG가 그렇듯 〈캐슬빌〉에서는 친구의 수가 곧 힘이고 권력이다. 친구가 많으면 그만큼 게임 진행에 도움을 얻을 수 있고, (상대적으로) 현금을 덜 쓰더라도 원활한 진행이 가능하다. 특히 〈캐슬빌〉에는 건물에 친구를 고용하는 시스템이 탑재되어 있어서 함께 게임할 친구가 반드시 필요하다.[3] 그런데 현실의 친구들에게 게임을 하자고 요청하는 것은 다소 부담스럽다. 친구의 담벼락을 나의 게임 요청으로 도배하는 것도 내키지 않는다. 물론 내가 알던 사람들과 함께(?) 게임을 하는 것은 즐거운 일이다. 그렇지만 페이스북 친구 리스트에는 현실에서 부담스러운 관계도 꽤 있다. 직장 상사나 학교 선생님 혹은 거래처 직원일 수도 있다. 어쨌든 게임을 함께 할 친구가 필요했던 나는 페이스북에서 '캐슬빌 그룹'에 가입한 다음, 모르는 얼굴들을 마구 추가했다. 게임을 하기 위해서 별도의 인맥을 구축하기 시작한 것이다. 며칠이 지나자 페이스북 친구 리스트에는 아는 사람보다 모르는 사람이 더 많아졌다. 리스트가 늘어날수록 게임 진행은 무척 쾌적해졌다. 도움을 요청할 친구도 많았고, 이웃을 방문해야 하는 퀘스트를 수행하기도 수월해졌다. 그런데 그 모르는 인맥들로 가득한 친구 리스트를 볼 때마다 어쩐지 석연치 않다. 그건 아마도 게임을 위해 인위적으로 만들어낸 인간관계에서 오는 불편함이 아닐까?

흔히 SNG는 인맥을 통해 진행되는 게임이라 매우 사회적인 관계가 형성되는 게임이라고 생각한다. 천만에. SNG는 그리 '소셜'한 게임이 아니다. 그 이유로 우선 분리된 시공간을 들 수 있다. SNG에서 관계는 이어져 있지만 세계는 분리되어 있다. 일반적인 온라인 게임에서는 모든 유저가 하나의 시공간을 공유한다. 현실 세계의 플레이어는 자신의 캐릭터를 만든 다음 게임 세계로 진입한다. 이때 게이머의 자아는 캐릭터에 투사된다. 게임 세계 안에서 동일한 시간대에 캐릭터끼리 만나서 다양한 퀘스트를 수행한다. 캐릭터는 플레이어의 현재 모습을 대신하며, 유저는 캐릭터를 통해 다른 유저와 실시간으로 소통할 수 있다. 이는 실시간 경쟁과 협력의 토대가 된다(그림 1).

반면 SNG는 각 유저들이 별개의 시공간을 갖고 있다. 〈캐슬빌〉 게

3　물론 이 시스템 역시 현금을 사용하면 해결이 가능하다.

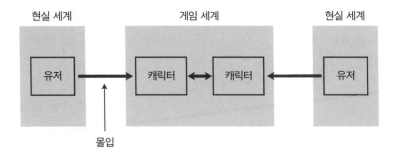

그림 1   MMORPG의 공간 구조

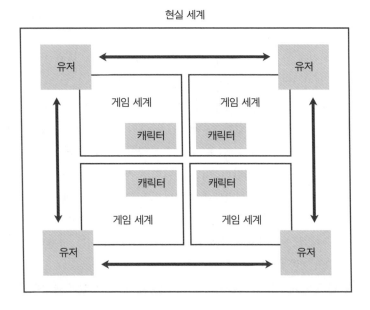

그림 2   SNG의 공간 구조

임을 시작하면 플레이어는 하나의 맵을 갖고 시작한다. 이 왕국은 타인과 함께 공유하는 영토가 아니라 오직 자신만이 꾸밀 수 있는 영토다. 이 영토 안에 플레이어의 캐릭터가 있다. 하지만 캐릭터를 통해서 특별히 할 수 있는 것은 없다. 〈캐슬빌〉은 이미 플레이어가 조작할 수 있는 '커서'가 존재하며, 캐릭터는 플레이어가 특정 액션을 클릭하면 그에 맞춰 명령을 수행할 뿐이다. 이것은 시뮬레이션 게임에서 나타나는 '분리된 객체로서의 캐릭터'와 같다.[4] 따라서 플레이어와 캐릭터의 거리는 멀어지며, 플레이어의 게임 행위와 캐릭터의 행위는 별개의 층위에서 발생한다. 플레이어의 행위가 먼저 있고, 그것을 확인하는 차원에서 캐릭너가 액션을 취하는 것이다. 〈캐슬빌〉의 모든 캐릭터는 이렇게 주체에서 떨어져나온 캐릭터다(그림 2). 게다가 그 캐릭터 주인의 실제 얼굴이(프로필 사진이 얼굴이 아닐 수도 있지만) 게임 하단에 공개되기 때문에 분리의 효과는 극대화된다. 플레이어는 그저 캐릭터를 자신의 명령을 수행하는 오브제로 인식한다. 그래서 어떤 유저들은 캐릭터가 일일이 이동하면서 행동하는 것이 효율성이 떨어진다며 아예 건물 배치를 통해 캐릭터를 움직이지 못하게 가둬놓기도 한다.

　이렇게 주체에서 분리된 캐릭터들이 왕국에서 서로 만난다. 게임을 하다 보면 왕국을 찾아온 다른 캐릭터들을 볼 수 있다. 친구들은 나의 왕국에 와서 농장의 수확을 돕거나 잡초를 뽑아주는 등 도움을 준다. 하지만 이들은 MMORPG에서 만나는 캐릭터와 전혀 다른 존재다. 그들은 '지금, 여기'에 있는 사람들이 아니다. 그들은 과거에서 온 친구들, 혹은 그들의 흔적일 따름이다. 〈캐슬빌〉은 플레이어 개개인이 각자 자신만의 영토와 캐릭터를 가지고 있으며, 다른 왕국에 찾아갈 수 있다. 그러나 내가 찾아가는 시점과 실제 캐릭터가 방문하는 시점은 다르다. 만약 A라는 친구의 왕국을 방문해서 액션을 수행했다면 그 모습이 보여지는 것은 A가 게임에

4　이에 관해서는 '7. 게임과 플레이어 사이의 거리 – 시뮬레이션 게임과 게임의 리얼리즘'을 참고할 것

접속하는 순간이다. 캐릭터는 함께 같은 시간, 같은 장소에 있지 않다. 언제나 어긋난다. 사실 함께 있어도 특별히 게임 안에서 채팅을 하거나 캐릭터끼리 교류할 방법도 없다. 그저 플레이어는 내 친구가 나의 영토에 찾아왔었다는 사실, 나를 도와주었다는 사실을 확인할 뿐이다. 유저들의 소통은 게임 세계를 거치지 않고 페이스북이라는 게임 바깥의 플랫폼에서 이뤄진다. 하지만 이 게임 친구들과 구체적으로 소통할 일은 없다. 친구들은 나에게 끊임없이 선물을 보내거나 도와주겠다고 이야기한다. 내가 선택할수 있는 것은 'Yes' 혹은 'No' 두 가지 선택지뿐이다. 선물을 받아서 손해볼일은 없으니 실제로 선택할 수 있는 것은 'Yes'로 간단히 정리된다. 결국 플레이어가 친구들과 하는 소통은 클릭으로 귀결된다. 상대방에게 내가 필요한 아이템을 요청하는 것, 상대방이 준 아이템을 그저 클릭해서 받는 것. 이것이 〈캐슬빌〉에서 표면적으로 나타나는 소통의 전부다. 하지만 이런 소통이 꼭 나쁜 것만은 아니다. 다른 세계를 공유하는 시스템은 그만큼 플레이어의 부담을 줄여준다. 함께 하기 위해서 현실의 같은 시간을 공유할 필요가 없기 때문이다. 플레이어는 자신의 왕국을 넓히고 그 과정에서 친구의 도움을 받는다. 좀 더 정확히 말하면 도움을 받는다는 느낌을 받는다.

SNG의 관계, 현실의 관계

이렇듯 〈캐슬빌〉은 대화가 불필요한 게임이다. 이는 다른 SNG 역시 비슷하다. 이 게임들은 라이트유저들을 겨냥하여 제작되었으며, 해야 할 것이 명확하게 제시된다. 퀘스트는 분명하고, 시키는 대로만 하면 레벨을 쑥쑥올릴 수 있다. 미션을 완료해서 보상을 얻고 다시 새로운 미션을 얻는 과정은 매우 짧은 세션으로 구성되어 있다. 그만큼 게임에 쉽게 몰입할 수 있다. 게임의 모든 미션 수행은 단순한 클릭의 반복으로 해결된다. 앞서 살펴본, 심지어 대화를 해야 하는 상황조차 모두 클릭으로 해결 가능한 인터페이스로 처리했다. 이러한 SNG의 게임 디자인과 생략된 커뮤니케이션은 현실의 관계와 전혀 다른 관계다. 현실에서 사람 사이에 관계를 유지하기 위해서는 언어, 즉 대화가 필수다. 그런데 소셜 게임은 한마디의 말도 필요 없다. 친구는 게임을 원활하게 진행하기 위해서 필요한 수단일 뿐이다. 상대방은 하나의 '인격'이라기보다 '도구'의 차원으로 전락한다. SNG의 가장 중요한 아이템은 관계이며, 그것은 게임 개발에 있어 가장 핵심적인 디자인 재료이기도 하다.

그리고 가장 결정적인 것으로 여러분과 여러분의 친구들이 하루 중 같은 시간대에 페이스북을 방문하지 않는다는 것이다. 친구들이 여러분이 원하는 같은 시간대에 놀아줄 수 있다는 보장이 없다. 게임 디자이너가 소셜 네트워크에서 일상적인 사용 패턴으로 놀이를 통합시키려다 보면 비동기적인 게임 플레이로 진행되는 게임을 만드는 것이 유리하다는 것을 알게 될 것이다.[5]

하지만 나는 〈캐슬빌〉이 건조한 인간관계를 구현한 게임이라고는 생각하지 않는다. 〈캐슬빌〉을 장시간 플레이하다 보면 한 번도 만나보지 못했던 사람과 어쩐지 친해진 것 같은 느낌이 든다. 이것은 어째서일까? 이것은 상대방의 얼굴을(플랫폼이 '페이스'북임을 잊지 말자) 자주 대면하면서 나타나는 현상이 아닐까? 비록 클릭에서 비롯되는 단순한 소통이지만 친구의 사진이 이름과 함께 내게 정기적으로 노출되는 것은 분명 대상에 대한 친밀감을 높이는 데 도움을 준다. 게임의 구조적인 건조함을 반복적인 마주침이 중화시키는 것이다. 사실 이것은 게임의 힘이라기보다는 페이스북이라는 플랫폼의 힘이다. SNG의 사회적 관계는 순간적인 마주침에서 시작된다. 그것은 잠시 나타났다 사라지지만 끊임없이 반복되는 성질을 갖는다. 설령 가상의 이미지이고, 단순한 클릭질 속에서 형성된 관계라 하더

---

5   그레고리 트레프라이, 『캐주얼 게임 디자인Casual Game Design』, 와우북스, 2011, 348~349쪽.

라도 '이름'과의 마주침은 중요하다. 이름은 존재의 가장 근원적인 기호이
자 호명이기 때문이다.

　게임의 장점은 현실을 단순화하고 보다 빠르게 전개시킨다는 것이
다. 기존 온라인 게임에서는 비록 게임 콘텐츠는 축약되어 전달되지만 그
속에서 일어나는 관계는 현실과 유사한 관계였다. 플레이어들은 같은 시
공간에서 대화를 통해 전체의 의견을 조율하고 아이템을 분배한다. 하지
만 SNG는 이런 관계까지도 축약하여 단순하게 만들었다. 타인과 관계를
형성하는 일은 즐거운 일이다. 하지만 그것을 위해서는 한편으로 타인에
게 다가가기 위한 나의 노력이 투입되어야 한다. SNG는 큰 노력 없이 이
웃과 커뮤니케이션을 하는 것 같은 느낌을 준다. 즉 SNG는 사회적 게임
이 아니라 SNS라는 거대한 커뮤니티 안에 각자의 캡슐을 갖고 그 속에서
혼자 즐기는 게임이다. 마치 매트릭스처럼 캡슐과 캡슐은 이어져 있다. 하
지만 우리는 그들의 존재를 모르며 관심을 가질 필요도 없다. 나에게 양분
을 공급하면 그만이다.

　현실의 관점에서 볼 때 이런 인간관계는 무척 건조하고 삭막하게 느
껴진다. 하지만 다른 관점에서 보면 이것 또한 하나의 새로운 인간관계라
고 볼 수 있지 않을까? 함께 같은 게임을 즐긴다는 것만으로도 이미 관계
의 단추가 채워진 셈이다. 비록 게임을 위해 만든 인맥이고 한 번도 제대
로 된 대화를 나눠보지는 못했지만 나는 그의 얼굴과 이름을 뚜렷이 알고
있다. 그는 나에게 선물을 보냈고, 나도 그에게 선물을 보냈다. 게임을 하
는 사람에게 이 사실은 결코 사소하지 않다. SNG는 그 자체로는 소셜하
지 않을지라도 새로운 소셜의 가능성을 위한 씨앗이 되기에는 충분하다.
SNG에 나타나는 인간관계의 변화를 통해 우리는 그것을 품고 있는 SNS
의 인간관계를 유추할 수 있다. 그리고 SNS 사용 인구가 수억 명에 육박
하는 시대에 이것은 현실의 인간관계를 바꾸는 하나의 신호일지 모른다.
실제로 페이스북에서 '좋아요' 버튼을 클릭하는 것으로 우리는 우리의 언
어를 대체하고 있지 않은가? 카카오톡에서 이모티콘을 전달하는 것으로
우리의 마음을 대신하고 있지 않은가? 네트워크 공간에서 언어가 소멸되

는 곳마다 새로운 표현의 도구가 자란다. 누군가와 이어지고 싶다는 욕망은 결코 사라지지 않기 때문이다. 오늘도 나는 클릭한다, 고로 나는 소통한다.

14 문화적 실천으로서의 게임 플레이
— 게이머가 된 아도르노, 벤야민, 브레히트

길을 걷는 자, 게이머

누구나 길을 걷는다. 길을 걷기 전에는 반드시 두 가지 질문이 선행되어야 한다. 왜 걷는가? 그리고 어디로 걷는가? 만약 예술에게도 튼튼한 두 다리가 있다면, 길을 걷는 그의 어깨에 손을 올리고 똑같은 질문을 던져야 하리라. 예술이 예술로서 존재할 수 있었던 시절에는 이런 질문들이 필요했다. 하지만 오늘날 예술에게 이런 질문이 과연 유효한 것일까? 오늘날 예술은 자본의 숲에서 길을 잃었다. 숲은 사방이 뚫린 미궁이다. 예술은 문화자본이 던져놓은 빵 부스러기를 주워 먹으며 자신도 모르게 점점 어두운 중심으로 사라져간다. 길을 잃은 자에게 '왜' 혹은 '어디로'라는 질문은 사치에 불과하다. 그에게 당장 필요한 질문은 이것이다. 여기는 어디인가? 이 질문에 대해, 아도르노라면 아마 '동일성의 세계'라고 대답하면서 실종된 예술의 장례식을 서둘러 집행할 것이다. 벤야민이라면 숲은 못 봐도 나무를 더 잘 볼 수 있게 되었으니 괜찮은 거 아니냐고 자위할지도 모르겠다. 그리고 브레히트는 정신만 차리면 길을 걷는 실천 속에서 뭔가를 찾아낼 수 있을 거라고 조언할 것이다. 이들이 가진 렌즈의 초점을 모두 한 지점으로 모을 때 아마도 문화 산업의 어두운 숲에 불을 지필 수 있을 것이다.

길을 걷는 누군가 게임을 한다. 놀이, 그것은 삶의 에너지이며 문화를 만들어낸 인류의 본능이다. 하위징아의 선언처럼 "놀이는 문화보다 더 오래된 것"이다.[1] 아도르노, 벤야민, 브레히트. 이 세 명이 오늘날의 대중문화의 한 축을 이루고 있는 컴퓨터게임을 본다면 과연 어떤 이야기를 해줄

1　요한 하위징아, 『호모 루덴스』, 연암서가, 2010, 29쪽.

수 있을까? 그들의 시대에 컴퓨터게임은 존재하지 않았다. 이 세 명을 무덤에서 불러올 수 없다면 대안은 하나뿐이다. 영화라는 새로운 매체가 등장했을 때 이 세 명이 가졌던 시선들을 토대로 오늘날의 컴퓨터게임을 대입시키는 것이다. 게임은 현재 자본의 숲 어느 지점을 통과하고 있을까? 물론 이 질문에 앞서 분명히 해둘 것이 있다. 바로 게임이 자본의 숲에서 길러졌다는 사실이다. 게임은 원래 숲 밖에서 태어났으나 자신의 의식이 깨어나기도 전에 자본의 숲에 버려졌다. 그리고 마치 〈정글북〉의 모글리처럼 자본의 숲에서 길러졌다. 이 사실은 게임과 예술의 단순 비교를 어렵게 만든다. 외부 세계(순수예술)의 언어조차 모르는 이 야생의 소년에게 우리가 해줄 수 있는 것은 무엇일까? 그냥 숲에서 살게 내버려두어야 할까? 아니면 숲 바깥의 세계를 보여주어야 할까? 게임이 대중문화의 중심으로 이동할수록 이런 고민은 반드시 선행되어야 한다. 왜냐하면 인간도 모글리가 떠도는 자본의 숲을 벗어날 수 없기 때문이다.

놀이와 문화 산업의 충돌 – 소비 방식으로서의 게임

1) 동일성의 원리

예술이 상품이라는 사실은 새로운 것이 아니다. 진짜 새로운 것은 그러한 사실을 내놓고 떠들고 다니며, 예술 자신이 자율성을 포기하고 상품의 일원이 되었음을 자랑스러워하고 있다는 사실이다.[2]

아도르노는 문화 상품이 더 이상 예술이 아니라고 못을 박는다. "영화나 라디오는 더 이상 예술인 척할 필요가 없다. 대중매체가 단순히 장사 이외에는 아무것도 아니라는 사실은 아예 한술 더 떠 그들이 고의로 만들어낸 허섭스레기들을 정당화하는 이데올로기로 사용된다."[3] 놀이가 순수한 소비의 극단에 있다면 문화 산업은 순수한 생산의 극단에 있다. 양극단은 서로

의 필요에 의해서 거래가 되는데 이 과정에서 놀이가 가진 소비의 순수함
은 휘발되어버린다. 이제 놀이는 교환되는 상품이기 때문에 소비의 과정에
서도 일정한 대가를 요구한다. 하지만 과연 재미는 양적으로 환원되는가?
문화 산업의 교환 속에서 재미는 어떻게 실현되는가? 아도르노에 따르면
문화 산업에서 진정한 재미는 결코 실현될 수 없다. "내적 일관성이 있는
순수한 재미, 즉 긴장을 푼 상태에서 다채로운 연상과 행복한 무의미에 자
신을 내맡기는 재미는 문화 산업이 제공하는 재미에서는 삭감된다. (……)
순수한 재미는 임시변통으로 끼워 맞춘 '의미'에 의해 방해를 받는 것이
다."[4] 내적 일관성이 있는 순수한 재미를 위해서는 재미 자체에 모든 것을
던져야 가능하다. 하지만 화폐에 의해 교환된 놀이는 그럴 수가 없다. 내가
지불한 만큼 재미를 느껴야 한다는 강박이 플레이어를 사로잡는다. 돈보
다 더 문제가 되는 것은 시간이다. 문화 산업의 놀이는 시간과 자본을 동시
에 필요로 한다. 따라서 게임에 대해서도 아도르노는 아마 이렇게 말할 것
이다. "게임 산업의 위치가 확고해지면 확고해질수록 게임 산업은 소비자의
욕구를 더욱더 능란하게 다룰 수 있게 된다. 게임 산업은 소비자의 욕구를
만들어내고 조종하고 교육시키며 심지어는 재미를 몰수할 수도 있다."[5]

　　줄리앙 크리스테바가 언급했듯이 매체들은 서로 간의 상호텍스트성
이 존재한다.[6] 하나의 작품이 다른 매체로 각색되는 것은 당연하다. 브레히
트는 이 과정에 자본주의가 끼어드는 것을 경계했지만 궁극적으로는 이것

2　　Th. W. 아도르노·M. 호르크하이머, 「문화 산업: 대중 기만으로서의 계몽」, 『계몽의
　　　　변증법』, 문학과지성사, 2008, 237쪽.

3　　Th. W. 아도르노·M. 호르크하이머, 앞의 책, 184쪽.

4　　Th. W. 아도르노·M. 호르크하이머, 앞의 책, 216쪽.

5　　Th. W. 아도르노·M. 호르크하이머, 앞의 책, 218쪽. 고딕체는 원전의 '문화'를
　　　　'게임'으로 수정한 것임.

6　　상호텍스트성intertextuality이란 텍스트 사이의 관계를 의미한다. 크리스테바는 작가가
　　　　수평적 차원에서 독자와 소통하는 동시에 수직적 차원에서 과거의 텍스트와 끊임없이
　　　　소통하고 있다고 하면서 '상호텍스트성'이라는 개념을 제시했다.

을 진보적인 과정으로 파악했다. 다만 브레히트는 그것이 끊임없이 새로움을 향해 전진할 때만 진보적일 수 있다고 보았다.

> 정신적인 가치들을 상품으로 개조하는 것은 진보적인 과정이며, 이에 대하여는 오직 찬성이 있을 뿐이다. 다만 이 진보는 이미 진보된 것이 아니라 전진하는 것으로 생각하는 것이 전제되어야 한다.[7]

그는 영화라는 매체의 파급력에 주목하고 기능 전환을 통해 대중을 일깨울 수 있는 도구로 활용하고자 했다. 하지만 아도르노는 이런 각색 과정에 대해 매우 부정적인 입장을 취한다. 왜냐하면 문화 산업은 예술작품 전체를 취하는 것이 아니라 자신의 작품을 '매끄럽게' 만들기 위해서 부분만을 차용하기 때문이다. 그리고 그런 것을 대중이 알아볼 수 없도록 교묘하게 숨긴다는 것이 대중문화의 기본적인 성질이라고 이야기한다.

> 특기할 만한 점은 이러한 잡탕이 교양 없이 조악하고 둔탁하거나 세련되지 않은 것은 아니라는 것이다.[8]

각색과 제작의 과정에서 예술작품의 원래 의도는 철저하게 무시된다. 문화 산업은 대중들이 좋아할 만한 요소만을 과장해서 보여준다. 문제는 대중들이 이런 문화 산업을 소비하면서 자신이 원작의 모든 것을 소비했다며 착각에 빠지는 것이다. 아도르노가 경계한 문화 산업의 공포는 그들이 텍스트를 취사선택하듯 정치적 이데올로기 역시 너무나 자연스럽게 대중에게 주입시킬 수 있다는 점이다. 그는 이것을 이른바 '은밀한 메커니즘'이라고 묘사한다. "베토벤 교향곡의 한 악장을 영화의 사운드트랙을 위해 슬그머니 따오는 경우"가 그러한 메커니즘을 실현하는 방식 중 하나다.[9] 벤야민도 문화 산업, 특히 매체 변화로 인한 복제기술이 자칫 사실 자료를 파시즘적으로 가공하는 결과를 낳게 될 수도 있다면서 경계의 시선을 분명히 한다.[10] 그러나 브레히트는 자연스럽게 이데올로기를 전파할 수 있는 것을 문화 산업의 새로운 가능성으로 본다. 즉 문화 산업은 제대로 활용만 한다면 대중의 의식을 바꿀 수 있는 수단으로 활용할 수 있는 것이다. 다만 그것은 영화 자체의 힘으로는 불충분하며, "오직 사회의 제 관계를 변화시킴으로써만 바꿀 수 있는 것이다."[11]

대중문화는 필연적으로 새로움을 거부한다. 이는 아도르노가 그의 저서에서 여러 차례 언급하고 있다. 그는 "대중문화의 단계에서 새로운 것은 '새로움'을 배제하는 것"[12]이며, "'새롭게 하기'는 대량 복제의 개선 이외에는 다른 아무것도 아니라는 사실이 '체계'의 핵심적인 요소"[13]라고 주장한다. 문화 산업은 '동일성의 원리'에 의해 기존의 예술작품을 모두 동일한 방식으로 재생산하며, 이런 것에 지속적으로 노출된 대중은 결국 동일성에 함몰된 인간이 되고 만다. 물론 그 속에서도 차이는 있다. 대중은 지루함을 없애기 위해서 인위적인 차이를 만들어낸다. 즉 "그 차이란 사실 자체로부터 나오는 본질적 차이라기보다는 소비자들을 분류하고 조직하고 장악하기 위한 차이"[14]다. 차이가 명확하지 않기 때문에 그것에 대한 가치 판단도 불분명해진다. 작품의 가치는 작품 자체보다는 작품을 둘러싼 맥락에 의해서 재단된다. 마케팅은 예술작품의 가치에 지대한 영향을 미친다. 그래서 아도르노는 "가치의 유일한 척도는 얼마나 이목을 끄는가, 또는 얼마나 포장을 잘하는가에 달려 있다"고 서슴없이 이야기한다.[15]

산업적인 맥락에 놓여 있는 게임 역시 이런 동일성의 원리에서 자유

7   베르톨트 브레히트, 「서푼짜리 재판」, 『영화판의 적들』, 한마당, 1994, 341쪽.
8   Th. W. 아도르노·M. 호르크하이머, 앞의 책, 207쪽.
9   Th. W. 아도르노·M. 호르크하이머, 앞의 책, 186쪽.
10   발터 벤야민, 「기술복제시대의 예술작품(제2판)」, 『발터 벤야민 선집 2』, 길, 2007, 42쪽.
11   베르톨트 브레히트, 앞의 책, 281쪽.
12   Th. W. 아도르노·M. 호르크하이머, 앞의 책, 204쪽.
13   Th. W. 아도르노·M. 호르크하이머, 앞의 책, 207쪽.
14   Th. W. 아도르노·M. 호르크하이머, 앞의 책, 187쪽.
15   Th. W. 아도르노·M. 호르크하이머, 앞의 책, 188쪽.

로울 수 없다. 게임은 그 진행 과정에서 일정 부분 익숙함에 기대고 있다. 게임의 조작과 규칙을 익히기 위해서는 학습 과정이 필요하며, 이것이 복잡하거나 어려울 경우 게이머는 게임 플레이 자체를 포기하게 된다. 따라서 게임의 독창성은 익숙함이 허락하는 범위 내에서만 가능하다. 늘 열어보던 보물 상자에서 보물 대신 괴물이 나온다면 플레이어는 분명 짜증을 낼 것이다. 이전에 조작하던 방식과 전혀 다른 인터페이스를 갖고 있다면 이것 역시 소비자의 외면을 받게 된다. 시장에서 팔리기 위해 게임은 서로가 서로를 닮아간다. 그렇지만 게임 소비자들은 그 익숙함 속에서 새로운 게임 경험을 요구한다. 이는 게임 개발사에게 큰 딜레마다.

> 기존의 틀을 벗어나지 않으면서 새로운 효과를 창출해야 한다는 끊임없는 압력은, 개개의 효과가 빠져나가고 싶어 하는 관습의 힘을 증가시키는 추가 규칙으로서 기능할 뿐이다.[16]

예스퍼 율은 게임 업계가 하드코어 유저를 위해 새로운 요소를 추가하는 과정에서 게임의 견인력, 즉 신규 유저를 게임으로 끌어들이는 힘이 약해졌다고 파악한다. 이는 '캐주얼 게임'이라는 새로운 게임 흐름을 만들기도 했다.[17] 〈위 스포츠Wii Sports〉나 〈기타 히어로Guitar Hero〉는 게임이 동일성의 원리 안에서 새로움을 추구하려 노력한 결과물이다. 사실 게임은 다른 문화 산업에 비해 근본적인 차이를 생산할 수 있는 조건이 갖춰져 있다. 그것은 놀이가 가진 속성 그 자체다. 게임은 매우 주관적인 경험이며 그것을 즐기는 방식과 즐거움의 폭이 저마다 다르다. 즉 생산의 차원에서는 동일한 것이라도 소비의 차원에서는 다른 것이 될 수 있다. 개별 플레이어의 경험은 일회적이며, 이것은 기억으로 보존된다. 텍스트가 아무리 동일성에 기대고 있다고 해도 거기서 유발되는 플레이는 본질적 차이의 가능성을 내포하고 있다. 이것이 게임이 생산보다 소비, 즉 플레이에서 문화적 실천의 가능성을 발견할 수 있는 이유다.

2) 전체와 부분

예술작품이란 부르주아적인 이념 가운데 시장에서 유통될 수 있는 상품이 되기 위하여, 작품을 구성하는 제반 요소들로 작품을 분해해 버리는 아주 특수한 처리 과정을 밟지 않으면 안 된다.[18]

문화 산업은 전체보다는 부분에 집착한다. 그리고 이런 사실에 대한 진술은 아도르노와 브레히트 두 사람에게서 공통적으로 발견된다. 브레히트는 상품을 위해 부분으로 해체해버리는 이 과정을 '특수한 처리 과정'이리고 이야기한다. 아도르노는 부분에 대해서 '음악에서는 감미로운 개별 효과'를, '회화에서는 개별적 색채'만을, '소설에서는 개별적인 심리 묘사'에만 치중한다고 묘사한다. 그렇다면 게임은 어떨까? 게임이 주는 즐거움, 즉 재미는 부분과 전체가 긴밀하게 맞물려 돌아간다. RPG 장르를 예로 들어보자. 전체의 스토리라인을 따라가면서 캐릭터를 성장시키고 마지막에 최종 보스를 물리치는 것은 게임이 줄 수 있는 구조적 재미라고 할 수 있다. 하지만 게임은 이 과정에 수많은 부분적 재미 요소를 집어넣는다. 특정 아이템을 수집하게 하고 일명 '레벨 노가다'라고 하는 반복행위를 유발한다. 이것은 이중의 목적을 가지고 있다. 하나는 게임의 전체 플레이 시간을 늘리는 것이고, 또 하나는 나중에 주어질 보상의 가치를 극대화시키는 것이다. 물론 이런 '부분이 주는 재미'를 폄하할 이유는 없다. 도전과 보상의 피드백은 게임의 재미를 생성하는 핵심 요소다. 문제는 상업적인 논리에 의해서 이 부분적 재미가 조작되는 경우다. 부분이 전체를 압도할 때 모든 창작물은 기계적인 메커니즘을 갖게 된다.

---

16 Th. W. 아도르노·M. 호르크하이머, 앞의 책, 194쪽.
17 예스퍼 율, 『캐주얼 게임』, 커뮤니케이션북스, 2012, 3~7쪽.
18 베르톨트 브레히트, 앞의 책, 305쪽.

이처럼 상업자본주의가 작품의 통일성을 저해한다는 입장은 브레히트의 텍스트 여러 곳에서 발견된다. 그에 따르면 "소유란 물질적 소유만을 신성시하고 예술의 유기적인 통일성을 파괴"한다.[19] 여기서 브레히트가 말하는 소유란 작가의 창작에 대한 권리를 소유하는 것이다. 영화제작사는 작품의 소유권에만 매달리면서 정작 전체의 의미는 망각해버린다. 결국 작가의 의도와 산업의 의도는 서로 대립한다. 작가가 전체를 본다면 문화 산업은 부분만을 본다. 브레히트는 문화 산업이 작품에 대한 권리를 소유함으로써 전체 대신 부분을 강조할 권리를 얻는다고 본다. 일단 자본의 소유가 된 텍스트는 상품성의 강화를 위해 부분의 끝없는 반복이 진행될 위험을 안고 있다. 전체를 유기적으로 조합하기 위해서는 많은 시간이 필요하다. 하지만 부분을 반복해서 대량생산, 혹은 재활용하는 것은 시간과 비용을 엄청나게 줄일 수 있다. 시간과 게임은 문화 산업의 틀 속에서 생산과 소비의 반비례 구조를 갖는다. 생산 시간이 계속 줄어들면서 시장에는 많은 게임이 쏟아져 나온다. 하지만 플레이어가 소비해야 할 시간은 지속적으로 늘어난다. 생산과 소비의 시간차를 좁히는 것은 게임의 문화적 실천을 위해 매우 중요한 일이다.

게임을 수동적으로 즐기게 되는 요인은 대부분 부분적 재미에 집착하기 때문이다. 최근 문제가 되는 청소년들의 '게임 중독' 또한 부분만이 강조된 재미의 왜곡에서 비롯된다. 게임은 다른 대중매체에 비해 많은 시간을 투입해야 한다. 따라서 똑같이 부분을 강조하더라도 대중가요의 후크송과는 그 영향력이 다를 수밖에 없다. 흔히 게임을 능동적인 매체라고 치켜세우지만 상업적인 논리에 의해 제작되는 많은 게임은 부분적 재미 전달에 치중함으로써 '인위적인 양식'을 반복하는 수동적 게이머를 양산한다. 아도르노에 따르면 인위적인 양식이란 "형식의 내적 저항을 뚫고 외부로부터 부과된 양식"을 말한다.[20] 다시 말해 이것은 문화 산업에 의해서 부분만이 강제된 지극히 야만적인 양식이라고 할 수 있다. 한편 아도르노는 다루기 힘든 소재에 대해 더 이상 실험해볼 필요성도 느끼지 않는 문화 산업의 양식은 동시에 '양식의 부정'이라고 이야기한다.[21] 결국 이 인위적인 양식 속에서 보편과 특수는 차이가 사라지고 동일성의 원리에 의해 하나로 획일화된다. 이것은 일종의 마취 효과를 일으키고 동일성과 보편성의 심리 구조를 만든다. 결과적으로 게임에서 플레이어의 적극적인 사유는 정지된다.

> 문화 상품의 속성은 제작물을 제대로 파악하기 위해서는 민첩성과 관찰력과 상당한 사전 지식을 요구하지만 관객으로 하여금— 재빨리 스쳐 지나가는 사실들을 놓치지 않기 위해— 적극적으로 사유하는 것을 불가능하도록 만든다.[22]

> 즐긴다는 것이 의미하는 것은 항상 무엇인가에 대해 더 이상 생각하지 않는 것, 고통을 목격할 때조차 고통을 잊어버리는 것이다. 즐김의 근저에 있는 것은 무력감이다. 즐김은 사실 도피다. 그러나 그 도피는 일반적으로 얘기되듯 잘못된 현실로부터의 도피가 아니라 마지막 남아 있는 저항 의식으로부터 도피하는 것이다. 오락이 약속해주고 있는 해방이란 '부정성'을 의미하는 사유로부터의 해방이다.[23]

지금까지 아도르노가 언급한 전체와 부분은 벤야민에게 있어 마술사와 외과 의사의 시선과 같다. 벤야민은 「기술복제시대의 예술작품」에서 회화가 전체적인 영상을 보여준다면 영화는 부분적이고 단편적인 영상만을 보여준다고 말한다. 하지만 아도르노와는 달리 부분을 보는 것은 벤야민에게 그리 부정적인 일이 아니다. 오히려 부분을 보다 정밀하게 관찰할 수 있

---

19   베르톨트 브레히트, 앞의 책, 263쪽.
20   Th. W. 아도르노·M. 호르크하이머, 앞의 책, 196쪽.
21   Th. W. 아도르노·M. 호르크하이머, 앞의 책, 196쪽.
22   Th. W. 아도르노·M. 호르크하이머, 앞의 책, 192쪽.
23   Th. W. 아도르노·M. 호르크하이머, 앞의 책, 219쪽.

게 되면서 인간은 새로운 인식을 가질 수 있게 된다. 특히 대상에 몰입되던 정신을 분산시킬 수 있다는 것은 영화의 고유한 특징이자 훈련 수단이다. "정신 분산 속의 수용은 영화에서 그 고유한 연습 수단을 갖고 있다."[24] 이런 점에서 게임은 영화보다 강한 훈련 수단이 된다. 벤야민이 영화에 대해 언급했듯이 게임은 일종의 촉각적 수용이다. 게임은 결코 관조의 대상이 될 수 없으며, 언제나 다양한 상황에 지각을 열어두고 분산시켜서 매 순간 대응하지 않으면 안 된다. 그러면서도 각각의 상황 속에는 깊이 침잠하게 된다. 결과적으로 게임은 마술사의 시선과 외과 의사의 시선을 동시에 가질 수 있도록 한다. 예를 들어 〈스타크래프트〉 같은 전략 시뮬레이션을 잘 플레이하기 위해서는 현재 전투가 벌어지고 있는 화면과 전체 맵이 돌아가는 양상을 함께 살피지 않으면 안 된다. 전체와 부분을 동시에 관찰하는 능력은 게임 플레이에 필수적이며, 이것은 플레이 과정에서 훈련될 수도 있다. 다만 이런 것은 지극히 표면적인 통합에 불과하다. 게임의 거시적인 목표와 눈앞의 퀘스트는 분명 이어져 있지만 게이머들은 대부분 부분적인 경험만을 중시한다.

　　지금까지 게임의 재미는 모호하게 제시되었다. 각 상황별로 재미의 특수성이 존재하지만 그것은 모두 '재미있다'라는 하나의 동사로 귀결되었다. 게임에서 부분과 전체를 통합하기 위해서는 먼저 재미에 대한 분명한 구분이 있어야 한다. 게임이 주는 경험을 부분과 전체로 구분하여 즐기는 능력을 기를 때 비로소 게임은 능동적 대중문화로 거듭날 수 있을 것이다. 지금의 게임 경험은 보편과 특수가 하나의 양식으로 획일화되어 '지배적 보편성의 형식' 속에 함몰되어 있다. 반면 능동적 게이머는 이러한 지배적 보편성으로부터 탈주한다. 능동적 게임 플레이는 어떻게 보면 지극히 예술적 행위다. "예술은 잘못된 보편성으로부터 벗어나려는 자유에의 열망을 통해 진정한 보편성에 충실하고자 하는 것"이기 때문이다.[25] 학교에서 예술을 감상하는 법을 배우듯이 게임을 능동적으로 소비할 수 있는 방법도 배워야 한다. 즉 게임의 리터러시literacy가 필요한 것이다.

3) 노동과 여가 그리고 게임

일반적인 노동자에게 놀이라는 것은 딜레마다. 놀이는 매우 즐겁게, 기꺼이 자신의 시간과 에너지를 소비하는 일이다. 아이들은 시간의 제약에서 비교적 자유롭다. 때문에 아이들의 놀이에는 모든 에너지를 쏟아붓는 진정성이 느껴진다. 하루 종일 놀이터에서 놀다가 집에 들어온 아이는 저녁을 먹자마자 탈진한 상태로 잠이 든다. 하지만 노동자는 그럴 수 없다. 다음 날 일을 하기 위한 체력을 남겨두어야 하기 때문이다. 그래서 가급적 에너지 소모가 적고 수동적인 놀이를 선택한다. 그 순간 놀이는 여가 활동으로 전락한다. 소파에 누워 멍하게 TV를 보는 것은 그런 수동성의 극점에 위치한다. '놀이는 자발적인 참여'라는 하위징아의 지적이 무색해지는 순간이다. 브레히트 역시 노동자들의 휴식에 대해 비슷한 생각을 가지고 있었다.

> 자본주의적 생산양식 특유의 노동과 휴식 간의 날카로운 대립은 모든 정신적 행위를 노동 행위와 휴식 행위로 양분하고, 휴식 행위에서는 노동력의 재생산을 위한 시스템을 만들어버린다. (……) 즉 휴식은 생산과는 관계없는 것이어야만 한다는 데 있는 것이다.[26]

게임을 한다는 것은 다른 대중매체보다 상대적으로 시간과 에너지를 많이 소모한다. 그래서 키보드와 마우스를 잡기가 두렵다. 게다가 사무직 노동자의 경우, 키보드와 마우스는 노동 시간에 늘 만지던 도구가 아닌가? 또한 새로운 룰을 익히고 학습하는 시간도 만만치 않다. 그래서 다른 대중매체와 마찬가지로 사회화된 게이머는 새로운 것보다 쉽고 익숙한 것을 찾

24   발터 벤야민, 앞의 책, 92쪽.
25   Th. W. 아도르노·M. 호르크하이머, 앞의 책, 205쪽.
26   베르톨트 브레히트, 앞의 책, 286쪽.

는다. 이러한 놀이 소비의 성향은 생산 메커니즘에 피드백되면서 게임문화 산업의 동일성 체계를 더욱 굳건하게 만든다.

> 영화 속의 인물이 겪는 폭력에서 느끼는 재미는 관중에 대한 폭력으로 전환되며 기분 전환은 중노동이 된다. (……) 이런 점이 문화 산업 스스로가 자랑하고 있는 긴장 이완의 기능을 문화 산업이 제대로 충족시키고 있는가에 대해 의문을 제기하도록 만든다.[27]

한편 아도르노는 영화에서 기분 전환이 중노동이 되는 것처럼 자본주의의 유흥을 일의 연장으로 파악한다. "유흥을 찾는 사람들은 기계화된 노동 과정을 다시금 감당할 수 있기 위해 그로부터 벗어나려는 사람들이다. 그렇지만 동시에 유흥 상품의 제조나 여가를 즐기는 사람의 행복이 철저히 기계적이 되어버렸기 때문에 그는 노동 과정의 심리적 잔상 외에는 어떤 것도 더 이상 경험할 수 없다."[28] 그의 진술처럼 자본주의에서는 행복조차도 철저하게 기계적인 메커니즘에 의해 작동된다. 사람들은 이 기계적 메커니즘에 신체와 정신을 맡긴다. '레벨 노가다'가 지루하고 힘든 기계적 프로세스라는 것을 알지만 그렇다고 자리를 털고 일어날 수도 없다. 게임은 보상을 통해 기계의 톱니바퀴에 윤활유를 치기 때문이다. 결국 "즐거움은 딱딱한 지루함이 되고 만다. 왜냐하면 즐거움은 즐거움으로 계속 남기 위해 어떤 괴로운 노력도 더 이상 지불하지 않으려 하며 이로 인해 닳아빠진 연상 궤도 속에 갇혀서는 그로부터 한 발자국도 못 나간 채 다람쥐 쳇바퀴를 돌고 있기 때문이다."[29]

동일성의 체계 속에서 게임 플레이는 점점 기계적으로 바뀐다. 눈앞의 몬스터만 잡으면 레벨이 오르는 단순 사냥을 선호하게 된다. 이 게임의 처음은 어디인지 끝은 어디인지, 그런 전체에 대한 고민은 없다. 오직 목표 달성을 위한 효율만이 강조된다. 파티 플레이에서 전체의 효율을 깨는 사람에게는 가차 없는 비난이 쏟아진다. 온라인 게임은 혼자서 즐기기 어려운 구조다. 함께 즐기기 위해서는 어떻게든 나의 수준을 전체에 맞춰야 한다. 맹목적인 경쟁과 추격. 게임은 전혀 다른 의미에서 현실과 동일한 리얼리즘을 획득한다. 물론 내가 투입한 시간만큼 분명한 보상이 주어진다는 점에서 현실보다는 솔직하다. 그러나 그것은 거짓으로 포장된 진실에 다름 아니다.

게임은 탄생되던 순간부터 지금까지 플레이어에게 도전 거리를 제시해왔다. 매체를 소비하기 위해서는 문제를 푸는 능력이 필요했다. 그리고 그것은 플레이어의 정신적인 활동을 이끌었다. 최근 게임의 난이도가 점점 하락하는 것은 게임의 대량생산이 임계치를 넘었음을 극명하게 보여주는 현상이다. 이제 위기를 벗어나기 위해 고민하지 않아도 손쉽게 목표 달성이 가능하다. 문화 산업에서 "정신적 긴장을 요구하는 모든 논리적 연관은 교묘하게 기피된다. 작품의 전개는 가능한 한 바로 앞선 장면으로부터 따라 나와야지 전체라는 이념으로부터 나와서는 안 된다."[30] 오늘날 게임은 친절하다. 영화와 동일한 스펙터클을 보여주면서 최소한의 참여로 최대한의 재미를 보장한다. 영화는 게임에게 자신이 가진 기술을 모두 전해주었다. 그리고 게임은 상업적으로 영화를 뛰어넘었다. 그러나 이것은 영화 제작사들에게 큰 문제가 되지 않는다. 그들은 게임을 자신들의 시장 속으로 끌어들여 더 많은 수익을 올릴 수 있기 때문이다.

4) 능동적 플레이어로 참여하기

관객을 바라보는 입장은 아도르노와 브레히트의 생각이 기본적으로 유사해 보인다. 대중은 애초부터 수동적이며 자신의 무엇을 원하는지, 어떻게 하면 행복해지는지 모른다. 심지어 그들은 저속하며, 문화 산업의 왜곡된 모습은 일정 부분 대중들의 책임이라는 생각을 가지고 있는 듯하다. 브레

---

27   Th. W. 아도르노·M. 호르크하이머, 앞의 책, 211쪽.
28   Th. W. 아도르노·M. 호르크하이머, 앞의 책, 208쪽.
29   Th. W. 아도르노·M. 호르크하이머, 앞의 책, 208쪽.
30   Th. W. 아도르노·M. 호르크하이머, 앞의 책, 208쪽.

히트는 "대중의 저속성은 지식인들의 취향보다 훨씬 더 깊게 현실에 뿌리 박고 있다"고 이야기한다.[31] 또한 그들은 "스스로의 관심사가 무엇인지 정확하게 알고 있지 못하다."[32] 이런 브레히트의 생각은 다음과 같은 진술에서 보다 분명해진다.

> 대중은 개별적으로 자유로이 사고하지 않는다. 개개인에게 있어서는 지속성이 사고의 전제 조건이 된다. (……) 공동의 관심사를 좇고, 공동의 관심사를 위하여 상시적으로 조직을 재정비하고 그러나 일사불란하게 통일적으로 움직이는 우리 시대의 대중들은, 개별적 사고의 일반화가 아닌 전혀 특수한 사고의 법칙들에 따라 움직인다.[33]

대중들은 공동의 관심사를 위해서 일사불란하게 움직인다. 얼핏 보면 매우 수동적인 존재다. 하지만 한편으로 대중은 기술에 의해 창작자의 위치로 올라서게 된다. 벤야민은 저자와 독자의 차이는 근본적으로 그 의미를 상실하게 되었으며, 독자는 언제든지 저자가 될 준비가 되어 있다고 말한다.[34] 특히 영화는 기술에 의해서 글쓰기보다 더 빠른 시간 안에 노동자들이 화면 속의 주체가 될 수 있도록 돕는다. 아마도 게임은 영화보다도 더 빠르게 이것을 가능하게 만들 것이다. 따로 편집의 과정을 거치지 않아도 게임 속의 삶은 그 자체로 하나의 기록이기 때문이다. 이 점은 벤야민이 "영화의 환영적 성격은 편집의 결과물"이라고 명시한 것과 비교된다.[35] 원래 대중은 카메라 렌즈 속에 들어갈 수 있었다. 하지만 시간이 지날수록 자본에 의해 영화의 화면 속 주체들은 스타로 대체되었다. 하지만 게임은 여전히 화면 속 캐릭터가 플레이어 자신이다. 그는 자신을 통제할 수 있지만 그 속에서 굳이 자신을 볼 필요는 없다. 오히려 게임 화면에서 자신을 발견하는 순간, 환영은 깨진다. 게임의 인터페이스는 매우 투명하기 때문에 화면 너머의 캐릭터에게 의식을 투영하기가 힘들다. 우리가 해야 할 실천은 게임을 다소 불투명한 공간으로 만들어 플레이어가 캐릭터를 자기 자신으로서 바라볼 수 있도록 하는 것이다. 하지만 게임 산업은 결코 그것을 허락하지 않을 것이다. 게임의 혁명적 기회는 영화가 그랬듯이 자본을 통해 반혁명적 기회로 변형될 위기에 처해 있다. 획일화된 플레이는 생산하는 주체에게 획일화된 대량생산의 기회를 주기 때문이다. 문화 산업은 대중들을 체계에 복속시키는 역할을 수행한다. 그곳에서 죽는 것은 개별성이다. 아도르노에 따르면 역설적이게도 "개별성이라는 원리는 한 번도 진정한 개별화를 달성한 적이 없다."[36]

하지만 한편으로 게임은 자신만의 체계를 만들어가는 작업이다. 선택할 수 있는 규칙은 제한적이지만 그 규칙들이 쌓여서 만들어내는 결과물은 다양하다. 그 결과물에 대해서 가지는 느낌 또한 개인의 몫이다. 게임 속의 세계는 늘 변한다. 노력한 만큼 앞으로 나아갈 수 있다. 게임을 즐겨본 사람들은 본능적으로 이것을 알고 있다. 그렇다고 현실이 바뀌는 것은 아니다. 게임의 세계와 현실의 세계는 단절되어 있으나 바로 거기에 새로운 가능성이 있다. 가상과 현실이 만나는 모습은 흔히 생각하는 것처럼 버추얼 월드의 형태가 아니다. 진정한 가상과 현실의 만남은 가상에서 이루고자 했던 꿈과 행동과 경험이 현실의 실천으로 이어지는 것이다. 그것은 동일화가 아니라 서로 마주 보는 것이다. 게임에서 얻을 수 있는 것은 적을 없애고 아이템을 얻는 것만이 아니다. 더 넓은 세계로 나아가 플레이어 자신의 한계를 시험해볼 수 있다. 그런 축적된 기억이 현실의 삶을 바꿀 수 있어야 한다. 다만 그것은 브레히트가 지적한 것처럼 이미 변한 것이 아니라 변화되는 것이어야 한다. 그리고 효율성에 입각한 동일성의 변화가 아닌, 본질적인 변화여야 한다. 물론 게임 자체의 디자인만으로는 이런

---

31   베르톨트 브레히트, 앞의 책, 280쪽.
32   베르톨트 브레히트, 앞의 책, 300쪽.
33   베르톨트 브레히트, 앞의 책, 303쪽.
34   발터 벤야민, 앞의 책, 76쪽.
35   발터 벤야민, 앞의 책, 78쪽.
36   Th. W. 아도르노·M. 호르크하이머, 앞의 책, 234쪽.

변화를 이끌어낼 수 없다. 브레히트가 말했듯이 "관객들의 취향은 더 좋은 영화를 통해서 바뀔 수 있는 것이 아니고, 오직 사회의 제 관계를 변화시킴으로써만 바꿀 수 있기" 때문이다.[37]

기술과 게임 경험의 진화 - 생산 방식으로서의 게임

1) 기술을 바라보는 태도

최초의 컴퓨터게임 〈스페이스 워〉는 스티브 러셀이 만든 프로그램에 많은 해커들이 달려들면서 만들어낸 일종의 공동 작업물이었다. 스티브 러셀은 이 게임에 특허를 출원하지 않았고, 따라서 상업적인 용도로 판매되지 않았다. 이들은 대학 내에 있는 컴퓨터를 사용해 자신들이 즐기기 위해서 게임을 만들었다. 즉, 처음에 게임을 만드는 것과 게임을 즐기는 것은 분리되어 있지 않았다. 자본주의 이전에 생산과 소비가 분리되지 않았던 것처럼 말이다. 박근서는 게임의 역사만큼 생산과 소비의 분리, 즉 '소외'를 잘 보여주는 사례는 없다고 이야기한다.[38] 놀런 부시넬이 아타리를 설립하고 1972년 〈퐁〉을 대히트시키면서 컴퓨터게임의 산업화가 진행되었다. 아케이드 게임의 논리는 명확하다. 한 개의 동전이 한 번의 플레이로 교환된다. 즉 게임은 탄생과 함께 문화 산업의 형태를 갖추었다. 다만 능동적으로 참여할 수 있다는 점에서 어느 정도 '자유'를 담고 있었고, 실제로 미국 게임 산업은 '자유'를 추구했던 1970년대 뉴웨이브 음악과 히피 문화 등의 산물이었다. 이는 초기 아타리의 자유분방한 기업 문화를 통해 어느 정도 짐작할 수 있다. 하지만 기술과 산업은 이러한 자유에 제동을 걸었다.

　아도르노는 기술에 대해서 그리 긍정적인 입장을 갖고 있지 않았다. 그는 오늘날의 만화 영화에 대해 "진리에 대한 기술적 이성의 승리"를 확인시켜주고 있을 따름이라고 언급한다. 물론 그것은 기술 자체 때문이라기보다는 기술이 문화 산업의 울타리 속에서 이용당하고 있기 때문에 그렇다. 따라서 "복제 기술이나 규칙이나 전문성의 그 모든 진보에도 불구하고, 또한 쉴 새 없이 바쁘게 돌아가는 산업에도 불구하고 문화 산업이 사람들에게 공급하는 빵은 천편일률적인 딱딱한 돌빵"이 될 수밖에 없다.[39]

반면 벤야민은 기술에 대해 긍정적인 입장을 견지했다. 일단 그는 예술의 근원적인 가치가 의식에 있음을 분명히 해둔다.

진정한 예술작품의 유일무이한 가치는 의식에 근거를 둔다.[40]

하지만 중요한 것은 때로 기술이 의식을 뛰어넘는다는 사실이다. "예술작품의 기술적 복제 가능성은 세계 역사상 처음으로 예술작품으로 히여금 지금까지 의식에 기대어 살아온 기생적 삶의 방식에서 벗어나도록 하였다."[41] 또한 벤야민은 예술작품의 기술적 복제 가능성이 이룩한 가장 큰 변화는 예술을 대하는 대중의 태도라고 말한다.[42] 기술은 우리가 볼 수 없는 것들, 시선이 닿을 수 없었던 것들을 보여준다. 게임은 기술의 발전에 많은 부분을 기대고 있다. 기술이야말로 게임 산업을 이끌어나가는 추진력이다. 그 기술은 다양한 방식으로 나타나는데 가장 두드러진 기술은 이미지의 정교화, 즉 그래픽 기술의 발전이다. 초기의 게임과 달리 오늘날의 게임은 현실의 이미지에 점점 다가가고 있다. 가상의 세계가 현실을 닮아가면서 상상력에 의존하던 가상 세계의 독특한 느낌은 점점 사라지고 있다. 도트 속에 숨어 있던 '슈퍼 마리오'의 아우라는 오늘날 사라져버렸다. 비록 영화에서 게임으로 넘어왔지만 여전히 "대상을 그것을 감싸고 있는 껍질에서 떼어내는 일, 다시 말해 아우라를 파괴하는 일은 오늘날의 지각이 갖는 특

37   베르톨트 브레히트, 앞의 책, 281쪽.
38   박근서, 『게임하기』, 커뮤니케이션북스, 2009, 2쪽.
39   Th. W. 아도르노·M. 호르크하이머, 앞의 책, 224쪽.
40   발터 벤야민, 앞의 책, 51쪽.
41   발터 벤야민, 앞의 책, 52쪽.
42   발터 벤야민, 앞의 책, 80쪽.

징이다."⁴³

　브레히트 역시 기술에 대해 긍정적인 입장을 보인다. 다만 그의 텍스트에서는 기술을 '어쩔 수 없이 수용'한다는 느낌이 강하다. 그리고 '없앨 수 없다면 발전적으로 사용하자'는 성향도 보인다. 벤야민과 브레히트 모두 기술에서 어떠한 가능성을 보지만 그 기술의 방향과 미래의 비전은 조금 차이가 있다. 브레히트는 "문학적 작품 생산의 기술화는 이제 더 이상 돌이킬 수 없는 엄연한 현실"이라고 선언한다.⁴⁴ 이런 기술은 작가의 의식을 바꿀 수 있다. "작가가 마치 기구를 가지고 사물에 다가가는 것과 작가가 사물을 스스로 파악하는 것과는 커다란 차이가 있"기 때문이다.⁴⁵

　또한 브레히트는 벤야민과는 달리 기술이 예술의 상품화를 촉진시킬 수 있음을 경계한다. 이 부분은 전적으로 아도르노의 입장과 일치한다. 다음의 문장을 살펴보면 브레히트와 아도르노가 어떤 부분에서 만나는지 명확하게 이해할 수 있다.

　낡은 방법에만 의존하는 장르의 작품이 이러한 기구에 전달되면 그 작품은 즉각 상품이 되어버린다.⁴⁶

이를테면 '기술'에 대한 것으로 한정지을 때 브레히트는 벤야민과 아도르노의 중간 지점에 위치한다. 그리고 그 가운데에서 예술과 기술의 균형점을 찾고자 노력한다. 브레히트가 바라보는 기술의 가능성은 '확산의 가능성'이다. "영화라는 형식은 종래의 예술 형식보다 훨씬 더 커다란 확산 가능성을 열어놓았으며, 종전의 예술작품이 갖는 상품으로서의 낡은 매력에다 새로운 기술이 갖는 매력을 첨부시켰다. 바로 이 새 기술의 매력 덕분에 영화감독은 영화사 판매부서의 압력을 받으며 새로운 기계에 대하여 자신의 '예술'을 관철시킬 수 있는 것이다."⁴⁷ 기술의 힘으로 상업적 압력을 벗어나 예술이 될 수 있다는 브레히트의 생각은 게임 산업에도 여전히 유효하다. 인디 게임이 꾸준히 개발될 수 있는 것도 따지고 보면 인력과 자본이 많이 들지 않는 기술 덕분이다.

2) 대량생산과 규격화 그리고 장르의 문제

놀이는 동일한 규칙이 참여자 모두에게 똑같이 주어지는 것이다. 즉 그것은 집단이 공유하는 하나의 추상적인 복제물이다. 여기에 사람들은 매 순간 자신들의 고유한 규칙을 집어넣는다. 놀이는 창조적이며 순수한 소비이지만 어떤 면에서는 매우 생산적인 활동이 될 수 있다. 이러한 소비 단계에서의 생산성과 창의성은 기술의 발전과 함께 답보 상태에 이르렀다. 이와 함께 게임 플레이는 매체 자체의 형식을 닮아간다. 점점 플레이도 복제되기 시작하는 것이다. 가장 효율적인 플레이가 알려지면 그것이 커뮤니티를 통해 입소문을 타고 복제된다. 게임 플레이의 원본성과 아우라는 모든 사람이 같은 방식으로 즐기는 그 지점에서 사라진다. 그것은 능동적인 플레이가 사라지고 수동적인 플레이가 나타나는 지점이기도 하다. 이러한 플레이의 생산성은 개발단계의 생산성과 맞닿아 있다. 플레이 성향은 이를테면 플레이어의 취향이나 성향인데 모든 문화 산업이 그렇듯이 취향은 생산 방향을 결정하는 기준이 되기 때문이다. 그리고 그 생산 방향은 필연적으로 보편성을 지향하게 된다. 브레히트는 만약 자본주의에서 벗어날 수 있다면 집단도 '일회적인 것', '특수한 것'을 충분히 만들 수 있다고 이야기한다.

> 모든 '일회적인 것' '특수한 것'들은 오직 한 개인에 의해서만 만들어질 수 있으며, 집단은 오직 규격이 정해진 대량 상품만을 만든다라고 하는 것은 자본주의의 본질인 것이며 보편타당한 주장은 아닌 것이다.[48]

---

43   발터 벤야민, 앞의 책, 50쪽.
44   베르톨트 브레히트, 앞의 책, 266쪽.
45   베르톨트 브레히트, 앞의 책, 267쪽.
46   베르톨트 브레히트, 앞의 책, 270쪽.
47   베르톨트 브레히트, 앞의 책, 272쪽.
48   베르톨트 브레히트, 앞의 책, 292쪽.

역으로 말하면, 게임이 자본주의 논리 속에 있는 한 보편적인 테두리를 벗어나기란 어렵다. 물고기가 물을 떠나 잠시도 살 수 없는 것처럼 많은 게임이 자본을 떠나 생존할 수 없다. 게다가 게임 생산은 필연적으로 공동작업을 요구한다. 그렇다면 차선책은 생산의 담론이 자본의 바깥에서 집단으로 뭉치는 것이다. 다양한 인디 게임은 게임이 자본을 벗어나서 생존할 수 있는 하나의 가능성이기도 하다. 인디 개발자들은 오늘날 게임의 '일회적인 것', '특수한 것'을 가능하게 만드는 집단이라고 할 수 있다.

브레히트가 말한 '일회적인 것'은 벤야민의 텍스트에서 매우 빈번하게 나타나는 말이다. 벤야민은 가장 완벽한 복제에서도 한 가지만은 빠져 있다고 이야기하는데 그것은 "예술작품의 여기와 지금으로서, 곧 예술작품이 있는 장소에서 그것이 갖는 일회적인 현존재", 즉 아우라다.[49] 자본주의에서 인간이 생산할 수 있는 것 중 유일하게 일회적이고 특수한 것은 개인의 경험이다. 상품은 규격화되지 않으면 생산될 수 없다. 규격화되지 않고 온전히 '특수성'으로 머물 수 있는 것은 오직 경험과 기억이다. 기억은 교감이 가능할 뿐 교환이 불가능하기 때문이다. 만약 기억이 교환되고 규격화된다면 예술은 더 이상 설 자리를 잃게 될 것이다. 게임이 상품에서 예술로 나아가기 위해 필요한 것은 생산에서의 변화가 아닌 소비에서의 변화이며, 그것은 게임의 경험을 다양하게 유도해 보편이 아닌 특수한 경험으로 만드는 것에서 시작되어야 한다.

이런 측면에서 현재의 게임의 장르 구분을 고찰해볼 필요가 있다. 장르의 구분이라는 것은 범주를 나누고 한계를 짓는 일이다. 범주는 일단 기준이 정해지면 무서울 정도로 일목요연하게 대상을 분리시킨다. 그리고 구분된 경계 사이에 아무것도 들어올 수 없도록 높은 장벽을 쌓는다. 브레히트는 「서푼짜리 재판」에서 도식화의 문제에 대해 이야기한다. 이 도식화는 "예술작품이 시장의 상품성을 획득하기 위하여 거쳐야만 하는 과정"이다.[50] 작품은 상품 시장에서의 용도에 따라 얼마든지 개조될 수 있으며 이 과정에서 원작자의 의도는 다른 의미를 갖거나 혹은 전혀 의미가 없는 저작물로 사용된다. 또한 "작품의 경향도 구제받을 수 있는 경향, 사회적으로 허용된 경향, 그리고 오직 소문으로만 시장성을 획득한 경향 등으로 나누어진다."[51] 이것은 브레히트가 보기에 '해체'의 과정이며 개인적 작품은 해체의 무덤 속에서 쇠락해버린다. 개성 있는 작품은 범주를 깨고 해체된 조각들을 이어붙일 때 비로소 가능하다. 마찬가지의 맥락에서 게임의 장르도 하나의 범주로 다시 재통합될 필요가 있다. 거기에 우리가 발견하지 못했던 새로운 게임의 규칙이 존재한다. 이는 개별 장르를 섞는 것과는 다른 차원으로 접근해야 하며 보다 근본적이고 총체적인 통합이 되어야 한다. 즉 그것은 물리적 결합이 아니라 화학적 반응이어야 한다.

3) 생산에 있어 기술의 장점

하드웨어 의존도가 높은 게임 산업은 늘 기술을 앞세워 마케팅을 펼쳐왔다. 기술이 언제나 작품의 재미를 보장해주지 않음에도 기술 중심적 사고는 오늘날까지 게임 업계에 강하게 자리 잡고 있다. 게임 업계의 기술 중심적 사고는 기술이 게임의 선택이 아닌 필수이기 때문이다. 게임은 오직 기술적 기반 위에서만 작동한다. 그래서 영화 산업처럼 분업이 발생한다. 초기의 1인 창작 시스템과는 달리 현재의 게임 산업은 수백 명의 구성원이 함께 만들어내는 상품이다. 각각의 게임개발자는 자동차 공장의 노동자와 크게 다르지 않다. 그들은 창작물을 만드는 것처럼 보이지만 실제로는 전체를 보지 못하고 부분만을 조립하고 있다. 이처럼 전체와 부분의 대립은 소비과정에서뿐만 아니라 생산과정에서도 나타난다. 기술은 생산과정에서는 중요한 요소이지만 작품의 결과물을 100퍼센트 반영하지는 않는다. 브레히트는 기술이 작품의 수준으로 이어지지 않는다는 것을 사진의 역사로 설명한다.

49   발터 벤야민, 앞의 책, 45쪽.
50   베르톨트 브레히트, 앞의 책, 306쪽.
51   베르톨트 브레히트, 앞의 책, 306쪽.

낡은 사진기로 찍었던 화면 위에 더 보편적이고 더 생생한 표현을 할 수 있었으며, 또한 그것은 나름대로의 기능까지도 갖고 있었다.[52]

브레히트의 이런 생각은 벤야민이 「사진의 작은 역사」에서 언급했던 사실, 즉 지속성에 바탕을 둔 초기 인물 사진의 예술성과 맞물려 있다.[53] 기술을 사용하는 대상을 바꾸거나 사용하는 주체의 인식을 바꿈으로써 우리는 조금 더 예술에 다가갈 수 있다. 하지만 그것은 기술이 새로운 기능을 제공할 때 가능하다. 아마도 "촬영의 새로운 기능이 제시되지 않는다면 새 기계를 활용하는 방식은 결코 발전되지 않을 것"이다.[54] 그러므로 기술은 스스로 자신에게 부족한 부분을 보충하고 과제를 해결한다고 할 수 있다. 브레히트에 의하면 기술은 새로운 예술을 위해 반드시 필요하다. "기술은 새로운 것을 가능케만 하면 모두 받아들일 수 있다. 영화에 관한 기술은 이런 식으로 기술 자체가 갖는 고립성을 벗어나게 되고, 영화판에서의 쓰임새를 차지하게 된다."[55] 이 점은 기술에 대해 부정적인 인식을 가지고 있던 아도르노와 대척되는 지점이기도 하다. "문화 산업의 기술은 규격화나 대량생산을 가능케 하며 그 대신 일의 논리와 사회 체계의 논리를 구별시켜줄 수 있는 무엇을 희생시켰다."[56] 아도르노에 의하면 기술은 인간을 점점 수동적으로 만든다. 하지만 앞서 언급한 것처럼 게임은 태생부터가 능동적이다. 컴퓨터게임은 기술의 수동성과 놀이의 능동성이 상호 충돌하는 대중문화다. 둘 중 누가 주도권을 가지고 있느냐에 따라 게임은 '문화 산업'이 되기도 하고 '문화적 실천'이 되기도 한다.

기술은 우리에게 그동안 볼 수 없었던 것을 인식할 수 있게 만들어준다. 예를 들어 영화는 "감옥의 세계를 10분의 1초 다이너마이트로 폭파"했고, 그로 인해 사람들은 "감옥 세계의 파편들 사이에서 유유자적하게 모험을 떠날 수 있게" 되었다. 즉 기술로 인해 "우리는 어차피 불분명하게 보는 것을 분명하게 볼 수 있게 되었고, 전혀 새로운 물질의 구조를 볼 수 있게 되었다."[57] 이것은 그동안 볼 수 없었던 '시각적 무의식'의 세계다. 그러면 게임이라는 기술은 우리 삶에서 어떤 무의식의 세계를 열어줄까? 게임

은 현실에서 행동할 수 없었던 것들을 가장 현실과 유사한 방식으로 경험
하도록 도와준다. 이것은 그동안 인간이 인식할 수 없었던 경험적 무의식
의 세계이며, 대안적 세계에 대한 테스트로서 기능한다. 게임 때문에 우리
는 다른 시간과 다른 공간 그리고 다른 경험을 확보할 수 있게 된다. 이것
이야말로 감각의 확장을 넘어서는 경험의 확장이다. 이 경험은 현실의 한
계를 명확하게 드러낸다. 브레히트에 따르면 매체가 가진 새로움만이 현
실을 드러낼 수 있다. 오직 현실에서 경험할 수 있는 것만을 현실로 제시
하는 자는 현실 자체를 재현하지 못하기 때문이다.[58]

한편 벤야민은 예술품의 가치를 '제의가치'와 '전시가치'로 구분한다.
기술적 복제가 가능할수록 전시가치는 높아진다.[59] 게임은 기술적으로 복
제된 것임에도 불구하고 전시가치보다 제의가치가 높다. 게임은 바라보는
것이 아닌 직접 참여하는 것이고, 그 안에는 목표를 클리어하고 싶다는 일
종의 간절한 열망이 담겨 있기 때문이다. 특히 온라인 공간에서 많은 사람
이 함께 공동의 목표를 향해 나아가는 모습은 원시사회의 제의와 크게 다
르지 않다. "영화에서 관객들은 영화배우의 인간성이 기계장치 앞에서 버
텨낼 뿐만 아니라 그 기계장치를 자기 자신의 승리에 복속시키는 모습을
보고자 한다."[60] 게임에서 기계장치 앞에 버티는 것은 플레이어 자신이다.
게이머는 자신의 기계장치의 캐릭터 안에서 자신의 모습을 본다. 그렇기
때문에 소비의 차원에서 매 순간 '스포츠 성과'에 기반을 둔다. 어떤 스테

52   베르톨트 브레히트, 앞의 책, 296쪽.
53   발터 벤야민, 「사진의 작은 역사」, 『발터 벤야민 선집 2』, 길, 2007, 171쪽.
54   베르톨트 브레히트, 앞의 책, 297쪽.
55   베르톨트 브레히트, 앞의 책, 297쪽.
56   Th. W. 아도르노·M. 호르크하이머, 앞의 책, 185쪽.
57   발터 벤야민, 「기술복제시대의 예술작품(제2판)」, 『발터 벤야민 선집 2』, 길, 2007, 83쪽.
58   베르톨트 브레히트, 앞의 책, 274쪽.
59   발터 벤야민, 앞의 책, 53쪽.
60   발터 벤야민, 앞의 책, 67쪽.

294

이지에서나 그 순간만큼은 일회적이다. 아무리 죽음의 의미가 축소된다고 하더라도 시간을 되돌리는 것은 분명하다. 그것은 '유감'의 감정을 환기시킨다. 이런 것이 누적되면서 게임 경험은 '테스트 성과'에 다가간다. 생산과 소비는 이 '테스트'의 맥락에서 서로 만나게 된다. "영화는 성과의 전시 가능성 자체에서 일종의 테스트를 만들어냄으로써 테스트 성과를 전시 가능하게 만든다."[61] 하지만 게임은 테스트 성과를 제의 가능하게 만든다는 점에서 영화와 구분된다.

동시에 벤야민은 기술을 제1기술과 제2기술로 구분한다. 일회성과 궁극성이 제1의 기술이라면, 반복성이 제2의 기술이다.[62] 기술적 복제가 가능한 영화는 당연히 제2의 기술에 해당한다. 게임도 경험이 반복된다는 측면에서 제2의 기술이다. 이것은 "제2의 기술의 기원이 유희spiel"라는 벤야민의 진술에서 보다 명확해진다. 제2의 기술은 자연과 인류의 어울림(협동, 상호작용)을 지향하며 그것을 훈련시키는 일도 맡고 있다. 예전에 이 역할을 영화가 담당했다면 현대사회에는 이 역할을 다른 대중문화가 골고루 나눠 맡고 있다. 물론 게임도 그 역할을 일부 맡고 있다. 게임은 제1기술의 속성을 함께 가진다. 게임을 플레이하는 것은 일견 반복적 경험으로 보인다. 그러나 게임을 과거로 되돌리는 것은 오직 죽음이다. 다시 플레이를 재개할 때 플레이어는 다른 시도를 하게 된다. 즉 반복성 속에는 일정한 차이가 있다. 이것이 똑같은 영상을 반복해서 재생하는 영화와 구분되는 지점이다. 제1기술과 제2기술의 만남이야말로 게임이라는 매체가 가진 힘이다. 생산의 차원에서 제2기술을 다루는 인간의 능력은 지난 50년의 게임의 역사 속에서 정교하게 다듬어졌다. 하지만 소비의 차원에서 이 기술을 다루는 인간의 능력은 그다지 진화하지 않은 것처럼 보인다. 그래서 아도르노가 말했던 것처럼 아직까지 "잔뜩 비대해진 이 유흥 장치는 삶의 질을 개선하는 데 별로 기여한 것이 없"을지도 모르겠다.[63]

4) 소셜 게임과 생산적인 플레이의 가능성
문화 산업으로 출발한 게임은 시간이 지날수록 완벽한 대량생산 시스템을 구축하였고, 생산의 방식을 더욱 정교하게 다듬어나갔다. 하지만 플레이는 완벽한 소비로 흐르지 않는다. 플레이는 소비의 행위인 동시에 생산의 행위다. 상업적인 게임에서는 생산보다 소비가 더 강하다. 이 기울어진 저울의 균형을 잡기 위해서는 결국 게이머의 플레이 방식을 변화시켜야 한다. 최근 전통적인 게임의 논리를 벗어난 소셜 게임 열풍은 게임의 문화적 실천이 어떤 방향으로 진행될지를 보여준다. 대부분의 소셜 게임은 무료로 플레이가 가능하다. 돈을 지불하는 것은 주로 아이템을 구매하는 것인데 엔지모코의 〈위룰〉 같은 경우는 '모조'라는 아이템을 유료로 판매하고 있다. 이 아이템은 희귀한 건물을 구입하거나 게임의 진행 시간을 줄여주는 역할을 한다. 게임 산업은 게임을 할 수 있는 시간을 구입하는 방식으로 진행되었다. 아케이드 게임의 논리가 대표적이다. 코인과 게임 플레이의 교환이 그것이다. 하지만 소셜 게임은 정반대의 구조를 가진다. 현실의 화폐는 전체 플레이 시간을 줄인다. 예를 들어 콩을 재배하는 데 현실 시간으로 24시간이 걸린다면, 모조는 이것을 바로 수확할 수 있도록 돕는다. 현금은 시간을 압축하는 수단이 된다. 즉 보다 정확하게 말하면 현실의 자본은 게임을 끊김 없이 이어갈 수 있게 돕는다. 틈을 메우는 수단이 된다. 이것은 게임 플레이의 본질적인 변화다. 아케이드 게임은 주어진 코인으로 어떻게 하면 오래 플레이할 수 없는가를 고민한다. 즉 코인은 게임 시간을 팽창시키는 수단이다. 하지만 소셜 게임은 어떻게 하면 짧게 플레이할 수 없을까를 고민한다. 이때 코인은 게임 시간을 압축시키는 수단이다. 과거의 플레이가 자본 아래 놓여 있었다면, 현재의 플레이는 자본 위에 놓여 있다. 재미있는 것은 소셜 게임의 이런 생산구조가 이미 MMORPG 같은 온라인 게임의 현거래를 통해서 나타났다는 것이다. 아이템을 현금으로 구매하는 것도 결국 시간을 압축시키는 과정이다. 다만 MMORPG에서는

61   발터 벤야민, 앞의 책, 67쪽.
62   발터 벤야민, 앞의 책, 56쪽.
63   Th. W. 아도르노, M. 호르크하이머, 앞의 책, 211쪽.

경쟁의 구도가 강하게 나타나는 반면, 소셜 게임에서는 경쟁의 구도가 약하다. 이것은 게이머의 플레이 방식에 차이를 가져온다. 보다 능동적인 게임 플레이를 위해서 현재의 MMORPG가 소셜 게임에서 무엇을 취해야 할지가 명확해진 것 같다. 플레이어가 자신의 현실 자본을 게임 속에 어떤 방식으로 투입해서 어떤 의미를 생산해내느냐에 따라 수동적인 플레이 혹은 능동적인 플레이로 분리된다. 모든 재미의 권리는 자신의 능동적 생산 속에서만 확보될 수 있다. 브레히트가 "생산의 울타리 밖에는 권리란 없다"라고 이야기한 것은 아마도 이런 맥락에서 되새겨볼 수 있을 것이다.[64]

문화적 실천으로서의 게임 플레이

지금까지 아도르노와 벤야민 그리고 브레히트의 시선으로 현재 게임 산업의 모습을 조망해보고 게임이 보다 능동적인 문화적 실천이 되기 위해서는 소비, 즉 플레이의 차원에서 변화가 필요하다는 것을 살펴보았다. 그렇다고 플레이의 변화가 거창한 예술적 변화를 추구해야 한다는 것은 아니다. 우리는 "만일 새로운 기계가 종전의 낡은 '예술'처럼 무엇인가를 생산해내지 않으면 안 된다는 강박관념에서 벗어날 수 있었다면, 사회적 현상인 예술을 창조하는 일도 손쉽게 해낼 수 있었을 것이다"라는 브레히트의 조언을 상기할 필요가 있다.[65] 예술적인 형식 대신 브레히트는 그 안의 내용을 강조한다. 그는 "형식은 오직 내용을 담아내는 형식일 때 좋은 형식"이라는 마르크스의 입장을 수용한다. 하지만 문화 산업은 형식을 예찬한다. 그들은 내용을 보지 않는다. 내용은 관객의 입맛에 맞게 철저하게 개조되었다. 옥석의 구분에서 언제나 형식은 옥이 되고 내용은 돌이 된다. 그런 구분은 이성적인 판단으로 이루어진 것이 아니다. 그것은 인위적으로 재단된 선험적 오류다. 형식에 대한 지나친 평가절상은 내용의 왜곡을 가져올 위험성이 높다.

우리는 게임에 대해서 너무나 당연한 생산체계와 소비체계를 만들어놓고 그 틀 속에서 벗어나지 않았다. 그것은 브레히트의 표현대로라면 '잔설', 즉 내린 지 오래된 눈과 같다. "눈은 새로 온 눈이어야만 한다."[66] 게임 플레이가 자본의 강요를 벗어나서 진정한 놀이로서 독립적으로 존재할 때, 실천으로서 존재할 때, 그것은 새로운 폭설을 내리게 할 것이다. "보편적인 생산과정의 울타리 밖에서는 인식 행위조차도 더 이상 가능하지 않다. 인식하기 위해서는 생산을 해야만 한다. 생산한다는 것은 생산과정의 울타리 안에 서 있는 것을 말한다. 혁명가가 서 있어야 할 곳, 혁명이 일어나야 할 곳은 생산과정이다."[67] 실천은 이념이나 관념보다도 훨씬 강한 것이다. 게임에서 대해서 우리가 의식적·무의식적으로 생각하는 모든 규칙과 시스템이 관념이라면, 여러 온라인 커뮤니티에서 '모름지기 게임이러면 이래야 한다'는 것은 모두 이념이다. 우리의 이 모든 판단은 이미 생산된 게임 위에 놓여 있으며, 생산된 게임은 자본주의의 상업적 논리 위에 놓여 있다. 그렇다면 이러한 이중의 토대를 딛고 일어나는 방법은 오직 게이머의 실천 속에서만 가능할 것이다. 나의 플레이가 왜 기쁨이 되는지에 대한 성찰과 다른 플레이와 구분된 개성을 갖기 위해서 어떤 노력을 해야 하는지, 그런 고민이 바로 실천이며 흩날리는 새로운 눈발이다. "모든 이념은 태어나고 죽어가지만, 실천만은 이념의 탄생과 임종을 곁에서 참관한다"는 브레히트의 명제는 오늘날 획일화된 게임 플레이 속에서 게임의 문화적 실천의 중요성을 일깨워준다.[68]

---

64   베르톨트 브레히트, 앞의 책, 317쪽.
65   베르톨트 브레히트, 앞의 책, 273쪽.
66   베르톨트 브레히트, 앞의 책, 314쪽.
67   베르톨트 브레히트, 앞의 책, 332쪽.
68   베르톨트 브레히트, 앞의 책, 329쪽.

후기

이 책의 마지막 교정 원고를 들고 나는 부모님이 계시는 대구로 향했다. 태풍 때문에 이차피 여름휴가는 포기한 상태였다. 태풍의 눈이 도시를 무섭게 노려보는 밤. 거센 바람 소리를 들으며 원고를 살폈다. 내 아버지는 옆에서 두꺼운 원고 뭉치를 한참 뒤적이다가 한마디 하셨다. "고생했네. 그런데 이건 누가 읽는 거냐?" 게임에 대해서는 전혀 모르는 아버지. 하지만 쉽게 읽힐 만한 책이 아니라는 걸 쉽게 눈치챈 모양이다. 아들이 힘들게 쓴 책이 행여 팔리지 않을까 염려하는 당신에게 나는 무슨 말을 할까 망설이다가 그냥 명함 같은 거라고 얼버무렸다. 많이 팔리는 책은 아니지만 내가 무슨 생각을 하는 사람인지 보여주는 일종의 증명서라고 말이다. 그렇게 얘기하고 보니 명함 한 장 만드는 데 참 오랜 시간이 걸렸구나 싶다. 하지만 지금이라도 내 생각을 책으로 정리할 수 있어서 다행이다. 사실 주위에서 뭘 하냐고 물어볼 때 가장 난감했다. 게임을 공부한다고 하면 대부분이 '게임 개발'을 공부한다고 넘겨짚는데 그것은 이미 내 본질과 한참 비켜서 있기 때문이다. 그렇다고 오해를 풀기 위해 변명하지는 않았다. 어쨌든 나는 '게임'을 좋아하고 새로운 영역을 '개발'하는 중이니까 말이다. 무엇보다 변명 뒤에 이어질 어떤 질문이 두려웠다. 이를테면 이런 것. "그걸 왜 하는데?"

소설가 박민규는 『삼미 슈퍼스타즈의 마지막 팬클럽』에서 이렇게 적었다. "왜 그렇게 사냐는 질문은 — 왜 그런 춤을 추고 있냐는 질문과 같은 것이라고, 나는 생각한다. 분명 그것은 어떤 이론이 아니라 하나의 리듬과 같은 것이기 때문이다." 게임에 대해 글을 쓰는 것은 내가 가장 자신 있게 출 수 있는 춤이라고 생각했다. 리듬에 맞춰 오래 춤을 추고 싶다는 생각에서 이름 앞에 '게임 평론가'라는 수식어도 붙였다. 하지만 그 단어는 업계와 학계 그 어디에도 속하지 못한 이방인의 또 다른 표현임을 안다. 나는 늘 두 지층 사이에 끼어 있었다. 업계와 학계, 회사와 학교, 문학과 게임. 마지막 지층은 그중에서도 가장 불안한 영역이었다. 문학하는 사람들은 대부분 게임을 좋아하지 않는다. 게임하는 사람들도 순수문학에는 큰 관심이 없다. 두 집단은 영원히 만날 수 없는 평행선을 걸었고, 나는 그 가운데 있었다. 외로웠다. 하지만 그 둘을 이어주는 것도 낀 사람이 해야 할 몫이라고 생각했다. 그런 의미에서 '하이브리드'라는 단어는 이 책에 꽤 어울리는 이름이 아닌가 싶다.

책 내용의 많은 부분은 게임에 대한 내 개인적인 경험을 풀어낸 것이다. 여러 문헌을 통해 객관성을 확보하고자 했지만 결과적으로는 지극히 주관적인 글이 되고 말았다. 게임이 다양한 만큼 게임을 즐기는 방식도 다양하다. 그리고 게임을 해석하는 방식도 다양하다. 게임을 오래 즐긴 사람이라면 이 책의 내용에 대해서 강하게 반발할지도 모르겠다. 하지만 그것이 게임에 대한 나의 오독은 아니다. 당신의 오독은 더더욱 아니다. 나는 그저 게임을 현실의 삶과 연결 짓고 싶었다. 하위징아는 게임이 현실을 벗어나 '마법의 원' 안으로 들어가는 것이라고 했다. 허나 그 원이 그려지는 곳은 결국 삶의 어느 여백일 터. 게임이 우리 삶의 일부인 이상, 어떻게든 서로 살을 맞대고 닿아 있어야 하지 않을까? 만약 책을 읽다가 의문이 든다면 그 생각을 나처럼 글로 적어주길 바란다. 이 책이 게임에 대해서 진지하게 토론할 수 있는 출발점이 된다면 더 바랄 것이 없겠다.

1부 '장르의 진화, 재미의 증식'은 2010년 7월부터 계간 『자음과모음 R』에 연재했던 '컴퓨터 게임 깊이 읽기'에서 부족했던 부분을 보완해 정리한 것이다. 슈팅 게임에서 시뮬레이션 게임까지 게임 장르별 진화 과정을 살펴보면서 각 장르에서 논쟁거리가 될 만한 주제들을 뽑아냈다. 2부 '게임을 둘러싼 풍경들'에서는 그 밖의 다른 지면을 통해 발표한 글을 모으는 한편, 몇 편의 새로운 글을 보탰다. 1부가 게임 텍스트 자체에 대한 분석에 집중했다면, 2부는 게임으로 인해 발생하는 문화적 현상과 경험에 집중했다. 특히 문학, 영화, 사진 등 다른 예술 영역과 게임이 어떻게 접목될 수 있을지를 고민했다.

게임에 대한 글을 쓰면서 가장 어려웠던 점은 게임을 언어로 설명하는 일이었다. 게임은 영상, 소리, 규칙, 시스템, 조작, 커뮤니케이션, 스토리 등이 결합된 입체적인 경험이다. 이런 복잡한 체계를 언어로만 설명하라고 제약하는 것은 글을 쓰는 사람에게 너무나 가혹한 일이다. 하지만 책이라는 매체를 선택한 이상 나는 언어에 의존할 수밖에 없었다. 너무 많은 게임을 다루다 보니 개별 게임에 대한 설명을 일일이 붙이지 못했다. 게임 이미지 역시 지면의 한계 때문에 대부분 생략할 수밖에 없었다. 저자의 능력 부족을 독자에게 떠넘기는 것 같아 미안하지만, 게임의 내용에 대해 궁금하다면 유튜브 같은 사이트를 적극적으로 이용해줬으면 한다. 직접 플레이하는 경험에는 미치지 못하겠지만 해당 게임에 대한 대략적인 분위기는 느낄 수 있을 것이다.

책이 나올 수 있도록 도움을 준 사람들이 많다. 먼저 익숙하지 않은 게임 평론집을 꼼꼼하게 읽어준 자음과모음 식구들에게 감사의 말을 전한다. 덕분에 세상 빛을 보기 어려웠던 원고가 한 권의 책으로 태어날 수 있었다. 책에도 양육권이 있다면 그 절반은 아마 편집자의 몫일 것이다. 직장에서 노동과 놀이의 밸런스를 맞추지 못해 방황하던 내게 다시 공부할 기회를 준 중앙대학교 문예창작학과, 문화예술경영학과 교수님들에게도 감사의 인사를 올린다. 그리고 게임문화연구회 가족들, 특히 이 소중한 모임을 만들어준 허준석, 박상우, 윤웅기 세 분에게 고마움을 전한다. 이 분들이 없었다면 아마 이 책도 존재하지 않았을 것이다. 특히 나와 이름이 같은 박상우 선생님에게는 학문적으로 참 많은 빚을 졌다. 일시 상환은 힘들겠지만 앞으로 좋은 글과 우직한 연구로 조금씩 갚아나갈 생각이다.

무엇보다 이 세상에서 가장 흥미로운 게임, 인생을 플레이할 수 있도록 허락해준 부모님께 고맙다.

발표 지면

1. 「게임, 이미지와 텍스트의 술래잡기 놀이」, 『자음과모음 R』 2010년 여름호.
2. 「쏘는 놈, 맞는 놈, 피하는 놈-슈팅 게임의 문제 설정」, 『자음과모음 R』 2010년 가을호.
3. 「하나의 레버와 여섯 개의 버튼-액션 게임의 재편 방식에 관하여」, 『자음과모음 R』
   2010년 겨울호.
4. 「경쟁 권하는 게임-대전 격투 게임의 그림자」, 『자음과모음 R』 2011년 봄호.
5. 「게임이 이야기를 전달하는 법-어드벤처 게임의 스토리텔링」, 『자음과모음 R』 2011년
   여름호.
6. 「나 혹은 당신의 성장통-롤플레잉 게임의 경험과 성장」, 『자음과모음 R』 2011년 가을호.
9. 「게임과 공간-게임 공간 그리고 움직임의 은유」, 『게임! 그 복합적 감각의 매력-
   게임비평상 수상작 모음집』, 콘텐츠진흥원.
11. 「시적 게임의 가능성-게임 〈저니〉를 중심으로」, 『시인수첩』 2012년 가을호.